A COMUNIDADE INTERNACIONAL EM MUDANÇA

A COMUNIDADE INTERNACIONAL EM MUDANÇA

por

ADRIANO MOREIRA

3.ª EDIÇÃO

ALMEDINA

COLECÇÃO POLÍTICA INTERNACIONAL E DIPLOMACIA

COORDENAÇÃO, ORGANIZAÇÃO E PRESIDÊNCIA DO CONSELHO EDITORIAL
Professor Doutor Armando Marques Guedes

CONSELHO EDITORIAL
Professor Doutor Jorge Braga de Macedo
Professor Doutor António José Telo
Professor Doutor Nuno Piçarra
Embaixador Marcello Duarte Mathias
Major-General José Manuel Freire Nogueira

*****

A COMUNIDADE INTERNACIONAL EM MUDANÇA

AUTOR
ADRIANO MOREIRA

EDITOR
EDIÇÕES ALMEDINA, SA
Avenida Fernão de Magalhães, n.º 584, 5.º Andar
3000-174 Coimbra
Tel.: 239 851 904
Fax: 239 851 901
www.almedina.net
editora@almedina.net

PRÉ-IMPRESSÃO • IMPRESSÃO • ACABAMENTO
G.C. – GRÁFICA DE COIMBRA, LDA.
Palheira – Assafarge
3001-453 Coimbra
producao@graficadecoimbra.pt

Dezembro, 2007

DEPÓSITO LEGAL
268823/07

Os dados e as opiniões inseridos na presente publicação
são da exclusiva responsabilidade do(s) seu(s) autor(es).

Toda a reprodução desta obra, por fotocópia ou outro qualquer processo,
sem prévia autorização escrita do Editor,
é ilícita e passível de procedimento judicial contra o infractor.

À memória de
Almirante Sarmento Rodrigues
e
João da Costa Freitas,
portugueses.

A TEORIA INTERNACIONAL DE ADRIANO MOREIRA:
UMA APRESENTAÇÃO

É com gosto que desencadeio o relançamento do livro que considero o melhor trabalho de Adriano Moreira na área das Relações Internacionais. O volume, intitulado *A Comunidade Internacional em Mudança*, foi anteriormente publicado (como uma segunda edição) pelo Instituto Superior de Ciências Sociais e Políticas, onde grande parte da vida académica do Autor se desenrolou, e é agora republicado numa versão que contém apenas um pequeno número de alterações de transliteração. Mais do que uma terceira edição, Adriano Moreira pediu-me, quando comigo de início falou sobre este relançamento, que levasse a cabo "uma actualização" do seu livro de 1982 (originalmente redigido em finais dos 70; a primeira edição esteve a cargo da Resenha Universitária, S. Paulo, em 1976), o que poderia significar tanto uma sua rescrita a quatro mãos, quanto a inclusão de simples acrescentos, capítulo a capítulo; ou, em alternativa, a anexação de um extenso texto introdutório que o contextualizasse. Poucas horas depois enviou-me uma cópia do volume, que reli; mas mantive-me incerto quanto à interpretação que seria de dar ao termo "actualizar".

Tendo em vista o valor intrínseco de *A Comunidade Internacional em Mudança,* que me pareceu importante reter, e a imprudência de ensaiar uma qualquer espécie de co-autoria, que me iria colocar numa paridade descabida com Adriano Moreira, renunciei liminarmente à hipótese de uma edição conjunta. Quanto à segunda, a que consistiria na inclusão no texto, a par e passo, de acrescentos, senti-a, também, como empresa arriscada e de menos bom-tom: poderia sugerir incompletudes, ou anacronismos, num estudo que, em boa verdade, os não tem; redundaria no associar de uma segunda voz a um trabalho que se caracteriza por ser uma "obra de autor", vinculada a uma perspectiva e uma postura muitíssimo próprias e dificilmente transmissíveis. Uma terceira linha de actuação pareceu-me desde logo ser a de fornecer um enquadramento eventualmente útil para um trabalho intocado.

Disponibilizando-me inteira latitude quanto ao que preferisse fazer, o ilustre Autor colocou-me sobre os ombros o peso de uma enorme responsabilidade. Tendo-o auscultado para o efeito, decidi tomar uma das direcções que equacionei e o resultado é o que se segue, ou seja, a opção pela ´ minha terceira hipótese – redigi e agreguei ao texto original uma longa introdução dele autónoma, na qual discuto o que considero como as suas traves de sustentação. Mais ainda, deliberei fazê-lo de uma maneira *soft* e indirecta: não tanto atendo-me ao livro em si, que tem tonalidades próprias em que não quis introduzir grandes ruídos, mesmo se em "voz *off*", mas antes debruçando-me, a seu pretexto, sobre a obra que Adriano Moreira tem empreendido nos vários domínios do estudo científico das Relações Internacionais a que se tem dedicado.

Faço-o em três momentos sucessivos. Num primeiro, tento um esboço de levantamento "genealógico" do "pensamento internacionalista" de Adriano Moreira. Ao contrário do que tem sido prática corrente nos diversos comentários que sobre ele têm vindo a ser formulados por seguidores e opositores, evito, nesse meu esforço inicial, aprofundamentos temáticos excessivos – já que estes enviesam, parcelando-a, o que, em minha opinião, é mais uma postura intelectual e normativa una e firme do que uma teorização decomponível em sentido pleno. Não perco assim tempo tentando caracterizar o seu "luso-tropicalismo" (ou "gilbertismo", como foi já apelidado), nem o *penchant* "colonialista" que – com o óbvio intuito de em simultâneo datar e desvalorizar um trabalho intelectual e académico e um posicionamento micro e macro-político ininterruptos – lhe tem sido imputado. A finalidade da primeira secção que se segue é somente a de circunscrever uma postura geral.

Num segundo passo, abro ampla a lente angular, por assim dizer, e esboço um percurso genealógico mais abrangente, em que me esforço por seguir a peugada do tipo de cosmopolitismo que Adriano Moreira exala, ou o seu famigerado "antimodernismo" – que, de maneira que considero mais justa e *nuancée*, prefiro encarar como um "Iluminismo alternativo", marcadamente moderno nos seus contornos, do Autor de *A Comunidade Internacional em Mudança*. A finalidade genérica deste meu segundo passo é a de ensaiar uma caracterização das suas produções teórico-metodológicas que torneie os perigos de uma leitura parcelar que os reduza àquilo que elas não são: como tentarei vincar, nem constituem uma teorização sistemática sobre o "internacional", nem, ao invés, redundam em comentários avulsos e pragmáticos de alguém que se limitaria a utilizar uma linguagem técnico-científica para levar avante a sua agenda política. De há muito que sabemos que nem todas as obras de alçada teórica se preocupam prioritariamente com a construção de sistemas: muitas estão antes viradas para a solução de *puzzles*, sem qualquer pretensão de levar a cabo construções arquitectónicas magníficas na sua coerência interna; em muitos casos, fazem-no porque radicam em pré-compreensões profundas que não questionam. No fundo aquilo que pretendo, neste passo suplementar, é apenas oferecer algumas hipóteses quanto ao "lugar de inscrição" de um percurso intelectual. Os estudos de Adriano Moreira, tal como os encaro, não são, em boa verdade, "de Direita", nem "de Esquerda"; denunciam, antes, laços de filiação com vários *corpus* doutrinários que digerem e com os quais vão dialogando a partir de pressupostos que não põem nunca em causa. Julgo essencial esclarecer este ponto se quisermos compreender o seu "modo de produção intelectual" bem como a sua relutância em se embrenhar em teorizações de grande fundo.

Num terceiro passo de substância, esboço como que uma aplicação dos dois anteriores, focando a evolução presumível de Adriano Moreira quanto ao projecto europeu. A finalidade, aqui, é tão-só a de testar as hipóteses enunciadas nos passos anteriores.

Concluo com uma fundamentação de pormenor da escolha editorial que conduziu à republicação do volume. Não que uma justificação seja precisa para quem o leia: talvez o mais fascinante em *A Comunidade Internacional em Mudança* – e que, só por si, justificaria um relançamento com pompa e circunstância – seja o facto de que, nesta obra, Adriano Moreira como que descobriu, *avant la lettre*, a globalização. Com efeito, relembro, o livro foi produzido em finais dos anos 70 (e publicado em inícios dos 80) antes sequer da palavra existir.

1.

Radicação e Genealogia

Não é fácil o esforço a empreender com vista a lograr um rastreio genealógico da obra de Adriano Moreira, mesmo se o tentarmos a um nível superficial. Note-se, logo à cabeça, que a empresa não é inédita: com uma ou outra motivação já foi vários vezes esboçada por diversos autores. Um curto mas incisivo e muito bem argumentado artigo da autoria de José Manuel Pureza, redigido e publicado há já alguns anos, foi, em parte, dedi-

10 *A Comunidade Internacional em Mudança*

cado a esse labor, e fê-lo com tonalidades críticas e desconstrutivistas[1]. Seguramente mais importante, tanto em extensão e detalhe quanto na preocupação demonstrada em avaliar a alçada e a qualidade das suas teorizações, há que realçar, ainda, a esplêndida monografia que Marcos Farias Ferreira apresentou como dissertação de Doutoramento, da qual a obra em causa constituiu o tema central[2]. Em vários outras publicações de qualidade, José Carlos Venâncio[3] e José Filipe Pinto[4], dois bons exemplos apenas de entre muitos outros possíveis, tiveram intuitos similares, embora no primeiro caso mais focados em aspectos particulares da obra e no segundo em nome de objectivos mais generalistas.

Para efeitos de encetar o rastreio genealógico que proponho, vale decerto a pena que, num primeiro momento, posicione a presente introdução face a estes trabalhos anteriores. Comecemos por nos deter um pouco nestes quatro exemplos paradigmáticos.

Começo, naturalmente, pelo mais exaustivo, o de Marcos Ferreira, ao qual dedico, por razões que se irão tornando claras, mais atenção do que aos outros[5]. O esforço de iluminar os problemas com que depara um estudo sobre aquilo em que consiste exactamente a Teoria das Relações Internacionais de Adriano Moreira, quais os pressupostos em que assenta,

---

[1] José Manuel Pureza (1998), "O príncipe e o pobre: o estudo das Relações Internacionais entre a tradição e a reinvenção", *Revista Crítica de Ciências Sociais,* n.º 52/53, 1998/99.

[2] Subsequentemente publicada, em 2007, com pequenas alterações, embora com um título diferente, na colecção *Política Internacional e Diplomacia,* da Almedina.

[3] (org.), Adriano Moreira e José Carlos Venâncio (2000), *Lusotropicalismo: uma teoria social em questão,* Vega.

[4] José Filipe Pinto (2007), *Adriano Moreira. Uma Intervenção Humanista,* Almedina, Coimbra.

[5] Como salvaguarda, sublinho, todavia, que, ao contrário de Marcos Ferreira, não tento iluminar "a sua opção para a problemática iniludível da produção de conhecimento em ciências sociais". Mas como foi o caso no seu esplêndido estudo, a minha primeira finalidade é a de apurar em que consiste exactamente a Teoria das Relações Internacionais de Adriano Moreira, os pressupostos em que se baseia, o tipo de abordagem do internacional que a caracteriza. Limito-me, no que se segue, a objectivos menos ambiciosos, designadamente a levar a cabo uma ponderação, breve mas tão pormenorizada quanto possível, de quadros teórico-metodológicos gerais; e, mesmo isso, em termos limitados pelo facto de que não pretendo aqui mais do que fundamentar a republicação do que considero o seu trabalho mais interessante e substancial na área das Relações Internacionais.

qual o tipo de abordagem do 'internacional' que a distingue, leva-nos longe no caminho de delinear as especificidades (e elas são muito significativas) do seu labor. Mas não é esforço fácil. As dificuldades encontradas radicam, pelo menos parcialmente, no carácter rarificado de asserções teóricas específicas na safra científica do Autor.

Como sublinhei, Adriano Moreira nunca, em boa verdade, apresentou de maneira sustida o quadro analítico que gizou e utiliza, nem nunca o expôs em pormenor suficiente para que se tornasse fácil realizar o seu levantamento exaustivo. Num plano logístico e contrapontual, não o fez, possivelmente, por ter estado sempre atarefado com as duas carreiras políticas sucessivas em que se embrenhou: uma no Governo de Salazar, na pasta do Ultramar, na Câmara Corporativa e no Conselho Ultramarino, e uma segunda no Parlamento como representante do CDS e depois do CDS-PP; bem como um par de outras, universitário-administrativas – duas carreiras em parte paralelas às primeiras (e que também assumiu em pleno) de refundação e depois de nova refundação, do Instituto Superior de Ciências Sociais e Políticas, a instituição universitária em que ancorou a parte mais substancial da sua actividade académica, seguindo-se-lhe a Universidade Católica Portuguesa, onde se mantém. A Presidência do Conselho Nacional de Avaliação do Ensino Superior roubou-lhe muito do tempo que se seguiu à sua saída das lides que tais esforços envolvem sempre.

Mas, mais ainda, Adriano Moreira não o fez por opção positiva: pese o facto de ter redigido e publicado um volume famoso de introdução ao estudo das Relações Internacionais, nunca manifestou grande fascínio com as produções científicas paralelas provenientes de Portugal ou do estrangeiro – e decerto nunca se preocupou em localizar com precisão "escolástica" a sua obra intelectual relativamente a essas produções. Como notei noutro lugar, não que essa obra não esteja pejada (é o termo) de citações, referências, e alusões avulsas a inúmeros autores consagrados, e a outros, menos conhecidos; bem pelo contrário, aventurou-se com *gusto* e fluência a citações e referências ora de múltiplos autores clássicos da Filosofia, da Teologia, e da Filosofia e Teoria Política – tantos que se tornaria fastidioso aqui referi-los – ora de uns poucos estudos de teóricos contemporâneos – designadamente os de autores brasileiros como Gilberto Freyre, o célebre luso-tropicalista, ou os de franceses tão diversos como Raymond Aron, Jacques Maritain, Edgar Morin, ou P. Teilhard de Chardin; no seu repertório de referências, adiciona-lhes desde que começou a escrever jusinternacionalistas como Francisco de Victoria e Hugo Grotius, autores clássicos que formataram um pensamento sobre o "internacional" que decerto começou a fermentar na formação inicial que recebeu, enquanto jovem intelectual, como jurista. Tem-no, porém, feito sempre como que *en passant*.

Por tudo isso, uma qualquer reconstrução genealógica da sua obra torna-se numa empresa difícil[6]. Em resultado, vários percursos são possíveis para quem queira lográ-lo e alguns destes têm, de facto, sido prosseguidos. Uns são mais complexos, outros menos. As dificuldades tornam--se, naturalmente, maiores, quando se tenta – como com deliberação Marcos Ferreira pretendeu fazer na monografia que referi – pôr esta genealogia em ressonância com a emergência e a progressão da Escola Inglesa das Relações Internacionais, inspirada por Martin Wight, firmada por Hedley Bull, e consolidada por gente do calibre de Andrew Linklater – estes dois últimos, curiosamente, não ingleses, já que um é de origem australiana, e o outro escocês. As dificuldades tornam-se mais agudas uma vez que, talvez deliberadamente, Adriano Moreira, para além de deixar por norma de lado remissões a trabalhos de investigação paralelos ao seu, nunca em boa verdade mostrou uma real atracção pela produção científica britânica neste domínio científico particular. Tal como afirmei noutro lugar[7], a leitura, ainda que superficial e cursória, da sua vastíssima obra, mostra uma clara preferência por autores norte-americanos sobre ingleses, de franceses sobre anglo-saxónicos, e dos clássicos sobre os contemporâneos. Se é certo, por isso, que para se atingir a meta de traçar o quadro genérico das suas teorizações se tem de lidar com uma marcada rarefacção no que toca a enunciados teóricos explícitos na vasta produção de sua autoria, também é indubitável que, caso o queiramos efectivamente lograr, colocamo-nos na contingência de muitas vezes ter de por a nu meros ecos entre a sua obra e outras a que nunca fez alusão substancial. Uma empresa pouco simples de realizar, caso a queiramos prosseguir.

---

[6] E constitui um esforço, em larga medida, incerto – já que nem sempre é possível tornar congruentes umas com as outras fontes de inspiração cuja geometria de "influência" está, em todo o caso, altamente susceptível a variações, tanto de momento para momento, à medida que o seu pensamento foi evoluindo, como de contexto a contexto, posto que preferências e interpretações flutuam um pouco em função das finalidades que visam.

[7] Na minha Apresentação ao estudo já citado de Marcos Farias Ferreira, que inclui no volume que tive o gosto de publicar nesta mesma colecção que em boa hora a Almedina decidiu criar.

A Teoria Internacional de Adriano Moreira: uma Apresentação   13

Uma boa fórmula para sucesso num empreendimento desse tipo pode ser a de fragmentar as questões em cujos termos abordamos o trabalho de A. Moreira. Parece-me de reiterar que a solução inicial possível a que Marcos F. Ferreira decidiu dar corpo no estudo monográfico que tive o gosto de também publicar flúi de maneira directa das exigências advientes de ter de confrontar tais escolhos para levar a bom porto um desígnio "genealógico" sobre uma obra tão *sui generis*. Muito rápida e sucintamente, quero aflorar nalgum pormenor – resolvendo um pouco mais as minhas imagens – os dois caminhos que creio terem sido por ele seguidos na sua monografia.

Na economia do presente texto introdutório, limito-me a comentários indicativos. Primeiro, o último trajecto analítico a que aludi, o dos paralelismos que podem ser esboçados: Marcos F. Ferreira, para simplificar dando apenas um exemplo, considera que o pensamento (ou melhor, o tipo de abordagem de Adriano Moreira, na parca sistematização dele que podemos alinhavar por um processo, mais ou menos laborioso, de reconstrução racional), deve ser caracterizado como "[um]a teorização [empreendida] de acordo com um tipo de racionalismo que é herdeiro da escola clássica de direito natural e que partilha os seus pressupostos com a escola inglesa de Relações Internacionais, de Martin Wight e Hedley Bull, e com o idealismo céptico de Raymond Aron"[8]. Muito bem, uma intuição notável. Mas em que consiste esta partilha de pressupostos? E qual a alçada dessa comparação?

Voltarei a estas questões, embora de momento me pareça melhor começar tocando alguns pontos prévios a tais comparações e ressonâncias. Para melhor os colocar em realce, atenhamo-nos ao exemplo que acabei de dar: há como que um segundo passo na análise apresentada por Marcos Ferreira sobre aquilo a que chamou "o pensamento internacionalista" de Adriano Moreira, um passo que complementa o primeiro, enriquecendo-o e que, por essa via, no-lo torna mais inteligível. De facto, o jovem académico não se fica por "influências" que resultam de leituras de autores avulsos, na caracterização que fez. Quase que como que *à vol d'oiseau*, é-nos proposta uma meta-interpretação da obra, uma leitura ancorada numa visão do Mundo muitíssimo específica e sofisticada – o biógrafo intelec-

---

[8] Note-se que M. Ferreira escreveu (a meu ver bem, no seguimento do que antes afirmei) "partilha dos pressupostos", e não "ancora", ou "apoia" – decerto dado que raramente A. Moreira cita estes autores, ou em todo o caso os dois primeiros.

tual alegou encontrar, na produção científica de meio século de actividade do seu Mestre, que esmiuçou, "as marcas de uma argumentação em que se cruzam o pensamento cristão e o pensamento existencialista"[9].

Mantendo na linha de horizonte a busca de uma chave que nos permita melhor decifrar Adriano Moreira, começo pela delineação que o seu biógrafo intelectual disto fez. Com esse intuito, vale a pena tornar a citá--lo: "quer o fenómeno tratado por Adriano Moreira sejam as armas da guerra ou as armas da paz, quer o enfoque seja a sociedade de estados e os seus instrumentos institucionais clássicos ou a possibilidade de evolução para uma comunidade internacional dotada de novos enquadramentos institucionais, o que ressalta é o construtivismo embrionário de um autor que atribui um papel central à consciência humana nos diferentes processos, práticas e estruturas que constituem as relações internacionais.[...] Compreender as relações internacionais assume assim, na teoria de Adriano Moreira, a forma de uma investigação interpretativa do carácter eminentemente social e cultural do fenómeno internacional. Quer isto dizer que o fenómeno internacional é abordado de forma sistémica a partir da específica estrutura de ideias relativas aos significados que os actores sociais atribuem aos fenómenos materiais, ou seja, uma estrutura de ideias que fixa o sentido a atribuir à 'teia' de interacções em que se envolvem os esta-

---

[9] Em apoio a esta leitura (uma leitura que em todo o caso me parece, devo dizê-lo, pouco discutível) o jovem Autor vislumbrou, indo para tanto repescá-los aqui e ali, a confluência sistemática de dois "modos de formatação" nos assomos de teorização que constam do acervo bibliográfico produzido por Adriano Moreira, e expõe-no-los com veia poética: um primeiro modo, segundo o qual os Homens "são filhos do céu e da terra, um misto de corpo e alma, matéria e espírito, orientado para o cumprimento dos valores eternos mas também para a realização dos interesses mais egoístas associados à sobrevivência física"; mas pressente-se, também, na sua obra, um segundo modo de formatação, que com este se articula, e que redunda "[n]o reconhecimento da contingência inerente às circunstâncias que marcam cada ser humano em particular e que não pode deixar de se reflectir nas decisões estritamente políticas ou naquelas decisões pessoais que dispõem de implicações políticas". Este segundo passo, ou nível, da leitura empreendida é fundamental, posto ser precisamente nos seus termos que se consegue desenhar o que Marcos Ferreira chamou a *via media* tomada por Adriano Moreira, uma expressão que incluiu no subtítulo que deu ao seu estudo – e que foi essa perspectiva aquilo que lhe permitiu caracterizar o pensamento dele como dando corpo, no essencial, a um "cristianismo existencialista" *sui generis*, ao mesmo tempo que, curiosamente, o denotou como "uma forma embrionária de construtivismo". Por razões que espero se virão a tornar evidentes, queria deter-me um pouco por aqui, por esta curiosa leitura de uma *via media* de natureza *dinâmica*.

A *Teoria Internacional de Adriano Moreira: uma Apresentação*   15

dos soberanos e outros actores. Por fim, e de forma sintética, a teoria das relações internacionais de Adriano Moreira representa a tentativa de compreender os processos de construção e reconstrução de uma intencionalidade colectiva, ou intersubjectiva, que assume expressão privilegiada em mecanismos institucionais como o direito internacional, os grandes espaços ou os mecanismos de segurança colectiva e de manutenção da paz".

Faço minhas estas palavras, pois parece-me que seria difícil ser-se mais claro quanto às noções de uma intencionalidade dos "actores sociais" e da cumulatividade crescente dos esforços que empreendem em áreas tão díspares – mas também tão adjacentes numa confluência dirigida – como a criação de institutos jurídicos e instituições políticas, em círculos cada vez mais alargados na justa medida em que o dilema inicial de segurança vai sendo por eles esbatido[10]. Talvez mais importante ainda, a perspectiva implícita nesta formulação biográfico-genealógica sublinha de maneira útil a *multidimensionalidade* e a *transdisciplinaridade* de um pensamento sobretudo caracterizável nos termos desse par de atributos.

Num primeiro patamar, o que podemos concluir deste pequeno excurso genealógico? Um construtivismo assumido e uma fenomenologia experiencialista e sociologística são, com nitidez, traços que caracterizam o quadro analítico genérico e multidimensionado de Adriano Moreira: sujeito a influências das mais variadas, trata-se de um enquadramento que tem sempre, para além do mais, insistido em retratar como um Humanismo. Sem querer dedicar mais atenção ao quadro analítico do jovem Autor, queria asseverar que traços distintivos como estes são de facto iniludíveis na obra de Adriano Moreira, como o Leitor irá poder confirmar no volume que se segue.

Poderemos, porém, ir mais longe? Creio que sim.

---

[10] Mas, segundo o nosso Autor, longe de concluído. Num afloramento disto em *A Comunidade Internacional em Mudança*, dos muitos possíveis, Adriano Moreira escreveu que, "o Estado, excedido, ainda é a unidade básica do sistema, embora a soberania que o caracteriza tenha evoluído. A liberdade da iniciativa de cada um deles é porém suficiente para ameaçar o desempenho pacífico do sistema internacional. Depois, a divisão do mundo entre países ricos e países pobres é causa da mais perigosa das clivagens existentes no sistema mundial unificado. Os ricos tendem para ser cada vez mais ricos, e os pobres tendem para ter cada vez mais gente. Somam-se os conflitos ideológicos, agudos não obstante o optimismo dos pregadores do apaziguamento ideológico. Os factos estão a demonstrar que o fenómeno é antes o da morte das velhas ideologias por ter desaparecido o quadro de problemas a que correspondiam, faltando respostas coerentes para enfrentar os novos tempos. Somam-se os regionalismos europeus, africanos, asiáticos, americanos. Tudo isto mostra que a unidade planetária do sistema ainda está longe de uma integração".

2.
Construção de uma Modernidade

Tal como escrevi no início desta apresentação-introdução, desde há muito que sabemos que nem todas as obras de alçada teórica – e esta claramente tem-na – se preocupam com a construção de sistemas: muitas estão antes viradas para a solução de *puzzles*, sem qualquer pretensão de elaborar construções arquitectónicas, magníficas na sua coerência interna. Muitas exibem mesmo uma marcada relutância em o fazer. Tendo em vista tornar claro aquilo a que me refiro, tocarei brevemente dois temas centrais: por um lado, o cosmopolitismo que Adriano Moreira assume como seu; e, por outro lado, o seu hipotético "antimodernismo"[11] o qual, como já afirmei e de maneira que considero mais adequada, prefiro encarar como uma variante alternativa de "Iluminismo" – dois termos cujo sentido tentarei explicitar.

No fundo o que pretendo na presente secção é oferecer algumas hipóteses quanto ao "lugar de inscrição" de um percurso intelectual e normativo. Ou seja, tenciono abordar, por um lado, o problema da sua racionalidade e, por outro, o da inserção que tem no pensamento contemporâneo. De modo a evitar a produção de ruídos, como lhes chamei, restrinjo-me a exemplos superficiais.

Quero começar pelo papel preenchido por alguns dos muitos conceitos que Adriano Moreira foi desenvolvendo ao longo de uma extensa e intensa vida académica, a maioria dos quais aparece já no *A Comunidade Internacional em Mudança*. Quem se habituou a lê-lo e ouvi-lo tem bem a experiência de estar perante uma prodigiosa criatividade conceptual; numa espécie de primeira demão, cabe-me fornecer exemplos desta proliferação. Alguns dos muitos novos conceitos por ele introduzidos dizem respeito à estrutura dos Estados, que Adriano Moreira, de maneira algo paralela à de autores como David Easton, decompõe segundo uma espécie de *funciona-*

---

[11] Uma imputação que releva de ignorância ou de má-fé, porventura como um misto de censura política prévia e de vontade de poder pela ocupação de um espaço académico que muitos, paradoxalmente, pois que lamentam o facto de o estudo das Relações Internacionais ter tardado em Portugal, quereriam disponível para uma "primeira ocupação" hegemónica. Como diria Adriano Moreira, que utiliza este aforismo picaresco no seu Prefácio à 2.ª edição da presente obra, "tal como é costume, a coruja da sabedoria apenas levanta voo ao entardecer".

A Teoria Internacional de Adriano Moreira: uma Apresentação   17

lismo pragmático: são assim noções comuns na sua obra, para só dar dois exemplos, a famosa "perspectiva tridimensional do poder" que sustenta e que vê nele articuladas a sede, a forma, e a ideologia, ou a leitura que tem reiterado da tomada do poder pelo controlo do judiciário e pela interpretação das leis.

A maior parte da sua rica produção de conceitos versa, no entanto, o espaço internacional e o papel neste preenchido pelos Estados – e, *grosso modo*, isso era já patente no livro que o Leitor tem entre mãos; cabem neste outro conjunto enunciados sobre o "internacional" propriamente dito, e também sobre o lugar assumido pelos Estados no "ecossistema circundante" [a expressão é minha e não dele]: no primeiro grupo anicham-se noções como a "lei da complexidade crescente da vida internacional", a de "Estado exógeno", a de "fronteiras múltiplas não coincidentes", a de "poder errático"[12], ou a "lei da reflexividade"; no segundo

---

[12] Sem querer discutir um a um estes conceitos, um exemplo vale por todos, o de "poder errático" [note-se que Gilles Deleuze e Félix Guattari, nos anos 70 e 80, utilizaram a noção, não inteiramente diferente, de *"pouvoir nomade"*]. Um conceito que Adriano Moreira discute nalgum pormenor em *A Comunidade Internacional em Mudança*, lembro que datada de 1982, e que assenta que nem uma luva ao combate assimétrico de ONGs terroristas contemporâneas como a al-Qaeda contra a hegemonia e influência de muitos dos Estados modernos pós-bipolares – aqueles que prejudicam o seu projecto-Califato. Talvez valha a pena citar aqui Adriano Moreira sem grandes comentários, mas insistindo neste paralelismo: "assim como as pequenas potências ganharam liberdade decorrente do excesso de poder das grandes potências, e exercem um *poder funcional* correspondente ao seu processo de inserção na cadeia das interdependências mundiais, assim também o Estado, sem distinção de poderio, viu a sua eficácia tradicional desafiada pelo ataque de *poderes erráticos* que atingem os seus instrumentos de gestão em pontos críticos da interdependência *sociedade-aparelho de governo.*[...] Os *poderes erráticos* parecem ter os seus antecedentes históricos nos bandos e contra-sociedades que afligiam o poder político antes que o Estado moderno, renascentista, centralizador e criador dos exércitos nacionais, tivesse absorvido o fenómeno e remetido as sequelas remanescentes para o foro da criminalidade comum.[...] Mas é certo que o crescimento da interdependência social, a solidariedade pela divisão do trabalho, a complexidade progressiva dos processos de satisfação das necessidades colectivas da sociedade civil, tudo faz crescer a fragilidade dos aparelhos de intervenção em todos os domínios.[...] A tentação de remeter os poderes erráticos para o capítulo da marginalidade social, tratando-os em função dos critérios da criminalidade, está de acordo com as matrizes éticas do Estado tradicional. Mas neste domínio aquilo que vigora é o *princípio da efectividade,* e um poder errático que se imponha passa inevitavelmente a ser o interlocutor político. Sem território, sem população, sem orçamento, sem legalidade objectiva, exactamente o negativo do Estado que conhecemos,

estão outras como a de "Estado exíguo", a de "soberania funcional", ou a de "soberania de serviço".

Curiosamente, na obra do nosso Autor há um terceiro agrupamento de ideias, de tom e disposição normativos: assim, por exemplo, o dispositivo formado por um "conceito estratégico nacional", ou a noção de "fronteiras amigas", desenhada para significar uma associação a uma distância prudente – certamente desenhada tendo a Turquia e o Magrebe em mente, para além daquelas que, no período colonial tardio, faziam por exemplo interface entre Portugal (o Estado de Angola) e o Malawi (ex-*British Central Africa*) de Kamuzu Banda ou à Namíbia (*lato sensu* a ex-*Southwest Africa* que fora dos Alemães) sob controlo da então União Sul-Africana. Uns e outros, estes numerosos conceitos articulam uma leitura tão específica quão coerente (que reconhecemos como dele, como "a visão de Adriano Moreira") que no fundo dá corpo "teórico-descritivo", ou talvez antes metodológico-normativo, à perspectivação que a caracteriza; mas sem constituir um verdadeiro *corpus*, aproximando-se porventura mais de *uma doutrina sobre o internacional e a sua interacção* (crescente) *com o nacional*. O simples gesto de os agregar lado a lado evidencia as semelhanças de família que entretêm uns com os outros e o papel que tal preenche: são, a um só tempo, termos que relevam de uma visão sistémica e orgânico-institucional, eivados de um modernismo apelativo nas denominações escolhidas.

O mais interessante e surpreendente é porém certamente a forma como Adriano Moreira procura tais conceitos e depois os utiliza, e isso é de novo patente no livro ora re-publicado: a estratégia é, permita-se-me o termo, de *bricolage*[13] – um conceito laudatório, relativo à criação de mitos, que usurpo a Claude Lévi-Strauss. Adriano Moreira lê, assim, em

---

tem a legitimidade política pendente da eficácia da intervenção". Anos mais tarde, já no século XXI, Adriano Moreira, sem descontinuidades, preocupa-se e alegra-se com "a sociedade civil internacional" e os seus "movimentos sociais", que tem celebrado em vários textos e intervenções.

[13] Para o confirmar, convido o Leitor a dar uma olhada, por ordem cronológica, aos comentários sempre argutos que na obra que re-edito Adriano Moreira vai fazendo sobre estes e outros momentos. Subjaz à sequência a ideia de uma progressão do simples para o complexo e do "soberano" para o "solidário" que há que realçar. O autêntico ecumenismo teórico do Autor torna-se aí manifesto, tal como a sua ordenação sistemática por intermédio de uma espécie de "força cinética" profunda e inexorável que actuaria na História.

A *Teoria Internacional de Adriano Moreira: uma Apresentação*

termos liberais "clássicos" (curiosamente próximos dos da dissertação de doutoramento de Henry Kissinger que, nos anos 50, fez outro tanto) a firmeza da coligação antinapoleónica ao combater sem total sucesso, no Congresso de 1815, em Viena, os ideais de "legitimidade" invocados por Talleyrand, para depois, sem pestanejar, nos oferecer uma decifração da Conferência de Berlim de 1884-1885 muitíssimo tributária daquilo que Edmund Burke, caso estivesse ainda vivo, teria com toda a certeza favorecido. Como um notável *bricoleur*, nas páginas de *A Comunidade Internacional* Adriano Moreira vê a Sociedade das Nações com os olhos idealistas de um Woodrow Wilson, mas os de um Wilson armado com os benefícios da retrospecção, para logo de seguida não hesitar em nos oferecer uma leitura imensamente mais realista da Conferência de S. Francisco e das Nações Unidas que dela adviriam; no entanto, ao fazer um balanço geral, encara a ONU, como antes fizera com a SDN, com um olhar profundamente Kantiano. Tudo se passa como se mais do que uma teoria estivéssemos perante um pragmatismo instrumental apostado em fornecer interpretações que *sirvam propósitos extra-científicos* sem se preocupar demasiado – ou, pelo menos, sem perder tempo com cuidados de ortodoxia estrita e estreita – com o afeiçoamento que tenham a um quadro teórico maior e monista.

Seria no entanto um erro, penso eu, ver nisso uma qualquer dose de oportunismo, ou um eventual desrespeito pelas regras de um jogo teórico em que à coerência é por norma atribuída uma centralidade fulcral: trata-se, bem mais, de um esquisso de uma história das ideias quasi-teleológica, como chave interpretativa do que desembocou no nosso hoje – uma espécie de Whiguismo moderno e sofisticado[14] – em associação com um desejo irrepressível *de fazer diferença* no Mundo contemporâneo. A meu ver, Adriano Moreira embrenha-se repetidamente, no seu trabalho académico, em empreendimentos desse cariz compósito: fá-lo, designadamente, ao apoiar de maneira quase incondicional os norte-americanos e a NATO, apesar de claras preferências eurocêntricas, como ainda o faz ao apostar em ligações pedagógicas privilegiadas, que nutre desde há décadas, com a instituição militar e com a Igreja – e todas estas são ligações que cultiva desde tempos imemoriais, e que sobreviveram, sem pestanejos, ao 25 de Abril.

---

14 Que Adriano Moreira, curiosamente encara, mirando-a de dentro, como a assunção de um Weberianismo que claramente muito preza e que insiste em perfilhar – sobretudo quando se quer distanciar dos juristas de cepa positivista – apesar de Max Weber ter sido aluno e seguidor fiel de R. von Jehring enquanto historiador do Direito. Utilizo a expressão Whiguismo num sentido afim da de H. Butterfield.

Não quero entrar muito nas conceptualizações normativas do Autor de *A Comunidade Internacional em Mudança*, a não ser para notar que tudo isto seria já muito, num universo universitário como é o português nas áreas das ciências sociais e das normativas: um horizonte ralo, ora "manualístico", ora seguidista de maneira que não pode senão ser vista como provinciana – um panorama marcado por vácuos dolorosos tanto no que toca a quaisquer produções teóricas (e muito pior quanto às metodológicas) próprias, quanto no que diz respeito ao estudo crítico (ou seja, minimamente científico) dos quadros teóricos dos autores "de fora" que se vêm imitados. Num espaço intelectualmente tão rarificado como este, Adriano Moreira brilha com luz própria: amparado nos Clássicos vai como que pescar noções coloridas aos Modernos e, em simultâneo, articula uma voz só sua, uma fala de timbres encantatórios. Talvez por isso mesmo – e não é pouco – o Autor tenha logrado sobreviver incólume com o enorme prestígio de que gozou durante o Estado Novo e se mantém intocado na nossa Democracia.

Haverá mais que se possa dizer? Se não há um sistema teórico exaustivo de Adriano Moreira, haverá, pelo menos, *uma filosofia de sustentação* da sua estratégia de resolução de *puzzles*, como apelidei a *démarche* que prefere? Estou em crer que sim, ao invés do que porventura diria José Manuel Pureza, mas não tanto quanto decerto defenderiam José Carlos Venâncio ou José Filipe Pinto. Em minha opinião, para a entrever há que tentar capturar o *registo* em que deve ser lida a obra produzida sobre a visão que tem do internacional[15].

Como já disse, parece-me útil vasculhar questões deste tipo utilizando dois pontos focais: o cosmopolitismo "personalista" de Adriano

---

[15] De novo em contraponto, regressemos, por breves momentos, a algumas das ideias desenvolvidas no estudo de fôlego de Marcos Ferreira. No seu esforço minucioso de enunciar uma meta-interpretação da obra que estudou, o jovem Autor foi muitíssimo longe, tentando circunscrever a filosofia política – ou, talvez melhor, as opções normativas – que tem enquadrado a extensa evolução de um pensamento cuja complexidade não pára de crescer. Para tanto, sugere uma multiplicidade de fontes. Afirma, nomeadamente, que "de Tocqueville a Arendt e Heidegger, de Weber a Strauss e Dumont, múltiplas foram as análises acerca da modernidade que insistiram nos seus aspectos negativos e na consequente erosão do universo das tradições", com o intuito óbvio de, se não nelas a radicar, pelo menos sugerir analogias evidentes entre os *telos* delas e a posição do seu Mestre. Poderíamos, com facilidade, acrescentar outros autores a este rol. Quero sublinhar que, para isso, é imprescindível ultrapassar a hipótese de meras influências directas e interpretar os silêncios de Adriano Moreira relativamente às suas fontes de inspiração.

Moreira, e o seu hipotético e famigerado "antimodernismo". Começo por este último, que creio ser logicamente anterior ao primeiro, que julgo dele depende. Devemos seguramente procurar – o que Marcos F. Ferreira em boa verdade não fez – a pertença *parcial* do pensamento de Adriano Moreira a um *corpus* epistémico de algum modo "*para-Lumières*"[16], uma "escola" aberta e ampla que tem feito o seu percurso na Europa e na América do Norte[17]. Embora Adriano Moreira não seja de modo nenhum, quero argumentar, um "contra-Revolucionário" – exibindo, pelo contrário, um modernismo e um progressivismo inusitados na sua geração – configura seguramente a imagem de um "Revolucionário-céptico" para inventar um conceito operativo: aceitando muitos dos pressupostos Iluministas, fá-lo sempre com um recuo crítico cauteloso e hesitante.

Quais as refracções e implicações disto, ao nível da eventual filosofia de sustentação de Adriano Moreira? Embora sem dúvida o nosso Autor se veja como um seguidor de Hugo Grotius, e em larga medida o seja, não creio que seja nele que ancora o seu cosmopolitismo – e muito menos as suas preferências normativas, deste não verdadeiramente dissociáveis dado o enquadramento progressivista que assume. Queria sugerir que tal tipo de pressuposto se torna imprescindível caso tenhamos como finalidade responder a uma questão que me parece fulcral: qual é a natureza ou, talvez mais precisamente, *o lugar exacto de inserção* do "normativismo" de Adriano Moreira, qual é o seu perfil? E como se distingue daquele que lhe tem sido explícita ou tacitamente imputado em certos meios políticos de maneira, em simultâneo, tão contra-intuitiva e tão convincente? À primeira vista poderá parecer que interpretações como esta postulam –

---

[16] A expressão"*anti-Lumières*", gizada em 2006 por Ze'ev Sternhell, será porventura excessiva ou, melhor, enganadora. Como já asseverei, considero Adriano Moreira um Iluminista *sui generis*.

[17] Talvez seja esse o passo que falta à interpretação de M. Ferreira, pois que embora ele não se tenha limitado a constatar umas filiações e tenha enveredado por uma visão de largo espectro do pensamento que estudou, nunca verdadeiramente radicou Adriano Moreira no espaço "contra-Revolucionário" (ou "Revolucionário-céptico", para repetir um conceito) em que ele, em parte e somente em parte, se inscreve; bem pelo contrário, e de maneira que considero como menos completa, M. Ferreira esforçou-se por trazer à superfície tão-só "[um] racionalismo grotiano de Adriano Moreira [que] consegue vislumbrar, nas diferentes esferas da sociabilidade, os recursos imanentes capazes de dar expressão a uma nova forma de subjectividade fundadora do sentimento de pertença comunitária à escala planetária".

embora possam fazê-lo de forma implícita, logo logrem pouco mais do que sugeri-lo – que haverá como que *duas* dimensões distintas no pensamento de Adriano Moreira, ou pelo menos *dois discursos paralelos* em que se exprime quanto ao "internacional" e ao devir deste[18].

Não creio, todavia, que estejamos perante um verdadeiro dualismo, e muito menos penso que interpretações *estáticas* de dualismos intrínsecos à postura de Adriano Moreira sejam as mais adequadas: embora este ponto nunca em boa verdade tenha sido desenvolvido, porventura o mais fascinante na ambivalência[19] da sua obra será o facto de que há uma óbvia *transcendentalização personalista* dessa curiosa bifacetagem ou, talvez melhor, uma espécie de *subsunção fusional* que está com nitidez ancorada numa Antropologia Filosófica eivada de laivos "tradicionais", ou "conservadores" – mas sempre radicada na "pessoa humana".

Se é assim, em que será isto novo? Vale a pena distinguir esta ambivalência daquelas duas outras posições, também de certo modo "dualistas", *ma non troppo*, de que Grotius e Kant foram defensores. Ao invés de um Grotius que tinha como directriz maior do seu projecto escrever leis "como se Deus não existisse", a busca, em Adriano Moreira, é a de uma ultrapassagem formal-racional levada a cabo segundo uma matriz explicitamente "católica" (tanto em sentido confessional quanto no etimológico) e jusnaturalista – uma postura teórica que em parte aproxima, *mutatis mutandis* (mas curiosa e inesperadamente) as suas posturas e conclusões às de um Immanuel Kant. Será, porém, de um outro Kant que não o histórico que se trata, católico, menos iluminado, de um Kant senão mais crente mais devoto e, sobretudo, natural de uma outra época e ordem internacional, portador, em simultâneo, de um sentimento nacional diverso e mais assumido, e também de um cosmopolitismo menos contido, porque de base diferente.

Julgo que perder alguns momentos neste ponto tem utilidade para uma melhor compreensão da estratégia teórica de Adriano Moreira, desig-

---

[18] Um dualismo que já José Manuel Pureza (*op. cit.*) julgara detectar, e que, de alguma maneira, lá parece estar de facto presente. Mas trata-se de um dualismo que entra em tensão com o profundo sincretismo de que o Autor tantas vezes dá testemunho.

[19] Largamente ignorada, nos poucos comentários sobre ele formulados, em que avulta de novo o curto artigo de José Manuel Pureza, em que ao que parece este a presente, embora a sujeite a uma espécie de compressão pós-moderna.

A Teoria Internacional de Adriano Moreira: uma Apresentação   23

nadamente se quisermos apurar quais os limites (ou, talvez melhor, os contornos) do seu aparente "antimodernismo" – assim o reperspectivando e tirando-lhe os dentes políticos mais malévolos. Tal como Kant, e a obra agora re-editada mostra-o alto e bom som, o Autor de *A Comunidade Internacional em Mudança* acredita com crença firme no papel da Razão (e do diálogo *à la* Habermas, um neo-Kantiano da sua geração e cepa, que desde pelo menos os anos 90 lhe apraz citar) no esbatimento *dos efeitos* da anarquia na História humana; também apoia aí, aliás, as suas convicções cosmopolitas[20]. Tal como Kant, Adriano Moreira atribui ao Homem o papel de senhor do seu próprio devir[21], embora nos vejamos condicio-

---

[20] Atente-se na seguinte asserção, por exemplo, que aparece a meio de *A Comunidade Internacional em Mudança*, depois de discutir a Conferência de Berlim de 1884--1885: "[p]ode [...] falar-se do predomínio de uma sociedade rural para todo o globo de 1789. A evolução posterior viria vincar uma distinção importante entre os países detentores do poder de governar o mundo e os países que foram objecto da colonização, conduzindo à actual divisão da terra entre países industrializados e países não-industrializados, ou, visto de outro modo, entre o norte e o sul do Globo. O teor agrário da vida de então reflectia-se naturalmente na distribuição da população entre a cidade e campo, na repartição do rendimento nacional, na hierarquia social dominada por valores rurais. Tais valores reflectiam-se numa organização dos estratos sociais que não tem coincidência com a de hoje.[...] A própria sociedade agrária era todavia diferente e evolucionou em termos dissemelhantes entre o leste e o ocidente europeus. Neste, a hierarquia social, relacionada com a terra, ia desde a posição cimeira dos grandes proprietários que faziam cultivar os seus campos, passava pelos pequenos proprietários que viviam da exploração efectiva do seu património, e acrescia-se com a servidão que ligava um homem a uma terra de outro. Tudo era ainda acrescentado de uma pluralidade de formas jurídicas destinadas a permitir o acesso a essa energia primeira que é a terra, designadamente a enfiteuse, a parceria, o compáscuo, o direito de caça e pesca, ainda com grandes reflexos, mas sem a mesma importância, no direito civil vigente. No Ocidente, a grande liberdade procurada é a da libertação da terra, tónica dos Direitos de 1789. Este movimento continuaria na direcção dos territórios colonizados, onde só muito mais tarde será consumado com a proibição do tráfego dos escravos, a abolição da escravatura, a exclusão do trabalho forçado, a luta contra as culturas obrigatórias, tudo coisas, porém, ainda existentes".

[21] Mesmo quando escreve sobre o Homem em sociedade. No presente livro, Adriano Moreira escreveu: "[f]oi recentemente que a análise pretendeu ver, nas monarquias, uma espécie autónoma que chamou de *despotismo esclarecido*, e que encontra simbolizada em Catarina II da Rússia, José II da Áustria, José I de Portugal, Frederico II da Prússia. Diz portanto respeito, sobretudo, à Europa do Leste, e na primeira aproximação é um absolutismo tardio que procurou modernizar os países que se tinham mantido fundamentalmente agrários e assentes na servidão. Procurou a sua justificação na filosofia das luzes e não na teologia. Por isso foi racional, procurou modernizar a administração, planificar a economia, preparar quadros, minimizar a Igreja. Mas lutou com a falta de capitais

24 *A Comunidade Internacional em Mudança*

nados por limitações inultrapassáveis que fazem parte da nossa condição "cá em baixo". Como o filósofo alemão, teme as resistências a uma progressão cosmopolita, ou os perigos inerentes a uma sua aceleração menos ponderada e contida, vendo aí um risco despótico. Tudo o que acabei de enunciar é fácil de submeter ao crivo Popperiano de "refutabilidade": bastará para tanto apurar a posição de Adriano Moreira em relação a Johann Gottfried Herder, ou a Isaiah Berlin (a ambos deverá ser avesso, embora lhe possa agradar a irreverência e o conceito de Liberdade do último), e a Eric Vögelin, Jürgen Habermas, ou Andrew Linklater, com os quais tenderá *by and large* a simpatizar – embora destes autores, apenas Habermas seja comummente citado na sua obra posterior. Imagino com facilidade o prazer que uma interpretação do progressivismo construtivista de Adriano Moreira, mesmo se "embrionário", poderia suscitar num Ze'ev Sternhell posicionado mais cerca da espiritualidade do seu Mestre Gershom Scholem...

Mudando de tónica: admitindo semelhante enquadramento, qual é então o tipo de cosmopolitismo exibido por Adriano Moreira, designadamente no estudo que republico? Curiosamente, parece habitual que se caracterize o seu ponto de partida sobre o "internacional" nos termos de uma leitura que privilegia a ausência de um poder político central nas relações entre Estados, ou seja, no "dilema de segurança" e, por conseguinte, na "anarquia internacional", embora muitas vezes uma anarquia como que recolorida com matizes Lockeanas e até Kantianas[22]; o próprio Adriano

---

e desse motor ocidental que foi a burguesia. O reformismo que acredita mais no Estado como motor do que no cidadão como agente, parece herdeiro da linha do 'despotismo esclarecido'. Os exemplos contemporâneos não faltam, ainda quando começam por eliminar a monarquia como fez o nasserismo". Com enunciados como este, poder-se-á em boa verdade falar do "antimodernismo" de Adriano Moreira, ou de uma sua adesão ao *Ancien Régime*? "Iluminismo católico" *is more like it*, mas numa versão bem diferente da da Capela do Rato.

[22] Sem quere maçar o Leitor, vale a pena tornar aqui a citar Marcos Ferreira, desta feita quanto a esta radicação fundadora do pensamento de Adriano Moreira que desenha com minúcia e (creio eu) uma notável precisão – "o dilema de segurança e a guerra de todos contra todos: sendo um elemento crucial no racionalismo, também para Adriano Moreira o 'internacional' é eminentemente social e político, assente num conjunto de regras, normas e princípios consensuados pelos membros de uma sociedade *sui generis* porque não dispõe de poder político unificador. Daqui resulta o elemento dramático nas relações internacionais, que determina que a ordem internacional se afaste frequentemente do princípio da igualdade formal entre estados para dar expressão a uma real hierarquia de potências". Atente-se, na formulação exímia de Marcos Ferreira, nomeadamente nos

Moreira muitas vezes o faz, ao aludir ao percurso intelectual que tem tido[23]. Parece-me que é neste lugar difuso, estruturalmente Lockeano mas de tonalidades Grocianas, ou até Kantianas, que se insere o cosmopolitismo de A. Moreira: o lugar estrutural de convergência de uma *anarquia temporária*, e sempre em esbatimento histórico[24], face a *princípios naturais* que vão emergindo a par e passo ao se desenrolar um drama histórico em que o Homem ultrapassa a condição estreita inicial em que começou, dando asas tanto à sua individualidade quanto ao seu aspecto transcendente.

Para o Autor, que nunca escondeu uma forte militância idealista, são de sublinhar por um lado o desenvolvimento do Direito Internacional em todos os seus aspectos complementares (que densifica, jurídica e normativamente, o espaço supra-estadual "anárquico" nessa dimensão dual), e por outro lado a emergência das Organizações Internacionais – para além da confiança conjuntural que deposita na NATO, Adriano Moreira é um entusiasta assumido do projecto-Nações Unidas – duas inovações que dão uma densidade e textura política crescente a uma "governança" cada vez mais imprescindível e cada vez mais bem sucedida, apesar dos recuos a que se vê volta e meia sujeita. Por último, muitas vezes como que numa espécie de *arrière pensée*, Adriano Moreira não se

---

papéis centrais atribuídos a dois tipos de razão (uma "racionalidade" formal, outra prática), e à ideia de que, mesmo sem um "poder político unificador", uma "sociedade" surge; não esquecendo a avaliação, como "dramáticos", dos abalos e desajustes sofridos pela ordem Westphaliana.

[23] Um lugar de gestação lógica que forma como que o "não-dito" de *A Comunidade Internacional*. Sem querer ir mais longe: penso ser precisamente a partir daqui, deste "ponto de aplicação virtual", que podemos esperar vir a compreender o paralelismo – largamente impensado, ao que creio, e decerto nada explorado até o já amplamente citado Marcos Ferreira o ter estabelecido e feito – entre Adriano Moreira e a Escola Inglesa. De facto, e tal como antes escrevi, ambos enraízam e medram em solo semelhante; um húmus muito diferente daquele, muitíssimo mais Hobbesiano, em que cresceram tanto o Realismo quanto o Realismo *avant le mot* de E. H. Carr, também no Reino Unido, no Realismo ou no neo-Realismo de inúmeros autores norte-americanos; e, apesar das muitas convergências no plano das opções normativas conjunturalmente assumidas, também um solo fértil apesar de bastante diverso da posição teórico-metodológica de um Raymond Aron.

[24] Ou ao carácter temporário dos seus efeitos. Não é de facto claro, no pensamento de Adriano Moreira, se a anarquia "originária" é verdadeiramente imutável, como nas teses Realistas e neo-Realistas, ou se é ultrapassada a pouco e pouco pela coagulação de entidades jurídico-políticas que a vão como que suspendendo.

esquece do papel da Igreja Católica, que trata, com o devido respeito, como uma espécie do género maior "Organizações Internacionais" – e a que parece atribuir constante e sistematicamente a função de "instância ético-normativa" essencial para uma Humanidade cuja condição não é independente de uma transcendência que a subsume sempre. Escreveu, por exemplo, na presente monografia, num estilo metafórico muito característico e em alusão à anterioridade dos Descobrimentos em relação à Demografia, "a consciência da *unidade da terra* foi anterior à formação de uma consciência, ainda hoje incipiente, de *unidade do género humano*. Um só rebanho vivendo numa só terra". Para bom entendedor a imagética é explícita.

Parece-me que é este o espaço de enunciação do normativismo reactivo e construtivista de Adriano Moreira, enquanto expressão daquilo que, seguramente, considera como o caminho na senda de uma 'verdade maior' do que a da Razão dos Iluministas – o de uma progressão inexorável, em que como portugueses nos cabe um lugar de eleição, de uma Redenção consubstanciada num Ómega Teilhardiano que nos aguarda para lá do horizonte humano, um momento final de completude messiânica do qual seria um prenúncio o Humanismo universalista que se vai passo a passo institucionalizando.

Adriano Moreira elaborou, no fundo, uma modelização "Republicana", mas não laica, do destino político humano. Será provavelmente por essa via que tanto parece apreciar Raymond Aron, no limite um Liberal. Neste quadro, o tempo em que vivemos seria o de uma 'anarquia madura'[25], porventura não muito distante do ponto terminal que os neo- -Hegelianos se comprazem em apelidar de uma 'fase de transição'" no

---

[25] Estou em crer que o conceito securitário de "anarquia madura" (posterior ao presente livro de Adriano Moreira) é uma tradução criativa, deliciosamente "bricolada", da noção de *mature anarchy* desenvolvido por Barry Buzan com um sentido claro: o do que, caso os Estados do sistema internacional não só consolidarem a sua própria identidade e legitimidade mas também aceitarem e reconhecerem as dos outros, lograrão desenvolver uma "sociedade" na qual os benefícios Westphalianos da fragmentação pela via da sua manutenção enquanto entidades soberanas têm lugar sem que sejam incorridos os custos altíssimos de uma competição e instabilidade incessantes. Para esta ideia, ver Barry Buzan (1991), *People, States and Fear, an Agenda for International Security Studies in the post-Cold War Era*, Lynne Rienner, Boulder, Colorado. Adriano Moreira está a pensar quando aplica a sua "tradução" à Europa do pós-Guerra, à Aliança Atlântica ou, mais genericamente, ao mundo Wilsoniano das Organizações Internacionais.

caminho para uma realização plena, não de um *Geist* abstracto aqui e agora, mas antes de uma Salvação final muito concreta, apesar de num outro tempo que todavia não sabemos vislumbrar, presos que estamos à nossa condição humana e terrena. Não será isto expressão de um autêntico Iluminismo alternativo, modernista q.b. e eivado de um Racionalismo quase Heideggeriano?

3.
A Europa cada vez mais, mas Portugal sempre?

Em guisa de pré-conclusão, talvez não seja abusivo escrever umas breves linhas sobre este "amadurecimento", de algum modo actualizando – mas sem quaisquer pretensões de puxar a obra para o presente ou de nela interferir – o que Adriano Moreira escreveu em finais dos anos 70 e publicou no seu *A Comunidade Internacional em Mudança*.

Debruçar-me-ei, rápida e sucintamente, não sobre "o fim do Euromundo"[26] do qual tanto escreveu, mas sobre a Europa – uma Europa que sempre o tem preocupado e de que sempre sentiu orgulho, vendo-a, senão já como o centro, a "sede", do "Ocidente", pelo menos enquanto o seu centro histórico e a fonte bíblica, grega, e westphaliana, de onde este brotou, e na qual teve lugar, em versões extremadas, tudo o que a "civilização Ocidental" a que lhe apraz referir-se com regularidade tem de bom e de mau: do Cristianismo que tanto respeita e em que se revê, à "abertura do

---

[26] Para esse efeito, basta decerto citar os dois últimos parágrafos com que o Autor terminou o seu Prefácio à 1.ª edição de *A Comunidade*, num elogio fúnebre que decidiu fazer: "[morreu] Arnold Toynbee, nem sociólogo, nem politólogo, nem historiador, nem moralista. Foi antes aquilo que os clássicos chamavam com nobreza um escritor, isto é, um homem debruçado sobre a vida, a olhar e a discorrer. Foi ele quem, para balizar o começo da época a cuja morte a nossa geração assiste, cunhou a expressão *Era Gâmica*. Doutrinou, com outros, que as civilizações nascem e morrem e que a nossa, ocidental, não pode escapar a essa lei. Logo que os desafios as excedem, as civilizações desistem. [...] Não encontro nesta demonstração, tão apaixonadamente controvertida, um pessimismo fundamental. Porque aquilo que realmente demonstra é que, superando o nascimento e morte das civilizações, é o género humano o que subsiste e caminha, crescendo em sentimento de interdependência e de unidade". Para Adriano Moreira, o fim do "Euromundo", por doloroso que possa ser, constitui um passo positivo, e em todo o caso inevitável, na direcção de um Mundo sempre melhor. É caso para se dizer que, para Adriano Moreira, "Deus escreve direito com linhas tortas".

Mundo", à Revolução Industrial, à missão de colonização-civilização dos quatro cantos do planeta, aos horrores das duas guerras "para acabar com a Guerra" que marcaram o século XX[27], à criação-maturação do Direito Internacional, das Organizações Internacionais, da Educação e da Ciência feitos históricos – melhor, *degraus* – que, em sua opinião, nos dão a *todos*, uma só voz, embora a tenhamos e utilizemos em línguas e estilos diferentes.

Logo na introdução da obra que o Leitor tem entre mãos, Adriano Moreira fala nisto, referindo-se-lhe como "o patamar da evolução a que chegámos". Colado às teses datadas de 1977 (a pouco tempo de distância de Robert Keohane e Joseph Nye[28]), apresenta, depois, tal patamar como uma versão da "interdependência complexa" que estes autores norte-americanos tinham desenvolvido: "[t]rata-se simplesmente da interdependência dos interesses, da comparticipação nas coisas e nos serviços, que fazem dos homens sócios e transformam o grupo em sociedade. Não existem hoje zonas marginais no globo, tudo foi humanizado desde o fundo dos mares ao espaço exterior"[29]. Isto foi escrito na década de 70, em 1976...

Um bom exemplo da maturação da anarquia que Adriano Moreira contempla e vê avizinhar-se de maneira inexorável é a patente na multiplicidade dinâmica da Europa contemporânea, tão sensível em finais da primeira década do século XXI. Ao contrário do que acontecera no fim do século anterior, tornou-se difícil encontrar no continente europeu mais do

---

[27] São muitos os exemplos do modo característico como o Autor de *A Comunidade Internacional em Mudança* interpreta a dinâmica de pormenor dos conflitos que gizaram a "conjuntura" em que vivemos até pelo menos ao final da União Soviética – e decerto até hoje. Fá-lo, por via de regra, de maneira quase aforística. Como, por exemplo, escreveu a meio da obra que o Leitor tem entre mãos, ao aludir às duas Guerras Mundiais que se sucederam, "as guerras seriam mundiais pelo cenário, mas europeias pela origem, ocidentais pelas causas".

[28] Designadamente em Robert O. Keohane e Joseph S. Nye (1977), *Power and Interdependence: World Politics in Transition*, Boston: Little, Brown and Company.

[29] Num tom finalista mas de curiosos ecos Linklaterianos, na Introdução à 1.ª edição de *A Comunidade Internacional*, que aqui incluo, Adriano Moreira escreveu: "[t]odas as respostas normativas, para enfrentar exigências comuns de um mundo que se unifica, são contribuições humanas para enfrentar um destino solidário; o destino do género humano, cada vez mais consciente de constituir um só rebanho ao redor da terra, sem distinção de gregos e estrangeiros". *Mutatis mutandis* a asserção poderia aparecer em Andrew Linklater (1998), *The Transformation of Political Community*, Polity, Cambridge, quanto a mim a monografia mais assumidamente Habermasiana deste autor da Escola Inglesa.

que meras réstias da uniformidade nas diferenças existentes dentro da Europa, e até na formalidade do traçado das linhas divisórias quasi-estanques que a caracterizavam. Largamente em reacção às atrocidades e devastações sofridas durante a Segunda Guerra Mundial (que, ecoando Ernst Nolte, Adriano Moreira vislumbra como "a longa guerra civil europeia do século XX"), no continente vivemos hoje em dia numa amálgama de povos, regiões, de uma União que se tem vindo a consolidar, e de aquilo que Anne-Marie Slaughter (numa imagem de que o Autor gostará) apelidou "*disaggregated States*", com novas e inesperadamente complexas linhas de falha étnicas, religiosas, políticas, económicas, e sociais, num conglomerado cuja geometria, mais do que variável, não parece sequer ser redutível a modelos euclidianos. O Islão é hoje a segunda religião europeia, logo atrás do Cristianismo que cresce no continente a uma velocidade muito mais baixa; e trata-se de um Islão tomado a sério pelos seus seguidores, enquanto o Cristianismo tradicional cada vez o é menos em toda a parte do Velho Mundo. Uma crise no horizonte?

Já sem sonhos imperiais e expansionistas (ou pelo menos contendo os seus ímpetos), e sujeita a uma nova ordem internacional de cuja criação e concertação não foi o maestro principal, a Europa parece *reduzida*, e isto num duplo sentido: já não projecta o seu poder político directo até aos quatro cantos do globo e, mesmo num plano doméstico, os Estados do Velho Continente tornaram-se "exíguos". A Europa dos inícios do século XXI é presa de incertezas e sente-se exposta a riscos cujo controlo lhe foge mais e mais – o que a coloca num doloroso mas instrutivo contraste com a segurança que sentia no *fin de siècle* anterior e até na *Belle Époque* que se lhe seguiu. No quadro teórico moderadamente organicista de Adriano Moreira, este contraste mais, porém, do que uma decadência, exprime uma acomodação e um ajustamento aos novos contextos, a que o Autor chamaria, porventura, "as novas conjunturas": trata-se de um tipo de turbulência tectónica que provém de um re-afeiçoamento do Velho Continente ao Mundo, uma re-adequação estrutural e sistémica que as mudanças dele lhe exigem – e com a qual nem sempre convive tão bem como desejaria.

Se é certo que, nesse movimento recente, e num plano macro, podemos ver em funcionamento a "lei da complexidade crescente da vida internacional" que o progressivismo de Adriano Moreira postula, também parece indubitável que na Europa vivemos os alvores de uma identidade europeia distintiva, que podemos discernir em numerosos domínios da vida colectiva e em comum em que cada vez mais nos temos vindo a embrenhar[30]. É possível – e decerto saudável – que sintamos hesitações quanto aos ritmos da sua emergência, quanto à democraticidade que tem, quanto àquilo em que irá resultar, até quanto à sua exequibilidade. Mas não parece facilmente defensável a ideia de que não estamos, *de facto*, a assistir à sua implantação sistemática; e muito menos parece mantenível a convicção de que o que o futuro nos reserva será apenas mais do mesmo. Com o acelerar do passo da globalização, soletrado pela adopção tendencial, pelo menos num primeiro momento, do modelo político-económico da única superpotência remanescente depois da implosão da União Soviética (a democracia liberal e a economia de mercado) e face ao consequente fim do Mundo bipolar em que se viu espartilhada no pós-Guerra, a Europa tem-se vindo a tornar *num modo de vida* entre outros, *num estilo*[31].

O futuro nos dirá o que isso significa ao nível da redefinição da própria natureza de comunidade política que no continente se tem vindo a esboçar. O certo é, porém, que aquilo a que temos assistido pode ser visto como uma "anarquia cada vez mais madura", e isto em dois sentidos que se complementam: como uma maturação resultante da interiorização de normatividades múltiplas, e como um amadurecimento na via de uma catadupa de inovações que não deixará, seguramente, de gerar –

---

[30] Tal como Andrew Linklater quase trinta anos depois, Adriano Moreira assumiu em *A Comunidade Internacional* uma postura pessoal e teórico-metodológica empenhada em levar a cabo um rastreio do esbatimento progressivo dos "processos de exclusão" – embora sem nunca o declarar e empreendendo-o *en passant*. O contraponto Schmittiano parece-me óbvio. Tivesse *A Comunidade* sido redigida vinte anos mais tarde, o seu Autor não poderia ter prescindido de conceitos como o de "multiculturalidade", ou o de *politics of identity and recognition*"; e citaria decerto, posicionando-se com cautela em relação a eles, autores contemporâneos como Charles Taylor, Will Kymlica, e Jeffrey Alexander.

[31] Só podemos imaginar o livro alternativo que *A Comunidade* constituiria se Adriano Moreira pudesse ter lido, com trinta anos de antecedência, o estudo de Tony Judt (2005). *Postwar: A History of Europe Since 1945*. Penguin Press, com, designadamente a sua asserção segundo a qual "[the] *European Union' may be an answer to history, but it can never be a substitute*", ou a notável monografia de Edward Keene (2002), *Beyond the Anarchical Society. Grotius, colonialism and order in world politics*, Cambridge University Press, com um *take* sobre o "Euromundo" [uma expressão que Keene não utiliza] não tão diferente do seu. Calculo, também. o prazer do Autor associado à leitura da extensa introdução de Judith Goldstein, Miles Kahler, Robert Keohane e Anne-Marie Slaughter (2000), "Introduction: legalization and world politics", *International Organization* 54 (3): 85-399, MIT Press, no fundo não muito distante da problemática daquilo que Adriano Moreira, em 1982, fiel ao seu hábito lúdico de bricolar conceitos antigos, manipulando-os, intitulou no presente livro de "o contencioso internacional".

recapitulando, de alguma forma, num plano macro, a progressão daquilo por que a História portuguesa passou já no plano micro, na interpretação transversal atenta, orgânica pela via institucionalista, que Adriano Moreira dela faz[32].

Uma perpectiva deste género não pode senão dar origem a uma espécie curiosa de pró-europeísmo *nacionalista* (no sentido de patriótico), que julgo ser uma característica recente – e natural, no sentido de espontânea e adequada ao todo em que emergiu – do pensamento de Adriano Moreira. E creio que põe bem em evidência a ambivalência (mas sem quaisquer ambiguidades) das coordenadas nocionais em que se move, tanto quanto esgrime algum do "organicismo finalista" que, segundo a minha leitura, fez seu.

4.

A Comunidade Internacional em Mudança, hoje

Para terminar esta já longa apresentação e introdução, vale decerto a pena perder algum tempo a fundamentar a escolha de um estudo como este, que em boa hora é publicado. Porquê dar à estampa uma monografia central, que exprime – a meu ver melhor do que qualquer uma das muitas outras que produziu – o pensamento e o labor intelectual "internacionalista" de Adriano Moreira e a maneira, fascinante, como negoceia um percurso sinuoso entre o que vê como a tónica "sociológica" dos teóricos norte-americanos que o influenciaram e as raízes "normativas" da postura europeia que cita, ou a que alude, quanto aos mesmos temas?

A resposta para uma questão deste tipo inclui uma parcela que é evidente e outra que o é menos: começar a dar a conhecer a "Idade de Ouro" da germinação-progressão dos estudos internacionais em Portugal tem um interesse intrínseco de tal modo óbvio que a pergunta não me parece carecer de mais elaboração. Não nos podemos dar, no entanto, ao luxo de subalternizar a face escondida daquilo que justifica o esforço, a sua dimensão cívica, se se quiser – a urgência de fazer frente ao empenhamento daque-

---

[32] Atente-se, de novo, naquilo que Adriano escreveu no livro que se segue, ao estipular uma afinidade electiva e laços de filiação entre a Revolução norte-americana e as descolonizações do século XX: "a revolta americana é mais um acto de descentralização interna do governo do Ocidente, do que uma verdadeira revolta. Esta aparecerá contra o Ocidente, mas apenas no século XX. Será obra dos povos mudos do mundo, aqueles que não participaram da revolta de 1787, nem das vantagens dos princípios da Revolução de 1789".

les que esbracejam e sugerem re-escrituras dos factos com o intuito ulterior de sustentar leituras intelectuais que visam a hegemonia, ora em nome de uma correcção política ínvia, ora no fito da obtenção de vantagens pessoais menos confessáveis. É pena que, mesmo depois da Ditadura e da Revolução, haja ainda quem não tenha aprendido a respeitar os factos e insista em tornar o próprio passado imprevisível. As coisas foram o que foram e são o que são, e é bom que assim as encaremos, mesmo que o nosso objectivo último seja o de as combater sem tréguas: o "realismo" tem-se revelado uma estratégia eficaz em todos os campos que vamos lavrando.

Um esquisso de mapa: acompanhando, como não podia deixar de ser, a abertura geral das múltiplas frentes de internacionalização que foram surgindo, muitas delas tocando directamente o lugar estrutural da Portugal no Mundo e a nossa participação activa nele, começou entre nós a crescer uma reflexão sistematizada sobre alterações que tanto entravam pelos olhos dentro que só as não via quem não quisesse. É de lamentar que raramente tenha sido feita justiça nesse balanço que se enceta. Adriano Moreira faz obviamente parte de uma lista restrita de nomes, como (e coloco-os por ordem alfabética) os de Jorge Borges de Macedo, André Gonçalves Pereira, Vitorino Magalhães Godinho, Armando M. Marques Guedes, António Manuel Pinto Barbosa, Alfredo de Sousa, ou Luís Filipe Thomaz: daqueles que, apoiados por agrupamentos cada vez mais substanciais de seguidores dedicados, e suplementados por "sangue novo" por via de regra proveniente de instituições superiores estrangeiras, souberam tomar o pulso a uma mudança sistémica de peso que estava em curso e lograram tirar daí as consequências práticas imprescindíveis.

Pôr em evidência este ponto é importante, sobretudo dado vivermos uma fase em que tendem a emergir forças apostadas em avocar (invocando-a como sua e tentando assim manter cativa uma parte da História Académica portuguesa) uma paternidade cuja descendência, ao que tudo indica, irá continuar a crescer e a multiplicar-se – e, esperemo-lo a tornar--se menos enviesada – na justa medida que a integração global e as transformações a que dá corpo se vão intensificando. Já por várias vezes sublinhei o papel de, por um lado, os juristas e as Faculdades de Direito, e, pelo outro, a Maçonaria, no que diz respeito ao desenvolvimento, em Portugal, da disciplina-Mãe da Ciência Política e ao da sua herdeira e sucedânea, a das Relações Internacionais – um desenvolvimento infelizmente tardio, um peso que partilhamos com inúmeras outras ex-ditaduras europeias, tenham elas sido de Esquerda ou de Direita. Sem entrar em detalhes, visto este não ser local adequado para tanto, queria reiterar estas afirmações, acrescentando-lhes uma queixa: é pena que nem sempre se dê a César o que é de César. Uma das minhas finalidades ao publicar esta obra notável é a de apoiar esse gesto de restituição.

Há, porém, mais do que isso que pode ser aduzido em favor de uma re-edição deste tipo. Tenho uma experiência de Adriano Moreira que, ao que tenho vindo a verificar, é partilhada por muitos outros dos que estão atentos às suas posições: mais do que lê-lo, o que me dá sempre um enorme prazer intelectual, prefiro ouvi-lo. A expressão falada sempre me pareceu nele mais solta e fluida, menos trabalhada, saudavelmente contra--intuitiva, mais linearmente cumulativa; os seus muitos escritos nem sempre têm essas propriedades com a mesma intensidade. A excepção é, precisamente este livro sobre *A Comunidade Internacional em Mudança*, porventura por se tratar de um conjunto de lições a ser ministradas num Curso de Mestrado que teve lugar no Brasil, na Pontifícia Universidade Católica do Rio de Janeiro, do Instituto de Relações Internacionais e de Direito Comparado (IRICO) – não se tratando, seguramente, de uma obra redigida em tom coloquial, não exibe a densidade compacta da maioria dos outros trabalhos escritos de Adriano Moreira, mesmo os mais jornalísticos. O número dos seus leitores potenciais em resultado aumenta em flecha; há uma espécie de "sociedade civil moreirista" emergente que se contrapõe aos desígnios das forças de avocação censória sumária, que importa garantir venha a ter uma tradução académico-institucional sólida.

Por tudo isto é com gosto e honra que trago de novo à luz, e desta feita, espero, para benefício de um público mais alargado, um magnífico trabalho de Adriano Moreira. Depois da sua leitura, e quer se concorde com ele quer não, não imagino que seja quem for possa não considerar Adriano Moreira um pensador exímio e um magnífico erudito. Um português que está a milhas dos mimos e dos conselheiros Acácios, da afectação suburbana dos imitadores e do provincianismo dos mestres-escola com quem temos laboriosamente de conviver na nossa "gaiola de ferro" nacional.

A colecção *Política Internacional e Diplomacia* fica muitíssimo mais rica com obras deste calibre.

ARMANDO MARQUES GUEDES

*Professor da Faculdade de Direito
da Universidade Nova de Lisboa
Presidente do Instituto Diplomático,
Ministério dos Negócios Estrangeiros*

PREFÁCIO PARA A 1.ª EDIÇÃO

1. A criação, pela Pontifícia Universidade Católica do Rio de Janeiro, do Instituto de Relações Internacionais e de Direito Comparado – IRICO, decorre do reconhecimento de que a internacionalização é um dos traços fundamentais da conjuntura que vivemos. Mais talvez do que apenas isso, é o fenómeno que melhor caracteriza o patamar da evolução a que chegámos. Já não se trata das aspirações do pacifismo utópico, nem do pessimismo revolucionário sobre a bondade do poder, nem do regresso ao paraíso anterior ao contrato social, nem da violência poética que tudo quer destruir para que outro mundo nasça.

Trata-se simplesmente da interdependência dos interesses, da comparticipação nas coisas e nos serviços, que fazem dos homens sócios e transformam o grupo em sociedade. Não existem hoje zonas marginais no globo, tudo foi humanizado desde o fundo dos mares ao espaço exterior.

A mais evidente das consequências é que o tradicional conceito de soberania mudou de conteúdo e de significado. Não tem igual na ordem interna nem superior na ordem externa, tem hoje um significado bem diferente daqueles atributos que Maquiavel e Bodin ajudaram a reconhecer no poder político soberano. A tabela dos interesses considerados como pertencendo à jurisdição interna suscita uma leitura que não seria sequer suspeitada no fim da guerra de 1939-1945. Reduzida drasticamente essa tabela, avultam em contrapartida os problemas internos internacionalmente relevantes, e sobretudo os problemas considerados internacionais segundo o consenso generalizado. Os transportes, as comunicações, a investigação fundamental e aplicada, a segurança externa, a estabilidade interna, os usos e costumes que decorrem da personalidade básica de cada povo, tudo está submetido ao processo acelerado da interdependência e da internacionalização.

Não existe hoje qualquer governo que não seja obrigado a definir as suas dificuldades internas mais sérias em função de variáveis exteriores. Isto, desde o valor da moeda até às correntes ideológicas. As campanhas eleitorais, monistas ou pluralistas, acentuam os temas do contencioso internacional. O noticiário de cada dia, não importa a língua ou o lugar, dá sempre a impressão de que se ocupa fundamentalmente com aquilo que parecem ser os interesses dos outros. Tudo significa que a problemática internacional sofreu também um processo de massificação, característico do nosso tempo. Em consequência, a sociedade internacional deixou de ser regida por regras sabidas e conservadoras, e passou a exibir os mesmos caracteres de instabilidade, contestação e sentido inovador das sociedades internas. Por isso, os problemas internacionais já não são, como eram até recentemente, o tema reservado de um pequeno grupo de íntimos dos centros de decisão política, que depois relatavam, em *Memórias* e *Testamentos Políticos*, os desafios a que tinham respondido para a salvação dos interesses gerais.

Tudo se passa agora na praça pública, ou sob a ameaça da indiscrição que está sempre à espreita e desconfia das negociações reservadas. A reivindicação ideológica de 1917, que advogava o fim dos tratados secretos, está a ser um resultado obtido pela electrónica à margem dos governos.

Por outro lado, a neutralidade interna do contencioso internacional, indiscutível no ponto alto da estabilidade dos Estados racionalistas do século XIX, tende para ser ultrapassada em toda a parte. Os amigos e inimigos já não se aprendem na escola primária com base na história. Tudo muda rapidamente na mesma geração, até durante o mesmo governo. E por isso a definição da política internacional é ponto de controvérsia fundamental em todos os regimes, monistas ou pluralistas, e a sua condução um dever de ofício da chefia política suprema.

Uma chefia constantemente obrigada a enfrentar a perplexidade da impotência, porque entidades híbridas, sem território, sem povo, sem orçamento, desafiando toda a conceptuologia clássica, circulando indiferentes por sobre as fronteiras reconhecidas, estacionando em campos que ignoram as soberanias estabelecidas, usando os meios de comunicação que os contribuintes dos seus adversários pagam, falando das tribunas sustentadas pelos poderes que atacam, lhes dizem de igual para igual as condições em que estão dispostos a negociar a paz. Quando não se trata apenas da humilhante imposição desses novos piratas de Espronceda, que trocaram os veleiros pelos aviões.

2. A complexidade crescente da vida internacional, e a alteração do quadro das finalidades e do desempenho dos poderes políticos nesse domínio, originou uma crescente internacionalização da vida privada, sem pre-

Prefácio para a 1.ª Edição 37

cedentes no passado. Este fenómeno tem a sua expressão mais visível na proliferação de associações multinacionais que exprimem a vizinhança internacional de pessoas submetidas a lealdades políticas diferentes.

Os profissionais liberais, os investigadores científicos, os responsáveis pelo avanço da tecnologia, os artistas e escritores, agrupam-se sem dependência de nacionalidades. Unidos apenas pela ocupação comum e pelos comuns objectivos. A própria Organização das Nações Unidas, logo na data da sua fundação, reconheceu a importância do fenómeno, e associou essas instituições ao funcionamento do Conselho Económico e Social. Associações como a Câmara Internacional de Comércio, a Confederação Internacional das *Trade Unions* Livres, a União Católica Internacional de Serviço Social, a Associação Internacional de Advogados, a Federação Internacional dos Jornalistas, a Liga Internacional da Cruz Vermelha, figuram entre as registadas para tal efeito. Mas acontece que o fenómeno se alarga, desde as multinacionais económicas que são hoje um tema obrigatório de debate, até ao fenómeno das personalidades sem qualquer filiação, que influenciam todo o contencioso internacional.

São casos como os de Lord Russel e de Schweitzer. Usando apenas a palavra, inquietam, perturbam, influenciam todos os governos da terra. O mesmo está a acontecer com Alexandre Soljenitsine, implantado no mundo como profeta bíblico, sentenciando em nome de valores que a razão nunca demonstra e que a força nunca pode silenciar. Todos e cada um destes surpreendentes homens, que parecem imunes à influência da massificação, da socialização, da tecnologia, da controvérsia ideológica, parecem obedecer apenas ao preceito de São Paulo: quem tiver o carisma de ensinar, que ensine. Suscitando a adesão ou a cólera, ficam sempre, em qualquer das situações, inelutavelmente incluídos no debate e dando carácter à internacionalização.

Acrescente-se a importância que a diáspora tem para todos os governos. Já não é um fenómeno de relevância apenas bíblica. Cada governante participa hoje das inquietações que foram de Salomão, mesmo que tenha menor inspiração e sabedoria. Pode tratar-se de emigração ideológica que parte em busca de outra paz; mais frequentemente trata-se de emigração determinada pelo funcionamento de um mercado do trabalho que se internacionalizou, obediente à regra de que os países ricos exportam capitais e os países pobres exportam gente.

Em qualquer dos casos, o comportamento desses nacionais no estrangeiro exige a cuidadosa atenção do país de origem e do país hospedeiro.

Não apenas pela questão importante do movimento de divisas inerente às migrações de trabalhadores, mas também pela dependência em que deles ficam as imagens dos governos interessados, e pela influência que os que partem exercem na evolução dos modelos de conduta dos que ficam. Casos como os da Associação dos Franceses no Estrangeiro, da Associação dos Japoneses no Estrangeiro, da *Alliance Française*, ou do *British Council*, correspondem à importância da internacionalização nesse domínio.

3. A investigação e o ensino, no caso de quererem acompanhar a evolução social, e evitar o fosso entre a vida e a Universidade, não podem deixar de acompanhar esta mudança. Começando por reconhecer que a metodologia clássica, e que a tradicional classificação das disciplinas, foram definidas em função de uma ultrapassada conjuntura.

Não é possível estudar hoje o direito internacional sem a precedência de uma teoria das relações internacionais. Exigência que se repete, *mutatis mutandis*, em muitos outros domínios, designadamente no direito da família, no direito da empresa, no direito criminal. O estudo prévio do ambiente (*total environment*), alimentador das exigências que o poder político elabora e transforma em normas, é indispensável.

Deste modo, as ciências normativas encontram, na informação das ciências sociais, o conhecimento do mundo que pretendem plasmar em função dos valores que servem: justiça e segurança para os homens deste mundo, isto é, do mundo de aqui e de agora, que por um lado exige e por outro lado se subordina.

Do ponto de vista metodológico, a tentativa de autonomizar o estudo das relações internacionais tornou-se evidente depois do fim da Primeira Guerra Mundial. Muitas disciplinas, sobretudo nas Universidades americanas, passaram a lidar com estes problemas, talhando domínios privativos com designações variáveis: Psicologia das Relações Internacionais, História da Diplomacia, Economia Internacional, ou, com tónica diferente, América Latina, Próximo Oriente, África, América do Norte, e assim por diante.

A Sociedade das Nações, na década de 30, patrocinou o desenvolvimento destes estudos, tendo sido particularmente importante a Conferência de Praga de 1938, documentada por Alfred Zimmern no seu *University Teaching of Social Sciences: International Relations*. Na Europa Ocidental, sempre mais enfeudada ao normativismo jurídico, foi o próprio ensino do Direito Internacional que reflectiu a nova conjuntura, passando frequentemente a incluir uma explicação sociopolítica e conjuntural das normas e das práticas internacionais.

Assim, enquanto que na tradição americana é um ponto de vista sociológico que está na origem da autonomia académica das relações internacionais, na Europa é o ponto de vista normativo que se mostra dominante.

Pois é a síntese metodológica que se procura, quando se pretende agora assinar o estudo das relações internacionais a um organismo que simultaneamente se ocupa das relações internacionais e do direito comparado. Todas as respostas normativas, para enfrentar exigências comuns de um mundo que se unifica, são contribuições humanas para enfrentar um destino solidário; o destino do género humano, cada vez mais consciente de constituir um só rebanho ao redor da terra, sem distinção de gregos e estrangeiros.

4. Este nos parece ser o valor supremo que, em posição weberiana, deve orientar a investigação neste domínio. Morreu há poucos meses um homem ao qual muito devemos para o entendimento deste ponto de vista, ele mesmo criador de um Instituto de Relações Internacionais, ao qual se dedicou até ao fim da vida. Foi Arnold Toynbee, nem sociólogo, nem politólogo, nem historiador, nem moralista. Foi antes aquilo que os clássicos chamavam com nobreza um escritor, isto é, um homem debruçado sobre a vida, a olhar e a discorrer. Foi ele quem, para balizar o começo da época a cuja morte a nossa geração assiste, cunhou a expressão *Era Gâmica*. Doutrinou, com outros, que as civilizações nascem e morrem e que a nossa, ocidental, não pode escapar a essa lei. Logo que os desafios as excedem, as civilizações desistem.

Não encontro nesta demonstração, tão apaixonadamente controvertida, um pessimismo fundamental. Porque aquilo que realmente demonstra é que, superando o nascimento e morte das civilizações, é o género humano o que subsiste e caminha, crescendo em sentimento de interdependência e de unidade. Este é o valor que o novo Instituto de Relações Internacionais e de Direito Comparado pretende servir à luz da divisa que adoptou: *Beati pacifici. Cedant arma togae*[*].

---

[*] Curso regido na Universidade Católica do Rio de Janeiro, em 1976, e recolhido da gravação.

PREFÁCIO PARA A 2.ª EDIÇÃO

1. Quando, em meados do século passado, estando os ocidentais a ponto de assumir o Governo da totalidade do mundo, Maurice Block pretendeu definir o *Poder* no seu *Dictionnaire Général de la Politique*, escreveu o seguinte: «*existe uma palavra que exprime de uma maneira mais geral e na sua essência esta mesma ideia que representa a palavra poder. É a palavra autoridade*».

A intenção era excelente, porque se tratava de não admitir os governos degenerados, do ponto de vista liberal, insistindo em que «*aquilo que sem dúvida é mais conforme às ideias e necessidades do nosso tempo, é o poder que encontra a sua origem na lei, reinando pela lei, pondo na lei a sua força, a sua legitimidade e a sua forma*».

Este verbete era assinado por Mazade, mas o Dicionário encontrou logo embaraços para definir a expressão *potência*, dizendo o seguinte: «*potência é por vezes tomada como sinónimo de Estado soberano, sobretudo quando se trata de um grande país. Assim, nos tratados e convenções, emprega-se habitualmente a fórmula «as altas potências contratantes». A designação de grande potência é reservada neste momento a cinco Estados da Europa. Potência é também sinónimo de força. Não podemos senão repetir noutras palavras, que a potência não confere nenhum direito. A potência não confere senão vantagens, e antes de mais a de estar segura da sua independência, de poder seguir a sua via e torná-la conforme à justiça sem ter necessidade de pactuar com as pretensões iníquas de outro país*».

Esta mistura da análise com a pregação, muito própria da época, tinha a debilidade de reconhecer que as verdadeiras potências são em número reduzido, e que o poder dá vantagens que passam em geral bem sem necessidade de que os outros as reconheçam legítimas.

Portugal não aparecia, como é evidente, entre as grandes potências, e o Dicionário revelava o seguinte: «*diz-se que o Exército de Portugal tem proporcionalmente mais oficiais do que soldados. Tem, com efeito, 142 oficiais generais... Não resta das grandes Marinhas Portuguesas, que fundaram as colónias e fizeram as guerras de África e da Ásia, senão uma esquadra composta de 1 couraçado, 1 fragata, 3 corvetas, 1 brick e 30 pequenos barcos a vapor, dispondo na totalidade de 296 canhões, e servida por 2880 marinheiros. O Estado-Maior é composto de 216 oficiais».*

Isto passava-se em 1864, e dentro em pouco o *Ultimatum* da Inglaterra mostraria que a força e a legitimidade são coisas inconfundíveis, pelo que o Dicionário precisava de uma cuidadosa revisão.

Entretanto, o número de grandes potências foi reduzido, de tal modo que se na fundação da ONU ainda formalmente foram 5 as potências que receberam o direito de veto no Conselho de Segurança (URSS, EUA, França, Inglaterra, China), tratava-se de uma pura cortesia, porque as grandes potências eram apenas duas.

A filosofia que as animou a inscrever tal direito de veto na Carta da ONU, foi o da confirmada evidência, inferida dos factos, de que nenhuma grande potência estaria disposta a ceder, em matérias de interesse fundamental, à decisão maioritária das outras.

Nessa data, com a euforia da vitória de 1939-1945 a perturbar as previsões, tinham presente que o poder é a capacidade irresistível de obrigar os outros, praticando, sempre que necessário, o acto da subida aos extremos de que falava a doutrina.

O poder tinha uma definição existencial testada na guerra e não oferecia dificuldades metafísicas nem morais de definição: traduzia-se num conjunto de meios, particularmente militares, capazes de fazer dobrar a vontade do adversário, ou, se necessário, de o destruir. A guerra existencial, que o último conflito mundial praticara, a partir dos exercícios a que os intervenientes se dedicaram na guerra civil espanhola, daria este último acrescentamento à definição do acto de fazer a guerra, suprema manifestação da potência.

2. Aconteceu porém um fenómeno que devemos considerar novo em relação à experiência do passado convívio entre as potências: é que o poder estratégico das únicas duas grandes potências, que são a URSS e os EUA, cresceu em termos de cada uma delas poder destruir a totalidade da humanidade, o que faz antever uma guerra apenas com mortos e sem vencidos nem vencedores; o número de países independentes, em função da filosofia da mesma Carta da ONU, cresceu desmedidamente e vai a cami-

Prefácio para a 2.ª Edição

nho de atingir as duas centenas; o excesso da potência dos dois grandes Estados monopolizadores das armas estratégicas obriga-os a fazer uma revisão permanente dos interesses que consideram vitais, e cuja violação obrigará ao uso das armas supremas, reduzindo constantemente a tabela desses interesses porque o risco da defesa é excessivo; enquanto nas conversações bilaterais, como nos SALT I e SALT II, vão reciprocamente sondando a extensão da fraqueza em que estão de usar a força que possuem, as pequenas potências adquirem um correspondente e inesperado aumento de liberdade de acção, porque aumenta a tabela de interesses que as grandes são obrigadas a não considerar vitais, aceitando ousadias que antes da era atómica seriam imediatamente punidas. Assim se compreendem certas liberdades de Cuba, arrogâncias de Chipre, destemperos do Irão.

É o excesso do poder que paralisa os EUA, assim como é o excesso do poder que abranda o princípio da revolução soviética mundial em guerra fria, coexistência pacífica, definição de linhas mundiais da fronteira de interesses com o adversário, uma certa doçura eurocomunista na acção exterior às fronteiras soviéticas e, por último, os esforços no sentido de acalmar a cristandade com a descoberta de que afinal não existe uma grande diferença entre o marxismo e a mensagem evangélica, ficando implícita neste último conceito a afirmação de que a religião perdeu o ópio originário, e os governos perderam a memória dos últimos decénios.

3. Esta situação, aparentemente paradoxal, de que à medida que cresceu o poder das grandes potências e estas se reduziram em número, também cresceu o número das pequenas e médias potências e estas aumentaram a liberdade de acção, obriga a formular um novo conceito operacional que possa ajudar na análise da conjuntura em que nos encontramos.

O problema do petróleo já é uma base suficientemente importante e significativa para obrigar a meditar sobre a aparente novidade do acontecimento, com países ainda há pouco nascidos para a cena mundial a imporem as suas condições a tudo quanto resta das soberanias ocidentais. Uma questão que antes da guerra de 1939-1945 seria resolvida dentro dos quadros da diplomacia da canhoneira, coloca de joelhos todas as potências ocidentais, as que a si próprias se chamavam grandes, e as outras, especialmente as europeias, reduzidas a um sistema fornecedor de serviços que recebe com a devida reverência todas as imposições dos donos dessa fonte de energia.

Parece suficientemente provado que não é a força, no sentido clássico, que está na base do êxito das políticas energéticas adoptadas, mas sim a *função desempenhada* pelos fornecedores de petróleo no mundo interdependente a que os factos nos conduziram.

De igual modo, quando o Ayatollah Khomeini se permite deter o pessoal diplomático americano, e ameaça julgar e condenar os seus reféns, sabe que a sua liberdade de manobra aumentou porque os meios da resposta do seu contendor são excessivos e reverá a sua tabela de interesses vitais, antes de agir. Existe um *poder funcional* capaz de desafiar e até de vencer as potências, desde que articule a acção com as coordenadas que ficam apontadas.

Tal poder funcional pode talvez definir-se dizendo que é *a capacidade de submeter as grandes potências, usando a função mundial desempenhada pelos países interessados, a uma razoabilidade que a prática da ética não tem conseguido.*

A expressão *razoabilidade* é aqui utilizada no sentido de – *consideração ponderada de todos os interesses envolvidos* – em contraposição à lógica *meios-fins* que levaria a grande potência a *medir apenas a equação de eficácia entre os seus meios de poder e o objectivo em vista.*

Este valor da razoabilidade não é apenas nesta relação da grande potência com excesso de poder e o pequeno país com liberdade acrescida que se manifesta. A doutrina do equilíbrio de poderes, a que se confiou a frágil observância do direito internacional durante o período do Euromundo que vai do século XV ao fim da última grande guerra, era por tal conceito que se orientava. As doutrinas que, depois da paz, procuraram equilibrar a deteriorada relação entre os antigos aliados, foi sempre para a razoabilidade que apelaram: a suspensão parcial das experiências nucleares (Tratado de Moscovo de 5 de Agosto de 1963), o Tratado de Não Proliferação das Armas Nucleares (entrado em vigor em 5 de Março de 1970), o tratado SALT I de 26 de Maio de 1972, e o pendente tratado SALT II, filiam-se na mesma raiz.

Mas *o poder funcional,* que no poder das grandes potências também existe como um detalhe, autonomiza-se de entre as capacidades clássicas do poder do Estado para se transformar no elemento autónomo do poder das pequenas e médias potências nas suas relações com as grandes potências.

Isto tornou-se possível como sequela da internacionalização e interdependência crescentes do nosso tempo, que transformaram a terra num só teatro de guerra. A necessidade de bases no exterior, a liberdade de acesso a portos e aeroportos, a urgência de disseminar os armamentos estratégicos, a indispensabilidade de centros de observação e vigilância instalados em território alheio, a segurança das fontes de abastecimento de energia e outras matérias-primas em mãos de pequenos países, representam para cada um destes poderes políticos o nascimento de um poder funcional, que pode levantar-se em confronto com a grande potência interessada, abusando da fragilidade que para esta resulta do seu excesso de poder material.

4. Portugal foi sempre, no que respeita às relações interiores do Euromundo, desde a tomada de Ceuta até à Revolução de 25 de Abril de 1974, um caso de poder funcional, mais do que um exemplo de soberania expressa numa capacidade material.

Esta existiu e foi usada em relação aos territórios e povos excluídos da definição euromundista, porque a relação de força se equacionava a seu favor nas cinco partes do mundo, enquanto e sempre que as grandes potências não transformavam as nossas *zonas marginais de expansão* em zonas de *confluência de poderes*.

Até à explosão técnica do século XIX, a Terra não foi nunca um só teatro de operações, antes se desenvolvia em teatros de operações regionais que não comunicavam entre si, salvo pela existência de uma mesma soberania interessada em todos. A América do Sul, a África, a Ásia e a Oceânia, onde o Império Português tinha as suas amarras, constituíram teatros incomunicantes que apenas a soberania unificava, mas crise geral não era costume nem fácil acontecer.

Por isso era possível a concentração geral de esforços em cada área eventualmente afectada, como aconteceu no século XVI (tudo para a Ásia), no século XVII (tudo para o Brasil) e no século XIX (tudo para a África), já a marcar o fim do sistema. Pela mesma razão era possível adoptar uma política central que utilizava técnicas diferentes em relação ao mesmo adversário, conforme a zona afectada, adoptando por exemplo a guerra na América do Sul, a paz na Europa e as tréguas na Ásia.

A última manifestação desta política, que aparece ambígua na doutrina jurídica e clara no objectivo de salvaguardar a integridade geral dos interesses territoriais, foi a famosa *neutralidade colaborante* da guerra de 1939-45, que tantas dificuldades conceituais levantaria aos especialistas de direito internacional.

Colaborar com a grande Coligação Democrática no Atlântico, manter a neutralidade no resto dos territórios espalhados pelo mundo, e comerciar por igual com todos na Europa, foi uma manifestação derradeira de uma política só tornada possível por uma teoria de teatros de operações incomunicantes, numa época que justamente assistiu à transformação da Terra num só teatro de operações: o aparecimento das armas atómicas, a colocar um ponto final na conflagração com o bombardeamento do Japão, também marcou o fim desse mundo em que a neutralidade colaborante representou a mais refinada técnica diplomática do sistema, e a agonia do Euromundo em que o sistema se traduzia.

O anticolonialismo do século XX, com o seu ponto de referência na política da ONU, já não se desenvolveu em crises locais, foi em desafio geral correspondente à unificação político-estratégica do Globo. Durante 14 anos, Portugal enfrentou a mais extensa linha de batalha do mundo, e a sua defesa traduziu-se em optar por um dos pólos em confronto (NATO), que é o contrário da neutralidade e do seu último sucedâneo que foi a neutralidade colaborante, procurando convencer os aliados de que o seu *poder funcional* era indispensável à segurança do todo, assim como a solidariedade do todo era essencial para que a soberania enfrentasse em cada local os desafios emergentes.

Quando o 25 de Abril, sem um tiro, como que humilhou os planos de todos os Estados-Maiores Ocidentais, abrindo a rota do Índico para o Atlântico às esquadras soviéticas, a importância desse poder funcional ficou demonstrada para os enervados chefes políticos e militares da NATO, que tinham levado um quarto de século para compreender, depois dos factos consumados, que não há teoria de segurança do Atlântico Norte viável sem uma teoria de segurança do Atlântico Sul. É por isso que temos sustentado que o 25 de Abril foi o acontecimento estratégico mais importante depois da paz de 1944, e não admira que a um Kissinger, correndo inutilmente pela África a pregar tardiamente o princípio das maiorias negras no governo, se tenha sucedido um melancólico general Haig a pregar em Lisboa a fragilidade do flanco Sul da Aliança.

Como é costume, a coruja da sabedoria apenas levanta voo ao entardecer.

5. Com isto, abandonadas as posições portuguesas ultramarinas de onde lhe vinha o poder funcional com que aparecia a negociar a defesa dos seus interesses perante as grandes potências detentoras do poder material, não desapareceu totalmente o poder funcional de que o País ainda pode dispor.

Prefácio para a 2.ª Edição 47

A própria alteração provocada pelo abandono dos territórios de soberania portuguesa, e a sequela da implantação de regimes ou soviéticos ou neutralistas nesses lugares, transformou a linha de defesa contratual da NATO no Atlântico numa estratégica autónoma, que subitamente deu relevo mundial aos arquipélagos atlânticos de soberania portuguesa e espanhola.

O nosso poder material diminuiu em vez de crescer, mas a tensão gerada no Atlântico implicou uma revalorização das *Ilhas Estratégicas*, e a importância de um projecto que defendemos desde 1972, ao qual chamamos o *Oceano Moreno*.

Não há teoria de segurança do Atlântico Norte sem teoria de segurança do Atlântico Sul, e não parece possível uma segura paz do Atlântico Sul sem um entendimento das soberanias ribeirinhas, independentemente da cor dos habitantes e do teor ideológico dos governos instalados. Pretos e brancos, vinculados a interesses ideológicos diferenciados, todos estão pendentes do mesmo interesse que se traduz na segurança da rota na qual permanentemente flutuam recursos sem os quais a mais forte das máquinas estaduais ribeirinhas deixa de poder funcionar.

O ponto nevrálgico são as Ilhas, e não é senão uma consequência da lógica dos factos que americanos, russos e neutralistas, vão desenvolvendo argumentações, atitudes e acções que procuram captar os arquipélagos para a sua área de interesses. *Nesses interesses, para qualquer das linhas envolvidas a independência dos arquipélagos pode transformar-se num objectivo prioritário.*

Do ponto de vista interno, a fidelidade à NATO, a neutralidade, o neutralismo, e a independência dos arquipélagos, são respostas possíveis que todas merecem exame, em vista do poder funcional que os arquipélagos representam para qualquer dos alinhamentos.

De todas as variáveis que podem ser identificadas, e devem ser analisadas dentro de um cenário de possibilidades de desenvolvimento, parece evidente que o problema do *sinal ideológico do aparelho do poder* em qualquer dos países peninsulares apresenta uma especial relevância.

Os motivos para essa importância do sinal ideológico dos aparelhos do poder instalados são de ordem interna e internacional.

Em primeiro lugar, porque as *fronteiras ideológicas* continuam a mostrar-se muito mais importantes do que as *fronteiras físicas,* em vista da evolução da arte da guerra. É por isso que o *arco de santuários* que vai crescendo na orla das fronteiras convencionais da NATO já parece uma resposta à *política do cordão sanitário* ocidental de 1918, e à sua versão da *cadeia de tratados e bases* implementada depois de 1945.

A política do cerco, em que ambas as versões se traduziram numa política contra a URSS, está a ser invertida e aplicada a menores custos e sem envolvimento directo das forças deste último bloco. Desde o Vietname em expansão, passando pelo Iémen do Sul constitucionalmente definido como a retaguarda da Revolução, pelo buraco do Irão, pela instabilidade ideológica de Malta, pela vocação nacional Basca, pelo desgaste da Irlanda do Norte, por Cuba e pela Revolução dos Andes, há motivos de sobra para que o sentimento de cerco comece a ter domicílio em Washington e não em Moscovo. Que a atitude ideológica das soberanias peninsulares avulte como um dado importante da conjuntura em relação aos Arquipélagos do Atlântico não é de estranhar.

Na coerência da Revolução Portuguesa encontram-se brechas que aconselham os poderes interessados a olhar com atenção para o desenvolvimento ideológico interno. Não pode omitir-se que os Açores e a Madeira já apareceram na década de 60 inscritos na lista de territórios a encaminhar para a autodeterminação dentro da linha política da ONU. Que a coisa passasse então por descuido rectificável com um risco de tinta sobre a lista, não significa que a ideia desaparecesse da memória dos chefes políticos interessados, e comprovadamente não se apagou nas intenções de Khadafi, que tem a habitual precedência de dispor de meios financeiros que a outros faltam.

Por outro lado, a chamada *descolonização portuguesa*, que pouco invocou a ONU e a sua Carta, abrangeu todos os restantes arquipélagos portugueses no Atlântico, e todas as razões invocadas coincidem nos Açores e na Madeira: eram ilhas desertas, foram povoadas forçadamente, tiveram sempre regime político-administrativo diferenciado do metropolitano, exibem um capital de queixas contra o governo distante. Calhou que o povoamento é branco, mas isso não é uma boa razão nos tempos correntes, e europeus se consideravam os cabo-verdianos.

Colocados os arquipélagos na linha de tensão entre o Atlântico Norte e o Atlântico Sul, e sabido que a jurisdição interna deixou de ser um abrigo para as soberanias, a fidelidade do governo central à NATO não deixará de excitar os terceiro-mundistas e soviéticos, como qualquer passo em relação ao neutralismo não poderá evitar uma interferência, clara ou descoberta, dos ocidentais.

Em qualquer das hipóteses, parece evidente que a ambição sobre as ilhas estratégicas aparecerá, numa primeira aproximação, a inspirar esforços no sentido de obter ou manter o alinhamento do governo central, e, numa segunda linha, encaminhará o bloco que se considerar mais afectado pelo alinhamento oficial para o apoio à secessão dos arquipélagos.

Neste quadro, ocorre naturalmente pensar no problema da vontade das populações, que, no ideário político proclamado internacionalmente pela ONU, aparece como uma regra fundamental. Mas conviria recordar que se trata de um princípio político e não de um princípio jurídico, pelo que não faltam exemplos em que a *função do território* ultrapassou toda e qualquer consideração sobre a oportunidade de as populações se manifestarem. Estas encontraram-se com um novo estatuto jurídico-político não porque assim o decidiram, mas sim porque forças exteriores o impuseram.

Por outro lado, os regionalismos europeus, que são uma espécie de anticolonialismo interno, dependem em muito da sanidade das relações com o poder central, e toda a deterioração do poder faz com que o regionalismo salte facilmente para o patamar da reivindicação da independência. O fenómeno parece tanto mais fácil de desencadear-se quanto mais frequentes e conflituantes sejam as diferenças morais e ideológicas dos governos centrais e dos governos regionais.

Ainda ligada a todo o regionalismo uma vocação para a personalidade internacional limitada, e essa ameaça pode desenvolver-se, em caso de conflito interno, até à secessão final, sempre segura do bom acolhimento ao menos por um dos blocos mundiais em conflito e competição.

Em resumo, o poder internacional português é exclusivamente funcional; o seu ponto crítico, por razões exógenas em cuja definição não tem influência a soberania portuguesa, está nos arquipélagos do Atlântico; a situação destes arquipélagos desenvolve-se num quadro que os excede, porque também compreende pelo menos as ilhas espanholas; a vulnerabilidade da posição, quer por razões ideológicas internacionais, quer por razões estratégicas mundiais, quer por razões endógenas da nossa política doméstica, é de grau elevado.

Não estaria de acordo com a razoabilidade imaginar que se trata de um problema que poderia ser confiado ao braço militar do Estado, porque este confessadamente não tem sequer meios que lhe permitam fazer a polícia do seu mar patrimonial. É um problema do Estado, isto é, exactamente o contrário de um problema de interesses sectários, de internacionalismos partidários, de proclamações eleitorais. E diz respeito ao mais importante aspecto do poder funcional que resta ao Estado Português, o qual pode ser desafiado até por essa nova espécie de poder que é o *poder errático*.

6. De facto, assim como as pequenas potências ganharam liberdade decorrente do excesso de poder das grandes potências, e exercem um *poder funcional* correspondente ao seu processo de inserção na cadeia das interdependências mundiais, assim também o Estado, sem distinção de poderio, viu a sua eficácia tradicional desafiada pelo ataque de *poderes erráticos* que atingem os seus instrumentos de gestão em pontos críticos da interdependência *sociedade-aparelho de governo*.

Os *poderes erráticos* parecem ter os seus antecedentes históricos nos bandos e contra-sociedades que afligiam o poder político antes que o Estado moderno, renascentista, centralizador e criador dos exércitos nacionais, tivesse absorvido o fenómeno e remetido as sequelas remanescentes para o foro da criminalidade comum.

Mas é certo que o crescimento da interdependência social, a solidariedade pela divisão do trabalho, a complexidade progressiva dos processos de satisfação das necessidades colectivas da sociedade civil, tudo faz crescer a fragilidade dos aparelhos de intervenção em todos os domínios.

À medida que se aperfeiçoam e tornam complexos os sistemas de fornecimento da energia, comunicações, transportes, água, industrialização, computarização, assim os aparelhos de gestão se tornam frágeis e acessíveis ao golpe que paralisa a vida social.

Poder-se-ia formular uma tendência no sentido de que *quanto mais a sociedade global tende para afluente, consumidora e pós-industrial, mais vulnerável fica à acção dos poderes erráticos*.

Estes poderes, cuja importância cresce nas sociedades ocidentais, devem ser considerados políticos na medida em que os seus objectivos coincidem com os que tradicionalmente preenchem as finalidades do Estado. O primeiro desses objectivos é a obediência da sociedade civil, e o poder errático procura justamente provocar um processo de transferência da obediência dessa sociedade, desacreditando a capacidade do aparelho do poder para fornecer a segurança jurídica.

Devem ser considerados políticos ainda porque assumem e desenvolvem uma capacidade autónoma de decisão e intervenção, exclusivamente pautada por uma ideologia ou ética que afirmam legítima.

Finalmente, demonstram o poder de dispor sem limites da vida dos seus adeptos para realizarem as suas finalidades, e sacrificam a vida de qualquer homem que embarace, ou cuja morte favoreça a eficácia da sua intervenção, independentemente de juízos éticos sobre os comportamentos dos sacrificados. Este último traço foi sempre o mais seguro indicador da existência de um poder político, associado à assumida legitimidade de verter o sangue.

A tentação de remeter os poderes erráticos para o capítulo da marginalidade social, tratando-os em função dos critérios da criminalidade, está de acordo com as matrizes éticas do Estado tradicional. Mas neste domínio aquilo que vigora é o *princípio da efectividade*, e um poder errático que se imponha passa inevitavelmente a ser o interlocutor político. Sem território, sem população, sem orçamento, sem legalidade objectiva, exactamente o negativo do Estado que conhecemos, tem a legitimidade política pendente da eficácia da intervenção.

Cada vez que o Estado reconhece a necessidade de dialogar com um poder errático, para acertar soluções convenientes, também lhe reconhece a legitimidade política, e aceita que ele próprio deixou de ser a sociedade laica perfeita do ensinamento clássico.

Que o poder errático tende para se transformar em estadual está documentado pela história da subversão colonial, mas o que parece mais evidente é que os poderes erráticos são os instrumentos característicos da época que chamamos *a Paz que começou em 1945*.

Sabemos que a Segunda Guerra Mundial custou 55 milhões de mortos em seis anos de combate, e que o Estado clássico se demonstrou uma eficaz máquina de matar sem resolver nenhum problema. Tem sido afortunado o facto de essa actividade não ter recomeçado na escala correspondente aos meios acrescidos que tem actualmente à sua disposição, e a omissão deve-se ao equilíbrio do terror, não é tributária de nenhum dos grandes princípios em função dos quais a matança foi executada.

Mas a Terceira Guerra Mundial começou imediatamente, espraiando-se numa teoria de conflitos limitados e lutas de guerrilhas. Sempre que secessão ou independência total do território foi o objectivo em vista, as formas de acção encontraram paradigma nas técnicas que no passado levaram ao aparecimento de um Estado.

Mas agora trata-se de dobrar a vontade do Estado para satisfação de objectivos que não exigem necessariamente a criação de um novo Estado, ou de substituir os captores do poder em exercício por um novo aparelho complacente para com as exigências: é neste domínio que o poder errático ganha a sua plena função e identidade.

Pode somar o objectivo de fundar um Estado, como acontece com a OLP, intervindo também como poder errático em território alheio que não cobiça, com a intenção de obrigar os governos estabelecidos a pactuar com o seu projecto principal; pode assumir a forma de *poder popular* que paralisa a vida interna pelo domínio de sectores críticos das tarefas colectivas, para obrigar o poder estabelecido à transigência com objectivos não cobertos pela legalidade vigente; pode, tal como as Brigadas Vermelhas, pretender transferir a obediência da sociedade civil pelo terror generalizado, desacreditando a capacidade da função pública. Em todos os casos, o poder errático o que procura é interferir no funcionamento regular da sociedade civil e política, pelo ataque selectivo a um ponto sensível dos mecanismos da interdependência social. A máquina sociopolítica deixa de satisfazer aos objectivos para que foi criada, e só retoma o funcionamento pela concertação com o poder errático.

Não se conhecem muitos casos de êxito dos poderes clássicos contra os poderes erráticos, e o problema é o de saber se estamos a caminho de uma nova forma de organização política que os domina ou absorve, como o Estado nacional conseguiu no seu tempo com os contra-sociedades e bandos; se, entretanto, a evolução da Terceira Guerra Mundial em curso desactualiza o processo nascido no caldo do equilíbrio do terror; se a concertação vai ser, finalmente, o processo do Estado clássico reconhecer a sua incapacidade e admitir a mudança de natureza, sem grande previsão sobre o que se segue.

Entretanto, o poder errático, que desafia o poder material das grandes, médias e pequenas potências, é um adversário sempre possível do simples poder funcional. Mais do que uma confrontação clássica, é esse o desafio que os novos tempos podem gerar em relação ao poder funcional que se inscreve, sem escolha, na competição mundial em curso.

INTRODUÇÃO

1. Num curso que se ocupará fundamentalmente de problemas da conjuntura, é oportuno começar por fazer alguns comentários sobre o peso da história e do passado em todas as decisões. A orientação personalista, que atribui à livre opção dos homens um papel essencial na construção do futuro, aceita que o passado não tem uma só leitura. A reconstrução dos factos históricos pela investigação pode implicar a correcção dos defeitos de levantamentos anteriores. Mas o passado é irrenunciável e não pode ser objecto de leituras de conveniência. Pesa na conjuntura sem qualquer possibilidade de alteração. Daqui resulta a necessidade do estudo do passado como primeiro passo destinado ao entendimento das variáveis actuando em cada época.

Esta breve nota destina-se a tornar claro que a concentração do curso no estudo do processo de mudança da sociedade internacional não implica qualquer rejeição do peso da história, objecto de outras disciplinas.

O curso exige ainda alguns comentários introdutórios sobre a importância crescente dos problemas interdisciplinares. É apenas um dos aspectos em que se desdobra a crise da universidade, mas tem certamente um valor sintomático muito grande. Trata-se de reconhecer que a sistemática tradicional das ciências, e suas disciplinas, já não corresponde exactamente ao panorama das sociedades contemporâneas. Disto resulta a necessidade de repensar o arrumo metodológico tradicional, coisa que provoca e envolve a mobilização de todas as resistências à mudança.

De facto, não é frequentemente posto em evidência que cada definição da enciclopédia das ciências tem uma data histórica, e que o seu pacifismo é apenas consequência do hábito. O carácter convencional do objecto de cada uma das disciplinas clássicas está em geral esquecido. Por outro lado, a experiência acumulada foi eliminando as sobreposições entre disciplinas de objecto mais fronteiro. E tudo isto concorre no sentido de fazer esquecer que a sistemática das ciências é puramente convencional e imposta pela nossa impossibilidade humana de conhecer o todo sem o dividir em partes. Deste modo, sempre que começam a perfilar-se novas disciplinas, é fenómeno habitual que se percam anos numa luta de conceitos que não acrescentam nada ao saber. Assim tem acontecido em toda a parte com as ciências sociais, incluindo as puramente normativas. E todavia, a evolução dos interesses, as transferências da sede do poder, as implicações sociais das modificações técnicas, o aparecimento e desaparecimento dos Estados, facilmente levam a entender que, de tempos a tempos, tenham de modificar-se os pontos de vista, os métodos, os arrumos, para conseguir apreender um objecto que se escapa pelo processo da mudança.

Daqui resulta a necessidade de ter sempre presente que os conceitos não possuem um valor senão operacional. Não há qualquer valor absoluto que os torne indispensáveis. A utilidade é o critério da sua admissão, e essa depende da relação entre o objecto e o observador. É justamente no direito que se mostra sempre mais difícil fazer admitir este relativismo operacional. A razão parece estar no facto de a longa vigência das leis convencer da perenidade dos conceitos. Não é difícil encontrar afirmado por juristas, ao criticarem o direito positivo, que o Estado tem poder para modificar a lei, mas que não o tem para alterar os conceitos científicos. Como se estes não tivessem que ser formulados para entender o sistema jurídico, e portanto não tivessem uma validade limitada pela manutenção das características do sistema. Como a mudança social acelerada é hoje um fenómeno universal, a estabilidade legislativa dos conceitos também desapareceu e está a dar origem a maiores e dramáticos fenómenos de falta de autenticidade do Estado.

Tornou-se infelizmente vulgar que os Estados, embora proclamando-se servidores de grandes princípios tradicionais, inscritos na mais lídima tradição dos sistemas jurídicos ocidentais, pratiquem o contrário do que sustentam. De tal modo que, advogando o primado da legalidade e da predefinição jurídica, não deixam de recorrer à retroactividade das leis. Afirmando o direito inviolável à intimidade, não dispensam a escuta telefónica e a violação da correspondência. O regulamento e o despacho invadem os espaços que dizem reservados à lei. Os conceitos afirmam-se, a prática não os respeita. Tarda a dolorosa operação que é pôr as hipóteses de acordo com as teses. Por isso estas vão ficando vazias de conteúdo.

Foi o reconhecimento deste fenómeno, que se traduz em os factos excederem o quadro normativo, que levou em primeiro lugar a uma tentativa de alargamento dos interesses e modificação dos métodos de algumas

Introdução

disciplinas jurídicas, designadamente as que se ocupam do direito constitucional. Foi a necessidade de meditar sobre o fenómeno do governo, sobre as caracterizações e causas dos procedimentos políticos, que encaminhou os constitucionalistas para um ângulo de visão alargada. Referindo-se a esta alteração, escreveu Burdeau: «*então*, (refere-se ao passado predomínio do direito romano) *o direito era a expressão de uma ordem e de uma lógica cujos princípios se descobriram na natureza do homem e nas relações sociais existentes; conhecer o direito era ter assimilado os textos para saber deduzir da sua letra e de seu espírito as regras que garantiam à cidade a estabilidade e a paz. Hoje o direito é menos a ordem que se impõe à sociedade presente do que o fermento de onde nasce a sociedade futura... quer se aplauda, quer se deplore, os sistemas jurídicos modernos estão indissoluvelmente ligados a uma política, e esta política é sempre ligada ao sentido que parece oportuno dar a relações sociais*[1]. Esta concepção implica que sejam anexados ao objecto tradicional do estudo dos constitucionalistas muitas questões que são do foro do sociólogo, do antropólogo, do economista, do internacionalista. Trata-se de facto de um novo objecto que se perfila com identidade própria sobre um campo dividido pelas fronteiras tradicionais de várias disciplinas. É por isso eminentemente interdisciplinar, a exigir uma nova metodologia e, com o avanço da análise e da experiência, uma nova disciplina.

O mesmo acontece em muitos domínios do direito privado, designadamente no capítulo da família. Todos os conceitos tradicionais, solidamente implantados por uma disciplina científica antiga, estão a demonstrar-se incapazes de continuar a exercer a sua função. O conteúdo do poder paternal, o dever de os filhos honrarem seus pais a todo o tempo, o respeito mútuo entre os cônjuges, a ajuda recíproca, a honra familiar, tudo exige hoje o recurso às técnicas, informações e saberes de várias disciplinas para ser inteligível. A teologia e a ética evoluíram em termos que interferem no campo do velho direito civil, exigindo um tratamento interdisciplinar dos problemas da família. Assim como o direito comercial não pode dispensar-se de partilhar o seu objecto com a teoria das relações internacionais, com o direito do trabalho, com a teoria económica. O exame interdisciplinar prepara o caminho para novas definições conceituais, metodológicas e sistemáticas. É um patamar imposto pela transformação acelerada das relações, dos interesses, das interdependências.

---

[1] Georges Burdeau, *Traité de science politique*, Paris, 1949-1958.

2. Este fenómeno tem obrigado à busca de maneiras de tratar, quer científica, quer pedagogicamente, os problemas interdisciplinares que se multiplicam. Uma das técnicas encontradas consiste em reunir especialistas das disciplinas clássicas afectadas pelo fenómeno interdisciplinar, para que em conjunto exponham as imagens obtidas com as suas ópticas respectivas, esforçando-se depois por encontrar um ponto de vista integrado e totalizante. Ficou célebre e paradigmático, em tal sentido, o inquérito promovido pela UNESCO, em 1955, sobre os mitos raciais.

Tratou-se de uma definição e de um diagnóstico a cargo de sociólogos, teólogos, juristas, políticos, médicos e economistas[2]. De facto não se concebe uma sistemática da investigação ou do ensino que não tenha sido procedida desta perplexidade e da equivalente cooperação, visto que o objecto do conhecimento é sempre único. Mas a interdisciplina é o fenómeno característico da desactualização e da mudança. Donde resulta que, sobretudo para satisfazer as necessidades pedagógicas, os fenómenos interdisciplinares conduzam à definição de disciplinas efémeras ou pela designação ou pelo conteúdo. Ainda e também, aos cursilhos, aos seminários, às mesas-redondas, a tudo quanto metodologicamente foi inventado para lidar com a mudança. Designações como *Problemas Contemporâneos, História do Presente, Estudo da Conjuntura,* correspondem a tais preocupações. O conteúdo de cada uma destas indispensáveis disciplinas depende naturalmente de cada um dos modelos em causa e também das próprias opções do pessoal docente e discente interessado.

Não há qualquer possibilidade de obter uma neutralidade total, nem de estabelecer um critério exclusivamente lógico que enumere, em cada momento, os problemas que exigem tratamento interdisciplinar. Sirva de exemplo a velha distinção entre direito público e direito privado: será expressão de tão importante fenómeno social que, no caso de estar em crise, reclame uma autonomia de tratamento? Bem poderia acontecer que se tratasse apenas de um problema pragmático, de método, sem outras implicações. Adoptada por motivos de conveniência didáctica, deveria adaptar-se às novas exigências de arrumo ou simplesmente ser dispensada. Parece-nos todavia certo que a distinção entre o direito público e o direito privado é expressão de uma fundamental concepção do mundo e de vida. Não se tratou apenas de metodologia do trabalho. Foi a imposição de uma filosofia. Correspondeu a uma escala de valores. A longa duração do prin-

---

[2] UNESCO, *Le concept de Race. Résultats d'une enquête.* Paris, 1953.

cípio da distinção pode ter levado a esquecer que não se tratava apenas de pedagogia. A crise é que não pode deixar de repor a importância das opções axiológicas que vigoravam na época da distinção. De facto, uma das manifestações mais sintomáticas da crise de valores actuais é justamente a circunstância de estar em causa essa tradicional classificação, e a resistência a uma progressiva publicização dos vários ramos de direito.

3. Um dos factos determinantes da necessidade de rever a conceptualização clássica das ciências políticas é que o mundo se transformou, física e politicamente, em uma unidade limitada. Não há espaços vazios para humanizar, comunidades que deixem de participar no processo político mundial.

Mas não era isto o que acontecia sequer ainda quando se deram os factos fundamentais que foram a Revolução Americana e a Revolução Francesa. Caminhou-se para a unidade do governo do mundo pelos povos ocidentais, que aceleraram o processo a partir daquela data e o tinham consumado em 1885, data da Conferência de Berlim. Esta representou o ponto crítico do processo iniciado com a descoberta do caminho marítimo para a Índia por Vasco da Gama em 1489. A unidade política da terra teve ali o seu passo inicial. Mas foi muito lentamente estabelecida.

Na data da Proclamação da Declaração dos Direitos do Homem de 1789 era impossível a simultaneidade da informação. Não fossem as invenções técnicas, que tornaram isso possível, ainda estaríamos longe. Só a descoberta e utilização da electricidade e das ondas, assim como a revolução dos transportes, tornaram possível essa simultaneidade.

Além disso, o homem deslocava-se em terra à velocidade máxima do cavalo, isto é, vinte e cinco quilómetros horários, o ritmo das campanhas napoleónicas. A distância que vai de Paris a Moscovo alterou-se. A terra então parecia sem limite, praticamente, em relação com a população mundial, e muitos lugares ou não estavam conhecidos e ocupados ou mantinham-se isentos do domínio ocidental. Pelo que toca ao primeiro exemplo, era o caso das regiões antárcticas. Pelo que respeita ao segundo, era o caso do continente africano, que os ocidentais frequentavam apenas nas costas. No interior, nenhuma potência ocidental se estabeleceu antes do fim de século XIX.

Muitos dos grandes países do nosso tempo tinham uma vida política completamente indiferente para o resto da Humanidade, que era tudo o que se situava fora das suas fronteiras. A China, o Japão, não tinham qualquer papel activo na cena internacional. Países como a União Indiana, o Paquistão, Marrocos, a Indonésia, faziam parte daquilo que já foi chamado *os povos mudos do mundo*, visto que seriam representados apenas pelos governos de ocupantes colonizadores.

No século XVIII, a manutenção da unidade do território e das populações ainda dependia da continuada deslocação dos órgãos do poder, obrigados a uma magistratura itinerante. Foi a técnica que dispensou recentemente os *missi domini* do Império Carolíngio. Por isso a legislação aparecia datada de vários lugares, desconhecendo-se o princípio da estabilidade da capital. A transformação é marcada pela construção do que são hoje grandes símbolos da civilização: Madrid, Versalhes, São Petersburgo, são marcos da transformação. Os fenómenos sociais e políticos que se davam numa parte do mundo, não repercutiam nas outras. A ecologia era definida em relação a espaços não comunicantes. O horizonte dos indivíduos não ultrapassava o lugar do seu nascimento. Ainda quando o movimento das descobertas, ou as grandes emigrações, obrigaram às longas deslocações, a imagem que o emigrante transportava consigo era a imagem daquilo que os espanhóis chamam a *"patria chica"*. No espírito dos que partiam, a ligação directa, e a comparação, estabeleciam-se entre o pequeno lugar de origem e o local de destino. Só raros tinham uma experiência alargada à totalidade do seu país.

4. Parece que o primeiro factor de unificação do mundo foi o poder político que se tornou extensivo a zonas mundiais não comunicantes nem pela economia, nem pela geografia, nem pelas ideologias. Um poder político em movimento começou sempre por unificar essas zonas que nada parecia destinar à aproximação. A explicação causal ou teleológica dessa expansão é susceptível de variação. Mas a diversidade das interpretações não altera o facto. O primado do factor político parece indiscutível nesse domínio. Alargando ao mundo uma experiência regional. De facto, as grandes nacionalidades do nosso tempo, protegidas e condicionadas pela contiguidade geográfica e pela regularidade das fronteiras físicas, são todas o resultado da acção convergente de um poder político centralizador, exercido em relação a comunidades diferenciadas. Algumas, como acontece com a Espanha, a Itália, a Bélgica, e muito evidentemente acontece com a URSS, ainda não levaram até ao fim esse processo integrador. A individualidade das comunidades mantém-se e os movimentos centrífugos são frequentes. O modelo dessa acção convergente e integradora do poder será

Introdução 59

sempre o de Alexandre da Macedónia colocando, sobre os seus ombros de vencedor, o manto de Dario morto.

O poder político, quando se estabeleceu em territórios ultramarinos das descobertas, também alargou a experiência da convergência. Todavia, e até que as condições técnicas já referidas o permitissem, tal poder foi o primeiro e talvez o único factor e sinal de uma unidade. É uma unidade política que significa apenas a obediência ao mesmo centro de decisões. Esta foi a situação do Império Português durante séculos, como foi também a do Império Espanhol até à Conferência de Berlim de 1895, se pode fixar-se uma marca de referência. Os Impérios posteriores já dispuseram de outros factores de unificação. Mas antes, a obediência e lealdade ao poder central, definindo uma pirâmide do poder, era a única trave-mestra da unidade.

Daqui nasceu a possibilidade e a prática de o Estado poder adoptar políticas diferenciadas conforme o teatro das operações. Portugal podia estar em guerra com a Holanda no continentes americano, estabelecer trégua no oriente e a paz na Europa, tudo para defesa do mesmo interesse político. Os acontecimentos em uma parte do mundo não repercutiam necessariamente noutra, ainda que as soberanias interessadas no conflito fossem as mesmas. Daqui nasceu a perenidade de uma política que veio a receber conceptualização jurídica internacional no fim da guerra mundial de 1939-1945. Foi a chamada *neutralidade colaborante*, designação adoptada para classificar a atitude de Portugal em relação às duas coligações em conflito. Foi decidido pelo governo português, depois de manifestar o desejo de obedecer ao invocado secular tratado de Aliança com a Inglaterra, conceder facilidades nos Açores às Democracias Ocidentais, ficando entendido que todo o resto do território nacional continuaria excluído de qualquer vantagem parra os contendores. Esta atitude, única na experiência internacional, foi aceite pelos dois lados em conflito e veio acrescentar uma nova e difícil categoria à teoria internacional da neutralidade. Foi uma tardia aplicação de uma doutrina só logicamente concebível para um mundo fragmentado sem unidade, com teatros de acção política internacional não comunicantes.

Mas essa imagem do mundo já não correspondia exactamente ao que estava a acontecer. O mundo politicamente fragmentado e vasto estava em processo de agonia. O que nascia era um *Mundo Novo*, como lhe chamou Wilkie, unificado, limitado, solidário. Ficavam distantes os tempos em que o mundo era composto de humanidades separadas, quando a ocasional comunicação dependia das caravanas dos árabes na África, ou da navegação intermitente.

5. A unificação do mundo foi obra do poder político e, fundamentalmente, dos povos ocidentais. Destes, os mais interferentes e activos foram os peninsulares, com papel destacado para os portugueses. A era começada com a descoberta do caminho marítimo para a Índia foi apropriadamente chamada *Era Gâmica*, mas de todos os homens que abriram a nova época sempre nos pareceu Bartolomeu Dias ser o mais significativo. O vencedor do Cabo das Tormentas, depois chamado Boa Esperança, partiu por três vezes a caminho da Índia. Realizou a mais difícil das tarefas, que era dobrar o Cabo. E morreu algures no mar, afundado com seu navio, sem nunca ter chegado à Índia. Símbolo de uma tarefa inacabada, que foi sobretudo obra de europeus.

Provavelmente, este papel foi por eles assumido em virtude de um avanço apropriado nos domínios das ciências e das técnicas, ao serviço de uma vontade do poder que outros também tiveram mas que, como notou Valéry, caracterizou os europeus. Só estes no século XV dispunham dos meios científicos que permitiam aperfeiçoar a Cartografia, ao mesmo tempo que progrediam nos domínios da Astronomia e da Hidrografia. Dispuseram da capacidade técnica suficiente para aperfeiçoar os navios, meio de transporte superior a qualquer outro até à invenção do motor a vapor e do caminho-de-ferro do século XIX. A terra firme oferecia resistências enormes, quer físicas quer humanas, à comunicação. Por isso a prosperidade, a expansão, a vontade inerente ao poder, se vão deslocando dos mares fechados para o mar aberto. Aos poucos, a Europa da frente marítima domina a orla marítima de todos os Continentes. A Europa terrestre, especialmente a Rússia, adoptava o método expansionista da continuidade geográfica e só ficou habilitada pela técnica do século XX a expandir-se para além dos Oceanos. A subordinação da expansão à técnica torna-se evidente lembrando que os grandes exploradores do século XVIII, tardiamente seguindo os peninsulares, foram navegadores como Cook, e que os grandes exploradores terrestres, como Serpa Pinto, Capelo, Ivens, António Maria Cardoso, Brazza, Livingstone, Stanley, só aparecerão no século XIX. O século XVIII, que representa o ponto crítico da unificação do mundo, não conhecia ainda as passagens entre os oceanos, nem as nascentes dos grandes rios africanos e americanos, tais como o Nilo, o Congo, o Níger, o Zambeze, o Amazonas. É a partir da segunda metade do século XVIII que as lacunas

Introdução   61

são colmatadas. A curiosidade científica, própria do século das luzes, é enorme. As técnicas progridem e sucedem-se as expedições em direcção ao Pacífico e ao continente Austral. Factos como a descoberta de Pompeia e Herculano começam a dar um sentido histórico de origem comum à Humanidade. Os Estados Unidos da América procedem à ligação das duas costas. Mas a África é o grande terreno da confluência dos poderes ocidentais em expansão. Por outro lado, chegava-se ao Pólo Norte em 1909 e ao Pólo Sul em 1911. O género humano sabia finalmente a extensão dos seus domínios. Como notaria o citado Valéry, começava «*o tempo do mundo finito*».

A consciência da *unidade da terra* foi anterior à formação de uma consciência, ainda hoje incipiente, de *unidade do género humano*. Um só rebanho vivendo numa só terra. Pelo contrário, o conhecimento dos limites do globo como que deu um sentimento de angústia às comunidades em expansão, alargando e agravando os conflitos. As guerras serão mundiais. E serão também existenciais. Quando o problema demográfico, e o seu complemento angustiante que é o da relação da terra finita com um número crescente de homens, chamou a atenção, foi tendo em vista o interesse de cada comunidade e não o interesse do género humano no seu conjunto. Foi necessário esperar por adiantado século XX para que a comunidade internacional procurasse conduzir tais problemas para o campo da disciplina jurídica. Toda a problemática referente à estabilidade das fronteiras, à definição da plataforma continental, à extensão das águas territoriais, ao condomínio da Antártida, à utilização conjunta dos recursos do mar alto, ao regime dos rios internacionais, à poluição, tudo são questões suscitadas pela unificação do mundo.

A esta expansão do conhecimento da terra e consequente alargamento de conflitos entre os poderes em competição, corresponde uma reformulação da teoria da monarquia universal, hoje plasmada nas tarefas da internacionalização.

Tem interesse notar que a visão de uma unidade política do mundo acudiu ao espírito dos participantes na expansão marítima dos séculos XV e XVI. É o que acontece com *Os Lusíadas* de Luís de Camões. No ano de 1572, em que o poema foi publicado, também deflagravam as guerras da religião. A Europa, que aparece descrita no Canto III, é plural, antropológica, histórica e geograficamente. Todos os seus diferentes povos são, porém, identificados deste modo: da «*soberba Europa*»[3], que segue a lei

---

[3] Canto III-VI.

de «*Aquele que criou todo o Hemisfério/Tudo o que sente e todo o insensíbil/Que padeceu desonra e vitupério/Sofrendo morte injusta e insofríbil/E que do Céu à Terra, enfim, desceu/Por subir os mortais da Terra ao Céu*»[4].

O poeta visiona um mundo *Cristocêntrico*, afeiçoado às novas leis pelos poderes peninsulares, cabeça da Europa. Parecia-lhe «*Estar todo o Céu determinado/De fazer de Lisboa nova Roma*»[5]. Tal projecto acabaria por ser executado pelos poderes europeus, embora sem fazer de lei cristã o paradigma da sua acção. Não foi o personalismo respeitador dos valores que os guiou. Foi antes o maquiavelismo dos interesses. Quando a terra inteira se encontrou transformada numa única zona de confluências dos poderes ocidentais, estava constituído o Euromundo. Os valores dominantes, os interesses proeminentes, o direito internacional vigente, tudo tinha origem europeia e ocidental. As guerras seriam mundiais pelo cenário, mas europeias pela origem, ocidentais pelas causas.

A unidade do mundo assim configurada teve expressão na Conferência de Berlim de 1885. Aberta em 15 de Novembro de 1884 e encerrada em 26 de Fevereiro do ano seguinte, foi o principal acontecimento da política colonial internacional do século XIX. O seu Acto Geral teve como objecto principal a definição de um critério jurídico de ocupação pacífica dos territórios considerados passíveis de uma acção colonizadora. São os artigos 34 e 35. A autoridade ocupadora em vista era apenas a dos países ocidentais, assim como tinham a mesma origem as regras de ocupação das terras e a definição dos títulos de soberania e propriedade. Veremos adiante como este Euromundo dos ocidentais também nessa data atingia o patamar da crise e do recuo.

6. Esta marcha do ocidente para a imposição de um Euromundo foi acompanhada de uma organização social e política que muito frequentemente se pressupõe dotada de uma simetria de facto inexistente. O pluralismo foi a regra até à época das revoluções. A dissimetria dizia respeito não apenas à constituição social e política dos ocidentais, mas também às diferenças entre as várias partes do mundo. A tradição plural esteve presente na data da consumação da unidade pelo domínio ocidental, e não está ausente da problemática actual.

---

[4] Canto I-LXV.
[5] Canto VI-VII.

Introdução 63

Pode em todo o caso falar-se do predomínio de uma sociedade rural para todo o globo de 1789. A evolução posterior viria vincar uma distinção importante entre os países detentores do poder de governar o mundo e os países que foram objecto da colonização, conduzindo à actual divisão da terra entre países industrializados e países não-industrializados, ou, visto de outro modo, entre o norte e o sul do Globo. O teor agrário da vida de então reflectia-se naturalmente na distribuição da população entre a cidade e campo, na repartição do rendimento nacional, na hierarquia social dominada por valores rurais. Tais valores reflectiam-se numa organização dos estratos sociais que não tem coincidência com a de hoje.

A própria sociedade agrária era todavia diferente e evolucionou em termos dissemelhantes entre o leste e o ocidente europeus. Neste, a hierarquia social, relacionada com a terra, ia desde a posição cimeira dos grandes proprietários que faziam cultivar os seus campos, passava pelos pequenos proprietários que viviam da exploração efectiva do seu património, e acrescia-se com a servidão que ligava um homem a uma terra de outro. Tudo era ainda acrescentado de uma pluralidade de formas jurídicas destinadas a permitir o acesso a essa energia primeira que é a terra, designadamente a enfiteuse, a parceria, o compáscuo, o direito de caça e pesca, ainda com grandes reflexos, mas sem a mesma importância, no direito civil vigente. No Ocidente, a grande liberdade procurada é a da libertação da terra, tónica dos Direitos de 1789. Este movimento continuaria na direcção dos territórios colonizados, onde só muito mais tarde será consumado com a proibição do tráfego dos escravos, a abolição da escravatura, a exclusão do trabalho forçado, a luta contra as culturas obrigatórias, tudo coisas, porém, ainda existentes.

Mas a situação foi muito diferente nos territórios daquilo que no século XX viria a ser chamado de Cortina de Ferro, e que então era a Europa dos Habsburgos, da Prússia e da Rússia. A servidão manteve-se como condição normal até muito mais tarde, correspondendo a uma economia de latifúndio com trocas sem meios monetários. Na Áustria a servidão apenas foi extinta em 1848. Na Rússia, as concessões de terras e vilas à aristocracia são expressas em incluir as «almas» existentes. Só em 1861 foi abolida nas leis.

Por outro lado, em nenhum país se encontrava uma oposição semelhante à de hoje entre agricultura e a indústria, nem acontecia que as cidades fossem industriais em oposição às comunidades rurais. As pequenas indústrias estavam espalhadas por toda a parte, os homens trabalhavam simultaneamente na terra e na oficina, e não podia falar-se em camponeses e operários. A função social e política das cidades era diferente da de hoje. Eram principalmente lugares de comércio e sede administrativa e intelectual dos países. De resto, a dimensão dos centros urbanos nada tinha de comum com a dimensão actual. Em 1800, a Inglaterra não tinha mais do que cinco cidades com cem mil habitantes, e, em toda a Europa, não deviam exceder 23.

O desempenho das funções sociais dependia de duas categorias fundamentais que eram as *ordens* e os *estados*, embora as expressões não apareçam sempre com o mesmo sentido na análise contemporânea. As ordens eram uma forma institucionalizada de assegurar o funcionamento do grupo, com as suas obrigações específicas e com privilégios gratificantes. A vida espiritual, a vida militar, a vida económica, dependiam do enquadramento por essas instituições que foram perdendo significado à medida que o Estado se racionalizava. As ordens religiosas, as ordens militares, as associações corporativas, eram a forma administrativa do corpo político. Por outro lado, a população dividiu-se em estratos sociais ou classes, com expressão na nobreza, clero e povo. Cada uma com o seu estatuto privativo porque a lei reconhecia e protegia os particularismos. O regime era por isso de privilégio, o que significa o domínio das leis particulares.

À medida que o projecto do Euromundo se vai racionalizando, toda esta estrutura e estratificação se desactualiza e morre. A imposição do governo ocidental à totalidade da terra é precedida ou acompanhada das revoluções burguesas. Os Estados afeiçoam-se desse modo para exercer uma nova função. E como o governo do mundo foi sobretudo o facto da Europa da frente marítima, também foi nesta parte do ocidente que as revoluções foram mais importantes e significativas. A aparição do capitalismo comercial, o desenvolvimento do mercantilismo e da economia monetária, são fenómenos essencialmente dessa região. É ali que a terra perde a qualidade de primeiro dos valores económicos, e que a sede do poder desliza para um estrato do terceiro estado, que se chama burguesia. Uma filosofia racionalista, substitui o particularismo dos privilégios pela uniformidade da lei geral. Os textos legislativos deixam de ser didácticos e perdem as longas argumentações demonstrativas da ética das suas imposições. Os códigos são conjuntos de ordens evidentes para a acção. Qualquer ordem cabe numa sentença curta que se chamará artigo da lei.

Introdução   65

7. O racionalismo dos novos tempos, caracterizados pelo governo do mundo pelo ocidente, levou a chamar *antigo regime* (*ancien régime*) a tudo quanto significa regime político anterior à Revolução Francesa. Mas o rigor da expressão termina aí. Sem grande preocupação de sistema, e atendendo sobretudo à sua antiguidade, podemos identificar pelo menos cinco tipos gerais.

Temos, em primeiro lugar, o sistema feudal que em 1789 já tinha mil anos de existência. De facto não foi privativo da Europa, e deve considerar-se representado no Japão pelo Shogunato, só derrubado pelas reformas impostas pelo próprio Micado a partir de 1808. Talvez seja um regime apropriado para sociedades rurais sem simultaneidade da informação, sem maleabilidade física nem social, sem distinção marcada entre camponeses e operários. As suas características são dominadas, antes de mais, pela ausência de um poder central ou, pelo menos, de um poder central com capacidade geral de intervenção. A autoridade cimeira delega nos inferiores ou limita-se como que a federar os poderes nascidos das necessidades locais. Por isso é muitas vezes uma autoridade electiva, como aconteceu originariamente na monarquia capetiana, no Império Austro-Húngaro, no reino da Polónia. O laço pessoal de suserania é o característico do sistema. Os homens estão ligados a outros homens concretos. O vassalo presta homenagem ao seu suserano e jura-lhe fidelidade e cooperação. O suserano deve-lhe ajuda e protecção. Mas é uma relação entre homens que se conhecem. Os laços eram pessoais.

A evolução traduzida no desenvolvimento da economia monetária, no crescimento da sociedade urbana, no aparecimento da burguesia, na possibilidade de centralizar o governo, tudo levou o feudalismo a um declínio evidente na data da unificação política do mundo, na zona ocidental. Mas continua, até hoje, nas áreas sujeitas à colonização recente. Assim como durou mais longamente na Europa excluída da expansão marítima colonial, como a Polónia e a Rússia. Curiosamente, foi nesses países que o princípio electivo, a organização colegial e a representatividade foram praticados, porque inerentes ao sistema feudal. A democracia parece ter herdado do feudalismo, por cima da monarquia absoluta e do despotismo esclarecido, a regra da legitimidade pela eleição. Mudou, evidentemente, a composição da pirâmide do poder. O Santo Império Germano conservará, até às campanhas napoleónicas, esse carácter: conjunto de todos os tipos de regimes até então conhecidos, desde as cidades livres até à monarquia absoluta, era presidido por um suserano medieval com o título de Imperador e pouco poder. Na vida colonial, e pelo que diz respeito ao Ocidente, a feudalidade durou além da transformação do aparelho político pela evolução da monarquia. Foi o feudalismo local que permitiu estabelecer um domínio ocidental nas Índias, em África, em Marrocos, até ao anticolonialismo do século XX. De resto, para descrever as sociedades industrializadas contemporâneas, muitos analistas ressuscitam a expressão para designar a função desempenhada pelos monopólios e multinacionais. A analogia está apenas na pluralidade dos centros de poder.

Paralelamente, o antigo regime continha as repúblicas, onde o poder era detido por uma oligarquia. A cidade era o seu teatro natural. Par isso é um fenómeno mais recente que o feudalismo, embora evidente já nos fins do século XII. O comércio foi a base da sua economia. A burguesia nasceu ali. Chamavam-se repúblicas porque não tinham senhor, e não porque praticassem a democracia. Trata-se de valores diferentes. O poder é geralmente exercido colegiadamente, não por uma maioria. O alargamento do fenómeno vai dar origem à prática da federação. As Províncias Unidas e a Suíça lembram as cidades livres do Império Alemão e do norte da Itália. Mas a unidade veio do povo antes afastado do exercício do poder. O exemplo é o das Províncias Unidas onde o poder dos *Oranges* vem do povo contra o patriciado. No século XVIII este tipo de regime estava também em declínio, por mal adaptado ao mercantilismo. Os grandes Estados coloniais, como França e Inglaterra, eram mais adaptados à nova circunstância. A Revolução Francesa marca o fim da sua importância. É assim que a orgulhosa Veneza, antiga rival das grandes potências marítimas, foi simplesmente entregue, pelo Tratado de Campo-Formio, ao poder da Áustria. O Tratado de Viena de 1815 consagrou o desaparecimento de todas as cidades livres do Império. O nacionalismo em progresso não se compadeceu com essa forma de viver. Mas a recordação ficou e a prática foi ressuscitada. No fim da última guerra mundial, Berlim apareceu a lembrar o antigo sistema. Assim como as cidades de Bremen e Hamburgo receberam a categoria de *Länder*.

No século XVIII, porém, a forma de regime político mais difundida era a monarquia, com diferenças acentuadas de tamanho territorial, desde os ainda subsistentes Mónaco e Liechtenstein, até França, Espanha e Rússia. E também com acentuadas diferenças de estrutura que permitem distinguir a monarquia absoluta, o despotismo esclarecido e o peculiar regime britânico.

A primeira espécie, a monarquia absoluta, não significa um poder arbitrário, sem limites éticos. O poder sem limites, e portanto arbitrário, era o do Sultão, governando segundo o seu bom prazer. O absolutismo significava um poder solto dos interesses privados, não partilhado, pessoal, mas limitado pela moral e pelos Privilégios. Por outro lado, ilimitado nas relações externas (o Rei é Imperador no seu Reino), incluindo o Papado e a caduca instituição do Império. A doutrina e a prática foram aperfeiçoando o Estado que evolucionou para nacional, e por isso a monarquia desempenhou essa função histórica. Por outro lado, em termos de força, nenhuma das monarquias absolutas teve o poder efectivo dos Estados modernos.

Foi recentemente que a análise pretendeu ver, nas monarquias, uma espécie autónoma que chamou de *despotismo esclarecido*, e que encontra simbolizada em Catarina II da Rússia, José II da Áustria, José I de Portugal, Frederico II da Prússia. Diz portanto respeito, sobretudo, à Europa do Leste, e na primeira aproximação é um absolutismo tardio que procurou modernizar os países que se tinham mantido fundamentalmente agrários e assentes na servidão. Procurou a sua justificação na filosofia das luzes e não na teologia. Por isso foi racional, procurou modernizar a administração, planificar a economia, preparar quadros, minimizar a Igreja. Mas lutou com a falta de capitais e desse motor ocidental que foi a burguesia. O reformismo que acredita mais no Estado como motor do que no cidadão como agente parece herdeiro da linha do despotismo esclarecido. Os exemplos contemporâneos não faltam, ainda quando começam por eliminar a monarquia como fez o nasserismo.

Neste panorama geral, a monarquia britânica distingue-se com originalidade. O seu traço característico parece vincar-se no reinado da Rainha Vitória, data em que foi firmado o princípio da responsabilidade do Gabinete perante o Parlamento. Estas duas peças, e o seu relacionamento, dão especificidade ao sistema.

8. À medida que se aproxima a imposição do governo ocidental a todo o globo, as revoluções internas, e algumas vezes a própria guerra civil da cristandade dividida, afeiçoam os Estados, segundo novos conceitos e para atender a novas exigências. Em 1787, a Convenção da Filadélfia elabora a Constituição do que viriam a ser os Estados Unidos da América do Norte. A importância do acontecimento é extraordinária. Em primeiro lugar, trata-se da afirmação do Direito à Rebelião que inicia e caracteriza todo o anticolonialismo do século XIX. Um anticolonialismo de brancos, burgueses, cristãos, na data exacta em que o Ocidente, a que pertencem, se

prepara para dominar a totalidade da terra. Por isso a revolta americana é mais um acto de descentralização interna do governo do Ocidente, do que uma verdadeira revolta. Esta aparecerá contra o Ocidente, mas apenas no século XX. Será obra dos povos mudos do mundo, aqueles que não participaram da revolta de 1787, nem das vantagens dos princípios da Revolução de 1789.

Ao Direito à insurreição acrescenta-se o republicanismo que as oligarquias urbanas já conheciam, mas que não fora nunca praticado em tal dimensão. Todas as velhas analogias de Dante a favor da monarquia pareceram repentinamente sem sentido. Deste republicanismo é corolário a natureza contratual da sociedade, baseada num constitucionalismo escrito e inviolável. Acrescentaram, fiando-se da importância do consentimento, o princípio federal, uma nova técnica de preservação da unidade, um processo de superar as diferenças.

Todavia, a Revolução que datou a mudança foi a de 1789 em França. Tudo vai ser mudado, quer nas relações internacionais, quer nas relações internas.

Assim, o número de Estados existentes vai entrar em processo de diminuição, exactamente o contrário do que viria acontecer depois da guerra de 1939-1945. A Itália, pátria da diplomacia, estava dividida numa dezena de soberanias, e exibia todos os modelos que tivemos ocasião de mencionar. Encontravam-se o Reino das Duas Sicílias, o Reino do Piemonte, Grã-Ducados, Principados, domínios estrangeiros, repúblicas como Veneza e Génova, e um Estado teocrático que eram os Estados da Igreja Católica. Por outro lado, a Alemanha, sede do Santo Império, estava dividida em mais de 300 Estados de diversa natureza. A extrema multiplicidade das soberanias não tinha correspondência num sistema de relações internacionais muito complexo. As potências não tinham necessidade de se encontrarem representadas em todas as capitais. Os organismos internacionais ou supranacionais eram inexistentes.

Mas se as coisas evoluíam assim no interior da Europa, para o exterior a técnica da colonização, com muito poucas excepções, era usada. Poucos reinos, como a Prússia ou a China, ainda estavam fora dessa relação de domínio. Os grandes impérios portugueses e espanhol estavam já em declínio, mas a ocupação continuava pela concorrência de outras potências europeias em expansão, como era o caso de Inglaterra e França, cuja rivalidade enche o século XVIII e se manteve até aos nossos dias. O Tratado de Paris de 1763, pondo fim à Guerra dos Sete Anos, assegurou

Introdução 69

a supremacia inglesa. Por isso temos dito que a supremacia ocidental, a construção do Euromundo, se fez em clima de guerra civil. No interior do sistema, os conflitos sucedem-se, durante todo o século XVIII. Mas são guerras relativamente rápidas, limitadas a um teatro sabido, não existenciais. As Revoluções também mudaram isso. As guerras vão ser mundiais, demoradas, existenciais. Por outro lado, enquanto que o valor político fundamental, anterior à idade das revoluções, era o princípio dinástico, depois o princípio fundamental que orienta as lealdades dos indivíduos é o nacional.

A regra política que orientava o sistema das relações internacionais antes da idade das revoluções era a do equilíbrio. Tratou-se de impedir a hegemonia de uma das grandes potências da época. Mas a Revolução dá-se quando a posição relativa das potências está completamente alterada. A Polónia, vítima de três partilhas, não era um poder a considerar; o Império Turco, já era o que se chamaria o homem doente da Europa, vigiado pelas ambições da Rússia e da Áustria; a Suécia, derrotado Carlos XII, estava em franco declínio. As revoluções substituíram todo este panorama, baseando-se noutros princípios: a nação, com o seu exército nacional e o cidadão; as fronteiras traçadas à margem do princípio dinástico; os Estados em diminuição de número, o que autorizou a constituição das grandes potências correspondentes à unidade política da terra em vias de estabelecer-se; as relações internacionais tornadas proeminentes e contínuas entre todos os Estados; a expansão colonial transformada em objectivo normal das soberanias. Aquilo que permite falar de uma era das revoluções, é que a Inglaterra, a partir de 1780, é agitada constantemente por reivindicações sociais e políticas; as Províncias Unidas, entre 1783 e 1787, assistem à luta entre orangistas e patrícios; a Bélgica revolta-se contra a Áustria; as colónias espanholas e portuguesas do continente americano, entre 1808 e 1825, desencadeiam movimentos de independência; a partir de 1820, uma série de conspirações militares abalam França, Espanha, Portugal, Nápoles e Turin. Por isso se fala de uma revolução ocidental ou atlântica. São os povos ocidentais em processo de adaptação aos novos tempos. Ao tempo em que assumiram o governo da totalidade do mundo.

No resto desse mundo encontram-se a maior parte dos 800 milhões de homens que se pensa que constituíam a totalidade do rebanho humano por alturas da Conferência de Berlim de 1885. O continente americano teria pouco mais de 20 milhões entre os quais apenas os brancos participavam realmente do aparelho do poder; da África não se tem muita informação, mas fala-se de 100 milhões que praticamente forneceram todo o tráfego de escravos para o continente americano, num total avaliado em 15 milhões de homens; a Ásia tinha 450 milhões, isto é, cerca de $^2/_3$ do total. Mas estas forças não pesavam na política mundial. Esta era o domínio de 140 milhões de ocidentais. Destes, 60 milhões emigrarão durante o século XIX, europeizando o mundo. E ligando entre si as comunidades diferentes que viviam separadas. Só depois da última Grande Guerra de 1939-1945 é que esses povos viriam a exercer um papel activo na vida mundial. Até então eles foram, como lhes chamou Sukarno, *os povos mudos do mundo*. Povos que desencadearam o anticolonialismo do século XX, antiocidental, e levando à destruição do Euromundo e ao problema de saber o que é ainda a Europa, antiga plataforma do Ocidente, e matriz do Euromundo.

CAPÍTULO I
O Euromundo

§ 1.º
A FORMAÇÃO

1. A plataforma ocidental

Talvez haja alguma vantagem em relembrar aqui alguns conceitos operacionais, destinados a facilitar o entendimento do tema. Quando falamos em *Euromundo,* para designar a unificação política da terra alcançada nos fins do século XIX, queremos significar que tal unidade correspondeu a uma europeização do globo. Mas não se pretende significar que a sede de todos os poderes europeizantes da terra se encontrasse ainda naquilo que geograficamente se chamou Europa, que politicamente, com grandes equívocos e imprecisões, assim está sendo chamado. Para englobar a totalidade dos poderes que europeizaram a terra, é necessário falar em *Ocidente.* Mas este conceito só ganhou significado importante quando apareceram, dentro da zona que cobre, aquilo que temos chamado, à falta de outra expressão, os *desviacionismos.* O primeiro deles foi o *americanismo,* e o mais recente foi o *sovietismo.* Mas ambos, tributários e inseparáveis da matriz dos governos originários e das fontes culturais comuns, constituem, com estas, a unidade que europeizou o mundo. Foram os desviacionismos que levaram a repensar os bocados, e impuseram o processo de redefinição política e cultural daquilo que resta. E aquilo que resta é, por coincidência, a plataforma originária do *Euromundo,* em busca de uma definição autónoma para os tempos presentes.

Não faltam sequer os instrumentos jurídicos a definir a unidade inicial de onde partiu tal processo de europeização da terra. Começa com o

Tratado de Tordesilhas, de 7 de Junho de 1494, e acaba com a *fundação da ONU,* em 24 de Outubro de 1945, data na qual se verificou que os Estados signatários da Carta, incluindo os cinco membros permanentes do Conselho de Segurança, tinham depositado as respectivas ratificações na Secretaria de Estado dos Estados Unidos da América.

Esta rara situação reduz a fonte da expansão ocidental a um reduto, ou talvez mais propriamente a um resto, disputado entre os seus próprios desviacionismos, sem unidade política ou militar, sem caracteres culturais essencialmente diferentes, politicamente personalizado mais do exterior do que do interior. De facto são os dedos apontados pelos que atacam, repudiam ou reivindicam essa matriz originária, que lhe dão unidade. Dentro há uma busca em que se encontram envolvidos alguns dos melhores espíritos do nosso tempo, tais como Julien Benida, Francesco Flora, Jean-R. de Salis, Jean Guéhenno, Denis de Rougemont, Lukács, Stephen Spender, Georges Bernanos, Karl Jaspers. É a plataforma das três fontes a que se referiu Paul Valéry.

2. A formação do Euromundo

Podemos distinguir duas fases principais na formação do Euromundo. Na primeira, os agentes principais são os povos peninsulares. E logo dá origem a um direito internacional, exclusivamente de fonte europeia, do qual Francisco de Victoria será o tratadista de maior renome. Nas suas famosas *Prelecciones sobre los Indios y el Derecho de Guerra*, repositório do ensino magistral dado em Salamanca no ano lectivo de 1538/1539, definiu as regras principais às quais deveria subordinar-se a expansão do Estado.

Em primeiro lugar, a guerra só poderia ser usada quando fosse justa. Ora, ainda que a expansão tivesse em vista a propagação da fé, a diversidade da crença não era motivo para fazer a guerra. Muito menos o simples desejo de glória ou de lucro. Ilícito devia ser considerado procurar a ocasião de fazer a guerra. O Papa não tinha legitimidade para dispor dos infiéis e dos seus territórios, porque não exercia sobre uns e outros qualquer jurisdição temporal. Os cristãos tinham porém o direito natural de viajar e permanecer em todas as terras, aproveitar de tudo o que por natureza é comum a naturais e estrangeiros, e praticar o comércio. Sempre que estes direitos não fossem respeitados, a guerra era justa. Para assegurar a paz, era lícito construir fortalezas, ocupar cidades e submeter os habitantes, à falta de outro meio. Seria lícito recorrer à guerra para obter o direito de *pregar o Evangelho*, de acordo com o imperativo católico. Também a guerra era um instrumento lícito sempre que se tratasse de salvaguardar os convertidos contra as pressões destinadas a obrigá-los a abjurar. O dever que os cristãos têm de defender os inocentes contra uma morte injusta, no exercício da caridade para com o próximo, legitimava a intervenção pela força para terminar com práticas contrárias aos ditames da humanidade.

Esta atitude personalista, que se encontra lembrada e documentada pelo próprio João de Barros, na primeira década da Ásia, nunca conseguiu dominar a tendência puramente *maquiavélica,* também pertencente ao património ocidentalista, e que coloca os interesses acima da ética e a força antes do direito. Mas, notando isto, é necessário sublinhar que nunca faltaram as vozes a clamar pela autenticidade, isto é, pela necessidade de observar os princípios, de colocar a acção em harmonia com a doutrina, de não admitir que o Estado proclame uma coisa e faça outra. É costume, ao salientar esta faceta, citar sempre, e com justiça, Fr. Bartolomé de las Casas, o ilustre autor de *História de las Indias* (1561). Mas poderão ser citados alguns sermões do nosso Padre António Vieira, designadamente essa chamada à autenticidade que é o *Sermão da Primeira Dominga da Quaresma,* onde se encontram estas palavras: «*Saiba o mundo, saibam os hereges e os gentis que não se enganou Deus, quando fez dos portugueses conquistadores e pregadores de seu santo nome. Saiba o mundo que ainda há verdade, que ainda há temor de Deus, que ainda há alma, que ainda há consciência, e que não é o interesse, tão absoluto e tão universal Senhor de tudo, como se cuida. Saiba o mundo que ainda há quem por amor de Deus e da sua salvação meta debaixo dos pés interesses*».

Se quisermos classificar as regiões do globo em função do interesse dos poderes em movimento, podemos falar em *zonas de influência, zonas de confluência* e *zonas marginais.* As primeiras são as que um poder reserva apenas para si, como foi o caso de cada uma das zonas de expansão definidas pelo Tratado de Tordesilhas; as segundas, são zonas disputadas por mais de um poder em expansão; as últimas, ficam fora da competição. Gradativamente, aquilo a que se assiste é à transformação do globo numa zona única de confluência de poderes. Mas na primeira fase da formação do Euromundo, não era o que se passava. As zonas de influência ou reservadas podiam ser facilmente traçadas, e as zonas marginais ocupavam largas manchas do mapa, mal definido ainda, da terra. Mas dá-se logo um primeiro fenómeno de internacionalização, no sentido de que os poderes separados e em expansão ficavam interdependentes num importante domínio. Justamente o das normas éticas e jurídicas a observar. A deformação metodológica, que imagina o fenómeno político exclusivamente determinado pelos factores económicos, não compreende a importância dessa variável espiritual. Mas basta ler os cronistas para entender que a força e determinação inabalável dos homens que executaram a expansão assentavam na fé.

Por isso, o papel da Igreja Católica foi principal quer na organização da plataforma originária de onde a expansão europeizante partiu, quer na disciplina da expansão. Pelo que respeita ao primeiro aspecto, a sua influência firmou-se logo que o território daquilo que se chamou Europa, ficou a formar, no dizer de Dawson, e depois da queda do Império Romano, uma ilha cercada pelos árabes ao Sul, invadida pelos bárbaros ao Norte, esquecida pelos bizantinos decadentes.

O princípio e a tradição da unidade estavam apenas na Igreja que nessa data dispunha da herança doutrinal de homens como Santo António e Santo Agostinho, tinha estabelecido uma organização administrativa, firmara uma jurisprudência conciliar. Começara a evangelizar os campos, e assegurava a uniformidade do direito com as *Colecções Canónicas*. A colecção chamada Hispana, o Concílio de Toledo e a influência regeneradora de um Santo Isidoro, documentam a acção de uma das mais brilhantes Igrejas dessa época. A unidade é cristã. Levada aos exageros, nunca realizados, do agostinianismo político a partir da famosa *Cidade de Deus*. Mas, até ao renascimento do direito romano no século XIII, à redescoberta de Aristóteles e ao acontecimento que é São Tomás de Aquino, a teocracia é dominante.

A plataforma do Ocidente ficará sempre dividida, até à época das Revoluções, entre a sedução de dois poderes: *auctoritas sacra pontificum* e *regalis potestas,* o *sagrado poder dos pontífices* e o *poder real.* Mestre Alcuino faz a síntese normativa do monarca cristão: *vingador dos crimes,* cabendo-lhe a guerra e a justiça interna; *rector errantium,* podendo intervir até em matéria dogmática. Por isso Carlos Magno será chamado David e Constantino, uma soma da tradição imperial romana, com a tradição teocrática do Velho Testamento; por isso também, quando a Europa desencadeou o processo da unificação política do mundo, a Bíblia foi a prova da sua identidade.

Assim como o Tratado de Tordesilhas é o marco jurídico da primeira fase da expansão, assim também o *Acto Final da Conferência de Berlim*, de 1885, é a expressão da segunda fase. As regras jurídicas da ocupação da terra pelas soberanias são ditadas pelos Estados ocidentais e constam dos já citados artigos 34 e 35 do Tratado.

Ali se estabelecia que a potência que de futuro tomasse conta de um território nas costas do continente africano, por qualquer dos processos especificados no texto, usaria «*de uma notificação às outras potências signatárias do presente acto a fim de lhes permitir que façam valer, por causa disso, as suas reclamações*». Tratou-se, portanto, de um esquema ignorante das organizações políticas ou dos povos instalados nos territórios em causa. Por isso, os muitos tratados assinados com as populações locais, pelas potências ocidentais em expansão, não eram considerados actos de direito internacional, mas sim e apenas instrumentos de efectivação dos direitos e deveres assumidos no Acto Final de Berlim.

Havia aqui também uma internacionalização, mas era apenas a do domínio da terra por soberanias sendo exercidas por homens brancos. Era a branquidade em expansão: Inglaterra dominava a Índia, e a África do Cabo ao Cairo; França ocupava-se do Norte da África; a Itália e a Alemanha buscavam um domínio. Fora do Acto de Berlim, a Rússia expandia-se para a Ásia Central, e apenas o Império Austro-Húngaro, entre as grandes potências da época, não participou na corrida. A ética da conjuntura era pois *contratual*, baseada no equilíbrio das soberanias dos Estados. As Tordesilhas estavam distantes. A identificação cristã era cultural, já não era religiosa. O personagem desta segunda fase da expansão é o *Estado* doutrinado por Maquiavel e Bodin. Um ente dotado de soberania, isto é, um poder que não reconhece igual na ordem interna, nem aceita superior na ordem externa. A morta concepção da República Cristã estava substituída pela comunidade dos *Estados ocidentais.*

A reacção contemporânea contra o domínio do Mundo pelo Ocidente tem radicado a ideia de um Ocidente agressor. A nota, que inspira importantes escritores do nosso tempo, corresponde aos factos, mas esquece que o Ocidente, antes, foi agredido, e que provavelmente está a voltar uma nova fase dessa espécie. As invasões vieram tradicionalmente da Ásia e a Europa foi sucessivamente recolhendo vagas de novos povos. Até ao fim da Idade Média a agressão foi constante. A última de importância foi a dos turcos que tiveram a Europa de joelhos às portas de Viena. Esta situação de agredida, apenas se modificou com o movimento expansionista peninsular.

Nessa data, a superioridade científica e técnica europeia estavam firmadas. Foi necessário somar um projecto político, que só os peninsulares tiveram. Mas o avanço era resultado de uma atitude geral da plataforma carolíngea. A superioridade não era apenas nos domínios da ciência, também teve de reconhecer-se no plano da doutrina e organização política e administrativa. Sabiam manter a máquina do Estado, organizar os homens e comandar. A *Bíblia* foi importante no começo de expansão. Os *Códigos* legais assinalam a maturidade. Na segunda fase da formação do Euromundo dos ocidentais, são os dispositivos legais que importam. E aparecem para construir um mundo colonizado pelos brancos. A colonização é o grande fenómeno, caracterizado pela desigualdade de facto dos povos em contacto, e pela desigualdade jurídica nas relações estabelecidas.

A desigualdade foi organizada segundo várias formas jurídicas, mas todas estas podem ser reconduzidas a dois únicos esquemas mundiais, dos quais os outros foram variações: o *esquema britânico* e o *esquema português*. O primeiro, considerando a dependência fundamental, a diferenciação permanente, a separação como a solução final; o segundo, procurando resolver a contradição cultural e étnica pela integração dos grupos, e considerando possível uma eventual igualdade política.

Nos quadros destes dois conceitos fundamentais apareceram variantes, como a dos protectorados praticados pela França e pela Inglaterra. Técnica usada em relação a territórios e povos que já tinham possuído personalidade internacional, como foi o caso de Marrocos, a ficção da continuidade de um Estado protegido. Curiosamente, a presença do colonizador, como também aconteceu na Indochina, acaba por implantar uma ideia de unidade antes inexistente, reforça a autoridade tradicional, ou faz nascer uma autoridade de vocação nacional. Mas, durante a vigência da relação colonial, não corresponde aos factos falar de duas soberanias. Tem de reconhecer-se que apenas o colonizador é soberano.

A sofisticação foi maior na técnica que ficou conhecida pelos *Tratados desiguais* e da qual foi objecto a China. Então a *soberania* e a *independência* aparecem formalmente respeitadas, mas os textos não exprimem mais do que a adesão do mais fraco às imposições de um poder dominante. A Europa e os Estados Unidos obtiveram, sem negociação, aquilo que desejavam. Toda a doutrinação do moderno nacionalismo chinês, quer da tendência burguesa quer da tendência maoísta, assinala os tratados desiguais como uma afronta e um ponto de partida e de referência para a reacção contra o Ocidente.

O domínio político foi acompanhado de muitas instituições consagradoras de uma superioridade étnica ou racial dos colonizadores sobre os colonizados. Não se tratou de uma simples diferenciação cultural. Também aqui podemos falar em dois conceitos fundamentais: um anglo-saxónico, discriminador, protestante; outro peninsular, especialmente lusíada, integrador ou assimilador, e católico. O campo mais significativo de manifestação de ambas as tendências está na família e no lugar da mestiçagem dentro da sociedade civil e política. Neste ponto, o que principalmente caracterizou a atitude lusíada foi a aceitação do filho mestiço, mais do que da mãe. O problema tem importância mundial pelo que respeita aos negros, porque é em relação a este grupo que os mitos raciais se manifestam com maior intensidade. Ora, também não foi regra que portugueses se casassem com negras, embora fosse regra a mistura étnica. Mas aconteceu realmente que, para o lusíada ou português, o nascimento do filho era um *sacramento laico* da família e que esta ficava estabilizada de facto. Não havia filhos abandonados. Esta atitude não impediu que a regra da colonização branca do mundo fosse a diversidade dos estatutos jurídicos para colonizadores e colonizados. Leis diferentes regiam a sua capacidade política, diferentes eram as leis do trabalho, diferentes as leis da vida civil.

3. A unificação e as consequências

A europeização do mundo, ou ocidentalização para quem preferir a expressão, teria consequências da maior importância. A primeira na ordem de significados foi a do estabelecimento mundial de um regime de colonização. O sistema colonial imposto desdobrou-se em vários esquemas. Até ao movimento de independência do século XIX, que sobretudo interessou ao continente americano, a relação colonial podia formalmente caracterizar-se pelo facto de o governo dos territórios se encontrar situado noutro continente. A sede dos governos coloniais era na Europa. O livro de Adam Smith sobre *A Riqueza das Nações* descreve tal situação e os motivos da crítica revolucionária da época contra ela. Mas é evidente que esta caracterização geográfica do esquema colonial é puramente formal.

O critério material de identificação é o que se refere à situação relativa das populações em contacto e à finalidade do poder político. Deste ponto de visita, os movimentos anticolonialistas do século XIX, todos com vinculação à experiência da rebelião norte-americana, não alteraram em nada a situação. As independências foram proclamadas pelos colonizadores radicados nos seus territórios, mas a escravidão foi mantida, o tráfego instaurado, os aborígenes confinados à situação de menoridade civil e política. A acção colonizadora sobre as terras e os povos continuou igualmente, com a diferença de radicar a sede do governo no território, mas nas mãos da etnia branca responsável pela europeização do mundo. Do que se tratou foi de uma descentralização do governo do mundo pelo Ocidente. E por isso, em duas guerras mundiais, os rebelados coloniais do século XIX vieram sempre bater-se ao lado das antigas metrópoles.

Deste modo, o importante é o estatuto das populações que caracteriza a *situação colonial,* conceito mais vasto do que o de *colónia.* A *situação colonial* não depende da localização geográfica dos governos, mas sim da *desigualdade de estatutos dos povos em contacto*, radicada em considerações étnicas ou culturais. Esta desigualdade teve expressão em qualificativos sociojurídicos como *pagãos, nativos, indígenas, aborígenes, crioulos, índios, marranos.* De todas estas designações, as mais importantes no espaço jurídico ocidental são: a de *aborígenes*, consagrada em várias convenções internacionais do BIT para designar as populações originárias do continente americano, em vias de completa extinção por causa do contacto com os ocidentais; *nativos*, que inspira a legislação sul-africana; *indígenas*, que inspirou a legislação e a prática portuguesas e francesas no presente século. Em todos os casos, encontra-se o traço comum da diferenciação étnica e cultural em relação à etnia branca colonizadora e pelo menos o juízo de inferioridade cultural dos últimos.

A teoria dos *mitos raciais* tornou-se assim inseparável da interpretação do Euromundo, embora seja inexacto entender que o racismo é um subproduto da civilização ocidental. De facto é difícil encontrar um grupo étnico alheio a esse tipo de preocupação, e até acontece que o racismo antiocidental é hoje o dominante. Mas é facto que a presença da etnia branca no governo do mundo, por tempo tão prolongado, colocou no primeiro plano das preocupações a discriminação de sinal contrário, isto é, dos brancos em relação aos povos de cor.

De todos os mitos que dividem ainda hoje o rebanho humano em grupos que se combatem e destroem, os mais importantes são os seguintes: *mito do negro, mito do judeu, mito do mestiço, mito do ariano.* Alguns institutos jurídicos do nosso tempo estão profundamente ligados a estes mitos, aos quais voltaremos. Assim, o crime de genocídio, consagrado pelo estatuto do Tribunal de Nuremberga, deu relevo jurídico-penal a uma prática antiga, mas que foi levada a extremos nunca antes suspeitados durante o domínio nazista: trata-se do extermínio sistemático de um grupo étnico por outro grupo étnico. Foi o que aconteceu com a generalidade dos aborígenes do continente americano e da Austrália. Mas foi o que aconteceu com os judeus europeus votados ao total extermínio pelos nazistas. A ONU firmou uma convenção condenando tais práticas. Esta convenção teve reflexos no direito interno brasileiro com a publicação da Lei Afonso Arinos. Por outro lado, a gravidade ética do genocídio levou a coligação das democracias, ao instituir o Tribunal de Nuremberga, a abolir os princípios da *não retroactividade das leis e da predefinição jurídica* para poder julgar, condenar a executar os responsáveis pela generalidade de infracções que ficaram conhecidas pela expressão – *crimes contra a Humanidade*. Foi uma mudança carregada de significado e de consequências, e desnecessária. A legislação então vigente de cada país interessado dispensava a negação de princípios tão fundamentais, e assegurava a punição dos culpados.

A diferenciação de estatutos para os dois povos em contacto na relação colonial vem acompanhada de uma diferenciação nos princípios constitucionais e administrativos aplicáveis. Algumas regras consideradas essenciais no Ocidente, são afastadas nos domínios coloniais ou em relação às populações aborígenes. Assim, a conquista *da divisão dos poderes* não se estende a essas situações. Ao contrário, o administrador colonial típico concentra nas suas mãos a totalidade dos poderes do Estado: legisla, administra e julga. O Estado que foi simplesmente *árbitro* nas metrópoles, já era *gestor* nesses territórios. A mão-de-obra continuou submetida ao regime do trabalho forçado sem que o princípio sindical recebesse acolhimento generalizado até à segunda guerra mundial. O BIT teve intervenção importante neste domínio, liderando a formação e definição do moderno direito do trabalho aplicável em todos os antigos territórios coloniais.

Finalmente, o Euromundo traduziu-se na acentuação da desigualdade económica entre as metrópoles e os territórios colonizados. É um facto que tal superioridade já existia, e que justamente foi um dos factores de expansão. Os novos territórios e povos aborígenes eram menos adiantados, e os colonizadores encontraram a situação da desigualdade, não a criaram. Mas o sentido da sua acção não foi geralmente no sentido de evitar que a desigualdade se institucionalizasse. Levaram a técnica e o capital e apoderaram-se da terra e do braço dos primitivos habitantes. Sempre que uma política de *integração* das populações não foi desenvolvida, aquela linha marcou por antecipação a direcção da futura luta armada. A situação colonial que podemos chamar de *espaço-vital*, isto é, inteira e exclusivamente dominada pelo interesse do colonizador, nunca aceitou a integração. A situação colonial que pode denominar-se *missionária*, em atenção à origem da ética colonizadora inicial, essa orienta-se pela integração final dos grupos em contacto. De facto é uma aplicação da experiência histórica das grandes nacionalidades ocidentais, todas nascidas da integração de grupos diferenciados e até opostos. Foi a tradição portuguesa.

§ 2.º
A FILOSOFIA JURÍDICA DO EUROMUNDO

1. As componentes

A consumação do Euromundo, obtida na segunda fase da expansão a que nos referimos, deu-se em plena vigência da *ideologia liberal*, que apenas era desafiada validamente pela *ideologia democrática*. Se a primeira presidiu à marcha para o domínio total do mundo, a segunda tornou-se dominante durante o processo do recuo. Ao mesmo tempo, como é natural, a estrutura social dos ocidentais alterou-se completamente. Existem, portanto, uma componente ideológica e uma componente social, que são dois aspectos distintos de uma mesma realidade.

Em primeiro lugar, o liberalismo, longe de ser apenas uma doutrina económica, é uma filosofia geral, também com uma metodologia.

Começando por esta última, a sua primeira característica foi a recusa da autoridade e a afirmação do primado da razão. Racionalista, repudiou os critérios do *legitimismo* que tinham presidido ao Congresso de Viena de 1815. Ao contrário da filosofia neste sustentada, o liberalismo não aceita que a *duração* e a *história* sejam os critérios da validade do direito. A razão é o instrumento do conhecimento por excelência, e a dialéctica socrática o método para obtenção do consenso, gradativamente. O parlamentarismo é como que uma imposição do diálogo, e as câmaras deveriam documentar o tom e a gravidade das academias. Deste modo, a tolerância dos sábios deveria reinar na vida pública, e as instituições dogmáticas, como as igrejas, eram repudiadas.

Toda a filosofia política é dominada pela ideia contratual, forma voluntária de limitação da liberdade. Porque a liberdade é o valor superior a todos. A sociedade política legitima-se pela segurança que possa dar a tal valor. Uma liberdade de iniciativa, de realização de cada um. Por isso, antes de qualquer outra, a liberdade física é fundamental: o direito de estar e de andar, indo de um lugar para outro. E logo, consequentemente, a liberdade da terra, que foi a grande ambição que esteve na base da destruição dos privilégios.

O agente e motor da vida social é o indivíduo, cujos direitos são anteriores à sociedade, nascida esta de um contrato. Não há grupos cujo bem tenha valor superior ao do indivíduo, porque este é o ente criador da história, obra dos varões ilustres, exemplos de virtude.

2. **Os regimes liberais**

Os regimes liberais puderam assim reconduzir-se a um tipo geral, cujas características se repetem desde 1815. Em primeiro lugar, todos adoptaram uma *constituição escrita*, obra da razão destinada a uma eterna vigência. Deveria estar tão de acordo com a natureza do homem, que teria uma imutabilidade semelhante à das leis que exprimem a regularidade dos fenómenos físicos. A oposição com a doutrina do *ancien régime* não pode ser mais frontal. Em vez do *costume* consagrado pela *duração,* agora temos uma *ordem jurídica* que exprime a *vontade racional* dos cidadãos.

Em todas as constituições da época se encontra o princípio da limitação do poder político. O liberalismo não foi contrário à monarquia, antes geralmente a considerou necessária para o exercício de um *poder moderador.* Mas foi contrário à monarquia absoluta. A monarquia seria limitada. A *representação* nacional, assegurada pelas Câmaras, é que exprimia a vontade do corpo político. A orientação elitista do liberalismo inclinou mesmo no sentido de um regime bicameral, mais apropriado para conter os excessos da paixão e para fazer prevalecer a razão. Por isso, também, o eleitorado liberal não obedece à regra do sufrágio universal, coisa que será uma reivindicação democrática. O voto, para o liberal, não é um *direito*, é uma *função* em que a nação investe alguns cidadãos para escolher a composição dos órgãos da soberania. Por isso o liberalismo distingue entre a *cidadania activa* e a *cidadania passiva,* sendo apenas a primeira que legitima a pertença ao eleitorado. A qualificação para o eleitorado assenta fundamentalmente na fortuna, porque a razão lhes indicava que só deviam participar na gestão dos interesses públicos aqueles que tivessem alguma coisa a perder. O eleitorado era porém aberto a todos os que conseguissem a necessária qualificação. O chamado *país legal* alimentava-se dos triunfos individuais do *país real*. O liberalismo parecia acreditar na possibilidade de todos e de cada um vencerem as dificuldades estruturais da sociedade para alcançar a plenitude da cidadania. O famoso conselho de Guizot – *enrichissez-vous*! – é a síntese perfeita desse pensamento. O Estado liberal vem portanto a caracterizar-se deste modo: *constituição escrita, monarquia exercendo o poder moderador, cidadania activa e passiva, bicameralismo, sufrágio censitário.*

3. As ordens jurídica e social

O estatuto do indivíduo perante o Estado caracteriza-se por um certo número de *liberdades públicas, garantias* e *direitos.* As primeiras dizem respeito à realização de cada um, à sua criatividade. Trata-se de não existirem obstáculos estaduais a essa espontaneidade. Daqui a importância primeira da *liberdade física*, base de todos os direitos, e que é simplesmente o poder caminhar de um lugar para outro sem necessidade de autorização e sem restrições desnecessárias. Ir pelo mundo. Depois, a liberdade de formar e exprimir uma opinião, juízo pessoal da relação de cada um com o mundo pelo qual livremente caminha, a ver gentes e coisas. E, por isso, liberdade de reunião, liberdade de discussão, liberdade de publicação, liberdade de imprensa. Porque todas estas liberdades eram expressão da liberdade da razão, foi inerente ao liberalismo a luta contra as instituições dogmáticas e, portanto, principalmente contra a Igreja. O liberalismo, se não foi anticristão, foi anticlerical e daqui chegou à defesa da liberdade do ensino. Esta liberdade foi sobretudo a negação à Igreja do seu privilégio secular de ensinar, quando não de monopolizar directa ou indirectamente o ensino. Mas a liberdade de ensinar, traduzida na orgânica do Estado, foi realmente e também elitista como é próprio do liberalismo. O plano liberal do ensino desdobra-se em três pontos: o *primário*, com o objecto de ensinar a ler, escrever e contar, os requisitos necessários para que o cidadão passivo entenda e cumpra as ordens; *médio*, destinado à formação dos quadros indispensáveis como transmissores entre a direcção social e as massas; *superior*, com o seu veículo liceal, destinado à formação da direcção social superior e de acesso realmente limitado aos cidadãos activos.

As *garantias* diziam respeito à limitação do poder do Estado, e traduziam expressões jurídicas de barreiras que já não precisavam de ser averiguadas e discutidas pela representação nacional na sua vigilância sobre a administração e governo quotidianos. O regime penal poderia variar segundo a necessidade, mas ninguém poderia ser punido nunca por lei anterior ao facto; a instrução criminal poderia aperfeiçoar-se para assegurar a descoberta dos factos, mas ninguém poderia ser detido sem culpa formada; os impostos poderiam variar em espécie e grau, mas ninguém poderia ser privado do direito de propriedade. Finalmente, os *direitos* eram interesses inerentes a todo o homem, que não precisavam da criatividade de cada um para serem adquiridos, decorriam da sua dignidade: o bom nome e reputação, a integridade física, a defesa.

Elitista e não democrático, o liberalismo substitui as autoridades do direito privado tradicional por novas autoridades, também fortes. Há uma nova definição da família, contratual e não sacramental, limitada na relevância do parentesco, liberta da figura do morgado: mas consagra a autoridade marital e paterna entregando ao marido a direcção da família. Define a livre concorrência, consagra a empresa privada, estabelece a liberdade de trabalho e de emprego mas define uma forte autoridade patronal e não consente o sindicalismo profissional. Define a liberdade da terra, termina com a *mão morta,* combate os direitos reais menores como a enfiteuse: mas define como absoluto o direito do proprietário. Laiciza o ensino, liberaliza a investigação: mas coloca a autoridade académica no lugar do pai. Termina com privilégios hereditários: mas cria as novas ordens nobilitantes.

De tudo resulta que a igualdade abstracta perante a lei é coexistente com uma hierarquia social que exprime a real desigualdade de facto. A desigualdade das condições sociais, a disparidade dos níveis culturais, a diferenciação pelas fortunas, são a tónica do panorama social liberal. Mas é uma sociedade com mobilidade acelerada em função do acesso ou ao *dinheiro* ou à *cultura.* A tradição americana, ainda cultivada, do pobre que chegou a milionário, filia-se nessa atitude do liberalismo. Assim como a tradição latina, do acesso social pelo saber, ainda é cultivada nesta actual mudança para uma civilização de massas.

A mobilidade da sociedade liberal tinha expressão nos dogmas a que submetia o modelo da sua vida económica, e que todos eram enunciados como se fossem impostos à razão pela evidência. Em primeiro lugar, o indivíduo, para a realização da sua personalidade, devia orientar-se pelo seu *interesse*. A limitação dos bens implica logicamente que essa busca se faça em *livre concorrência*, de tal modo que o triunfo pertença aos melhores, tal como acontece na natureza. Esta livre concorrência implicará uma estabilização da oferta e procura das coisas num ponto que é o *preço socialmente justo*, e uma estabilização da oferta e procura dos serviços num ponto que é o *salário socialmente justo*. Tudo, portanto, sem intervenções abusivas do Estado.

Resta o problema da relação entre o rebanho humano e as subsistências, que Malthus olhava com pessimismo: ao crescimento em proporção geométrica do rebanho, não correspondia senão um crescimento em proporção aritmética dos recursos. O resultado seria a fome. O liberal olhava logicamente para esta perspectiva confiando em que as leis naturais se encarregariam de restabelecer a equação entre uma coisa e outra. O optimismo de alguns, como Godwin, não conseguiu esconder a gravidade da perspectiva. Mas o liberalismo encontrou recurso no seu racionalismo para entender, como Adam Smith, que o crescimento do que haveria de chamar-se proletariado, com consequências desastrosas sobre os salários e mais recursos, se devia apenas à imprevidência e vício das classes pobres. Uma família numerosa era um vício tão condenável como a embriaguez.

4. As fontes doutrinais da ideologia

A ideologia liberal que presidiu à formação final do Euromundo teve duas fontes principais: o liberalismo inglês de Locke e o liberalismo francês de Montesquieu. Do primeiro, os principais livros foram o *Ensaio sobre o Entendimento Humano* e o *Ensaio sobre o Governo Civil* que apareceram em 1690. Mais tarde publicou as *Cartas sobre a Tolerância* (1689 e 1692), o *Tratado sobre a Educação* (1693), e o *Cristianismo* (1695). Quando morreu, os seus trabalhos já circulavam traduzidos em francês, e dele disse Janet que «*nenhum pensador teve maior influência no século XIX*». Logo o seu primeiro trabalho acentua a atitude liberal perante o conhecimento. Trata de meditar sobre os domínios acessíveis à razão, estudando o que imediatamente respeita à vida do homem. A razão é o instrumento que permite ao homem conduzir a sua vida, recolhendo todas as suas ideias da experiência. Não existem, em seu parecer, ideias inatas. Toda a sua filosofia é empírica, e presta homenagem aos factos. É um simples facto a necessidade de conservar simultaneamente a sociedade humana e os indivíduos. O interesse, razoavelmente entendido, conduz o homem a obedecer às leis civis, construindo assim uma moral social independente de qualquer revelação de ordem religiosa. Recusando a ideia de Hobbes de que o estado de natureza era um estado de guerra de todos contra todos, sustenta que a razão ensinou aos homens a respeitarem reciprocamente a sua vida, a saúde, a liberdade, a propriedade. Em tal estado de natureza, cada homem tem todos os poderes que a natureza lhe concedeu, é livre para dispor da sua pessoa e bens. Porque, ao contrário de Hobbes, Locke sustenta que o direito de propriedade, que é o direito natural-tipo, existe no estado de natureza. Esta afirmação contrariava a crença de que Deus dera a terra em comum a todos os homens. Locke porém respondia que a propriedade se funda no interesse e na comodidade dos homens, condição de produção dos frutos necessários para a sustentação. Trata-se realmente de prestar um serviço aos outros, porque, segundo diz: «*aquele que se apropria de uma terra pelo seu trabalho, não diminui, antes aumenta os recursos humanos comuns do género humano*».

A passagem do estado de natureza ao estado social, destina-se a melhorar a condição humana. No estado de natureza não existe sanção para a violação do direito natural, de tal modo que são precárias a liberdade e a propriedade de cada um. A justiça privada, com os seus reconhecidos inconvenientes, é a única existente. Não sendo escrita, a lei natural está apenas no espírito dos homens e dependente das interpretações arbitrárias de cada um. Por isso, o estado de natureza acaba por se caracterizar por um conjunto de guerras permanentes e de paz esporádica. Razoavelmente, os homens são conduzidos ao *pacto social* para se precaverem contra o risco e a insegurança. Disse que «*aquilo que deu origem a uma sociedade política e que a estabeleceu não foi senão o consentimento de um certo número de homens livres capazes de serem representados*». Tudo o que os homens fizeram, pelo pacto social, foi dispor do direito de reprimir as infracções à lei natural, direito que até então cada um exercia directamente. O Estado é o monopólio do constrangimento. O estado de natureza ficou apenas a subsistir na vida internacional, visto que não há poder de constrangimento para os príncipes. A transferência feita pelos indivíduos para o corpo político, foi apenas do necessário para que a segurança pudesse ser assegurada, e não o abandono total de que falava o absolutista Hobbes. Assim, o governo absoluto nunca seria legítimo. De outro modo teríamos de admitir que os homens, contra o que é razoável, tinham preferido um regime pior do que o do estado da natureza.

Por esta via chega à noção dos «*direitos do homem*», que devem ser-lhe conservados como «*direitos sagrados*». De todos, o mais importante é o da liberdade, que define como o direito de «*não ser submetido senão ao poder legislativo... e de não reconhecer nenhuma autoridade nem lei fora das que tal poder cria, de acordo com a missão que lhe foi confiada*». Disse também que «*onde não há lei, não há liberdade, porque a liberdade é ser livre do constrangimento e da violência dos outros, o que é impossível onde não existem leis*».

Por outro lado, esta sociedade laica cultivava a tolerância religiosa, não admitindo qualquer discriminação de direitos por causa da fé. Mas, curiosamente e pagando tributo à época, dizia que «*os que negam a existência de um poder divino, não devem ser tolerados... Suprimindo a crença em Deus, tudo se dissolve... Ninguém pode reivindicar, em nome da religião, o privilégio da tolerância, se elimina completamente toda a religião professando o ateísmo*».

Finalmente, o direito de propriedade de que cada homem já goza no estado da natureza, não pode ser atingido de nenhuma maneira pelos poderes constituídos. O próprio estabelecimento dos impostos depende do consentimento, como corolário evidente do absolutismo do direito de propriedade. Constitui o exemplo típico do direito inato (*native right*), pelo que é um erro supor que o poder, que está legitimado para dispor da vida dos cidadãos, também o estaria para dispor da propriedade no todo ou em parte, em vida ou por morte.

O Estado liberal de Locke deveria portanto ser organizado em termos de os cidadãos ficarem seguros de que o poder político não atentará contra esses direitos naturais, entre os quais avultam a liberdade, a religião, a propriedade. Para tal fim, deveria consagrar-se uma forma de *divisão dos poderes*, de tal modo que o *Legislativo* e o *Executivo* não estivessem nas mesmas mãos. Embora a predominância fosse do Legislativo, este era esporadicamente exercido, enquanto que o Executivo necessita de estar sempre em acção para a execução das leis. Na prática, o Executivo agregaria o que chama o *poder federativo*, que respeita às relações internacionais, ao poder de tratar e de fazer a guerra e a paz. O soberano, que exercia o poder Executivo, não o tinha senão por delegação do povo soberano: «*o povo, em virtude de uma lei que precede todas as outras leis jurídicas e que é predominante... reservou-se um direito que pertence geralmente a todos os homens sobre a terra, a saber o direito de julgar se existe uma razão de apelar para os Céus»*. Trata-se de consagrar o *direito à rebelião*, que lhe parece não colocar em perigo a regularidade da vida do Estado, pelas seguintes razões: *a)* a inércia natural do povo, apenas o conduz à revolta em última extremidade; *b)* quando a tirania se torna insuportável, não há teoria da obediência que resista; *c)* nada há que justifique a *«paz dos cemitérios»*, que é a simples ordem exterior do Estado. Pode dizer-se que, com Locke, a burguesia reclamava para si o poder que veio a ocupar e com o qual unificou o mundo sob o governo efectivo do Ocidente.

A raiz francesa do liberalismo está em Montesquieu. Vivendo o clima de alívio que se seguiu à morte de Luís XIV, publicou em 1721 as suas *Les Lettres Persanes*, onde o desembaraço no tratamento dos temas é sem precedente; em 1734 publicou as *Considérations sur les Causes de la Grandeur et de la Décadence des Romains*. Finalmente, em 1748, publica o seu famosíssimo *Esprit des Lois*, resultado de muitos anos de esforços. Neste livro, a sua primeira importante contribuição para a ciência política é a afirmação e demonstração da relatividade do valor dos regimes políticos. Disse que: *«as leis devem de tal modo ser apropriadas ao povo para o qual são feitas que é um grande acaso que as de uma nação possam convir a outra»*. Foi por isso um sociólogo do direito antes da autonomia dessa disciplina. E, não escondendo a influência que recebeu de Aristóteles, Maquiavel e Bodin, procura abordar o tema com grande originalidade. Ele próprio considerava a sua obra como sem precedentes. Prestando a maior atenção à história dos regimes políticos, era como experiência que os tomava em conta, para comparar com os regimes contemporâneos que minuciosamente examinou. A experiência, examinada pela razão, mostrava que as leis e o sistema político tinham relação com a constituição social das comunidades humanas, com os costumes, com as religiões, com o clima. Não encontrou, por isso, regimes inteiramente bons ou maus. Todos poderiam ser reconduzidos a um dos seguintes tipos: *república, monarquia, despotismo*. A primeira pode ser *aristocrática* ou *democrática*, conforme só parte ou todo o povo intervém no exercício da soberania; a *monarquia* é o regime onde um só homem governa de acordo com leis fixas e estabelecidas; *despotismo* é aquele regime onde um só homem governa sem lei nem regra. Considerava que a república democrática só convém a um Estado de pequena extensão e que a aristocrática, como Veneza, se distinguia da primeira pela concentração do poder num pequeno grupo de ricos, guiados pela moderação. A monarquia convinha aos Estados de dimensão considerável, e era guiada pelo sentimento da honra. A degeneração de qualquer dos regimes conduzia ao despotismo.

Foi a tal propósito que escreveu a famosa imagem: «*quando os selvagens de Luiziana querem obter os frutos, cortam a árvore pelo pé e colhem os frutos. Eis o governo despótico*». E acrescentava: «*as monarquias corrompem-se logo que aos poucos tiram as prerrogativas às ordens e os privilégios às cidades... A monarquia perde-se logo que o príncipe, relacionando tudo a si próprio, chama Estado à sua capital, chama capital à sua corte, e corte à sua pessoa... logo que se retira aos grandes o respeito dos povos e os transforma em seus instrumentos do poder arbitrário*». Relacionando os regimes com os climas, como havia feito Bodin, chega à conclusão de que na Ásia, onde não há zonas temperadas, reina um espírito de servidão; na Europa, onde a zona temperada é muito extensa, encontra-se um «*génio de liberdade*».

Ora, a definição teórica de liberdade que adoptou, é muito próxima da de Locke «*a liberdade política não consiste em fazer o que se quer. Num Estado, isto é, numa sociedade onde existem leis, a liberdade não pode consistir senão em poder fazer o que se deve querer e em não ser constrangido a fazer aquilo que se não deve querer... A liberdade é o direito de fazer tudo o que as leis permitem*».

Considerando a *liberdade*, assim entendida, como o mais importante dos valores, procura definir os meios técnicos de garantir esse direito básico. Inspira-se no exemplo inglês, tal como o interpretou, dedicando o Capítulo VI do Livro XI do seu trabalho ao estudo «*Da constituição da Inglaterra*». Daqui retira a sua conclusão de que o *povo* não deve exercer directamente o poder legislativo, porque não seria capaz de julgar devidamente as circunstâncias. Trata-se portanto de uma conclusão pragmática, e não de uma imposição dos princípios. Escreveu que «*havia um grande defeito na maior parte das antigas repúblicas: é que o povo tinha o direito de tomar resoluções activas... coisa para a qual é inteiramente incapaz. Ele não deve intervir no governo senão para escolher os seus representantes, o que está ao seu alcance*». Por outro lado, também, não considera que o corpo de representantes, ou parlamento, esteja indicado para tomar decisões executivas. Escreveu que «*o corpo representante não deve ser escolhido também para tomar qualquer decisão activa, coisa que não faria bem, mas sim para fazer leis ou para ver se executaram bem as que fez, coisa de que pode muito bem desempenhar-se e que só ele pode fazer bem*».

É ainda a preocupação técnica de proteger a liberdade dos indivíduos, que o conduz à teoria da separação dos poderes. Observa primeiro que a experiência demonstra que todo o homem dotado de poder tende a abusar desse mesmo poder. Concluiu que, para limitar o poder, não há outro meio que não seja outro poder. Deste modo chega à necessidade de evitar que a totalidade do poder do Estado esteja concentrada nas mãos do mesmo homem. Logicamente, o mesmo homem não deve participar de mais de um dos poderes do Estado. Escreveu: «*Sempre que na mesma pessoa ou no mesmo corpo de magistrados, o poder legislativo se reúne com o poder executivo, desaparece a liberdade, porque podemos temer que o monarca ou o senado façam leis tirânicas para as executarem tiranicamente. Também não há liberdade, se o poder de julgar não estiver separado do poder legislativo, o poder sobre a vida e a liberdade dos cidadãos será arbitrário: porque o juiz será legislador. Se estiver junto com o poder executivo, o juiz poderá ter a força de um opressor*». A teoria de separação de poderes de Montesquieu não era uma teoria de ignorância recíproca dos poderes. Era uma teoria de contrapeso recíproco, capaz de habilitar um poder a evitar o abuso dos outros.

5. **A sede do poder**

A doutrina liberal, trazida para a organização concreta do Estado, precisava declarar qual era a sede do poder. Ora, o liberalismo que presidiu à consumação do Euromundo, não era democrático. Era elitista, embora com critérios elitistas diferentes dos que presidiam à definição da pirâmide do poder antes das revoluções liberais. Um homem como Voltaire, que também examinara de perto a experiência inglesa entre 1726 e 1729, num trabalho intitulado *Cartas Inglesas*, aparecido em 1734, fala sobretudo da liberdade e do comércio que *enriqueceram* o país.

Quando tomou conhecimento do *Discurso sobre a origem da desigualdade entre os homens*, de J. J. Rousseau, escreveu-lhe o seguinte: «*nunca se gastou tanto espírito para nos tornar estúpidos. Dá vontade de andar a quatro patas, quando se lê o vosso trabalho*». Partidário dos Direitos do Homem, que este recebeu da natureza, era porém contrário a toda a democracia. Era pela igualdade de direitos, mas não pela igualdade na participação na sede do poder. Esta era reservada para uma elite. Sustentava que «*quando a população se mete a raciocinar, tudo está perdido*»; que «*nós somos todos igualmente homens, mas não membros iguais da socie-dade*». Isto tudo não o impedia de no artigo *Governo*, do seu *Dicionário Filosófico*, reclamar: «*liberdade inteira da pessoa, dos seus bens, de falar à nação usando a caneta, de não poder ser julgado em matéria criminal senão por um júri formado de homens independentes; de não poder ser julgado em caso algum senão de acordo com os rigorosos termos da lei; de professar em paz qualquer religião que queira*».

De igual modo, Diderot que entendia que «*la quantité de la canaille est à peu près toujours la même*», escrevia na Enciclopédia, no artigo *Poder*, que «*o consentimento dos homens reunidos em sociedade é o fun-damento do poder*», e que «*ao estabelecer as sociedades, os homens não renunciaram a uma parte da independência na qual a natureza os fez nas-cer senão para assegurar as vantagens que resultam da sua submissão a uma autoridade legítima e razoável*». A autoridade absoluta, esclarecida, iluminada, e portanto conciliada com a razão, a natureza, os Direitos do Homem, era o problema de ambos, como fora o problema de Bodin. De facto, era o problema da *sede do poder*: a questão do saber onde é que finalmente deve radicar a capacidade final de usar a força irresistível que se chama pudicamente soberania e poder político. Pergunta à qual res-ponderam os homens da Revolução de 1789, como tinham respondido os da Independência dos Estados Unidos da América. Foi assim que Marie-Jean Caritat, Marquês de Condorcet, «*filósofo universal*» no dizer de Vol-taire, sustentou ao mesmo tempo os *Direitos do Homem* e a divisão do corpo político entre *cidadãos activos* e *cidadãos passivos*. No seu trabalho *De l'influence de la révolution d'Amérique*, assim como nas suas *Lettres d'un gentilhomme à messieurs du tiers état*, insiste na importância fun-damental de uma declaração de direitos. Mais tarde, evolucionou no sen-tido de aceitar a orientação democrática de Rousseau, preocupando-se, na Constituição Girondina, com assegurar «*a soberania do povo, a igualdade entre os homens, e a unidade da República*». A resposta ao problema aca-baria por ser dada por Sieyès (1748-1836), quando, em Janeiro de 1789, publicou o seu famoso *Qu'est-ce que le tiers état?*, complemento do seu *Essai sur les privilèges*, publicado no ano anterior. Sustentava que o *ter-ceiro estado* é uma «*nação completa*», porque é ele que assegura todos os trabalhos essenciais da sociedade. Esmagado sob o peso das ordens privilegiadas, não tinha o significado que merecia na vida nacional. Exigia tornar-se em *qualquer coisa* (o *something of value* da revolta africana dos nossos dias) na vida do Estado. Nos Estados Gerais de 1789, as exigências de Sieyès tiveram finalmente expressão e a sede do poder político liberal começou a tomar forma: era a burguesia que se preparava para assumir o poder, segundo o preceito liberal de que o poder pertence aos melhores. Sustentando que a Nação é «*um corpo de associados vivendo sob uma lei comum e representados pela mesma legislatura*», para ele só os proprietários formam o corpo político da nação.

Uma outra noção *de sede de poder* nascia ao mesmo tempo, mais tributária de Rousseau, inspiradora da «Declaração de Direitos de 1793», e da Constituição Girondina. Trata-se de situar o poder no «*verdadeiro povo*» que Robespierre definia assim: «*a protecção social apenas é devida aos cidadãos. Numa República, só os republicanos são cidadãos*». Homens como Jacques Roux e Pierre Dolivier (*Essai sur la justice primitive*, 1793) deixaram implantada a *tese da circulação* do poder para novos estratos sociais. Mas isso não teve curso senão quando o Euromundo já havia entrado no plano inclinado da dissolução. *A Declaração dos Direitos e Deveres de 1795*, feita pelos termidorianos, tem em vista assegurar à burguesia o exercício duradouro do poder. Nela não são mencionados nenhuns dos direitos que apontaram para um soberano proletário, e que estavam na *Declaração de 1793*, isto é, o direito à instrução, o direito à assistência, o direito ao trabalho, o direito à insurreição. Pretendia-se simultaneamente impedir a democracia igualitária e a ditadura de um homem. Boissy d'Angglas escrevia e justificava o sufrágio censitário: «*nós devemos ser governados pelos melhores, os melhores são os mais instruídos e os mais interessados na manutenção das leis. Ora, com bem poucas excepções, vós não encontrareis tais homens senão entre os que possuem uma propriedade*». Por seu lado, Dupont de Nemours dizia: «*é evidente que os proprietários, sem o consentimento dos quais ninguém poderia nem alojar-se nem comer no país são os cidadãos por excelência. Eles são soberanos pela graça de Deus, da natureza, do seu trabalho, dos seus adiantamentos, dos trabalhos e adiantamentos dos seus antepassados*». Benjamin Constant marcou certamente o triunfo do liberalismo burguês, que presidiu à expansão e, durante um século e meio, imporia uma ordem ocidental à totalidade do mundo. Este ia ser governado pelo Ocidente em decorrência da regra liberal de que o poder deve pertencer aos melhores. Os melhores, todavia, definem eles próprios os critérios da sua identificação e, como sempre acontece no domínio do político, coincidem com os mais fortes. Invocarão a conquista, a ocupação, a liberdade de religião, a liberdade de

92 A Comunidade Internacional em Mudança

comércio, a superioridade racial. No domínio da física do poder, o Euro-mundo foi a definição de Kipling: *o fardo do homem branco*.

§ 3.°
A DEMOCRATIZAÇÃO DA VIDA INTERNACIONAL

1. O internacionalismo da expansão

A primeira fase da expansão ocidental, liderada pelos povos peninsulares, foi eminentemente católica. A doutrina era a dos teólogos, como já vimos. Mas foram os filósofos dos séculos XVII e XVIII que forjaram a concepção clássica das relações internacionais. Foi esta que presidiu às relações entre os Estados até ao início do processo de recuo do Ocidente.

O primeiro problema ao qual a doutrina clássica teve de dar uma resposta foi o de saber como se deveriam relacionar Estados soberanos que não aceitavam nenhuma autoridade superior, nem sequer a Papal. Antes, durante a Idade Média, a teoria do direito natural, derivado do direito divino, reflectia uma comunidade de fé e correspondia a uma estrutura social em que a tónica era dada pela *dependência* de homem a homem segundo uma *hierarquia,* bem estruturada e aceite. Mas a primeira fase da expansão, marcada pelo Tratado de Tordesilhas, rapidamente foi superada pela constituição dos grandes Estados modernos, soberanos, e recusando qualquer autoridade exterior e superior, mesmo espiritual. A possibilidade de relacionar juridicamente entidades soberanas é o desafio imposto pela nova forma da comunidade ocidental.

A primeira resposta foi realmente uma negação da possibilidade de uma solução para o problema. Traduziu-se na *teoria do estado de natureza,* no seguimento dos comentários de Hobbes, o qual chamou a atenção para a diferença de teor das *relações internas* e das *relações internacionais. As* primeiras, assentes na hipótese de um *pacto social,* enfrentam um poder monopolizador da força que obriga ao cumprimento das leis. Na sociedade internacional, a hipótese de um *pacto social* não encontra qualquer fundamento. Por isso John Locke lhe chamou *estado de natureza,* já que cada Estado não obedece mais do que às *leis naturais da própria conservação* e da *legítima defesa.* À ordem interna contrapõe-se a desordem externa. À lei interna opõe-se o direito de recorrer ilimitadamente à guerra na vida externa. Até hoje, os analistas que pertencem à escola chamada maquiavélica não aceitam outra imagem das relações internacionais. Ainda recentemente Raymond Aron escrevia: «*investiguei o que constituiria a especificidade das relações internacionais ou interestáticas, e pensei ter encontrado tal especificidade na legitimidade e legalidade do recurso à força armada pelos intervenientes*». (*Qu'est-ce que une theorie des relations internationales?*, in *Revue française de science politique*, 1967). Nesta verificação se filiam as propostas das projectistas da paz, em que se inscrevem o Abbé de Saint-Pierre, Leibniz, Kant. O que procuram é encontrar, para a sociedade internacional, o equivalente do *pacto social* interno dos liberais. Por isso, talvez, a lei constitutiva da *Sociedade das Nações* se chamou *Pacto* em lembrança desta doutrina. Na falta de tal pacto, o próprio Voltaire, no seu *Le Siècle de Louis XIV*, confiava em que as nações «*se ponham de acordo sobre a sábia política de manter entre elas, tanto quanto possam, uma balança igual de poderes*».

Não havendo um sistema internacional institucionalizado que correspondesse à ideia do *pacto social,* a prática do *equilíbrio* foi o que substituiu uma inexistente autoridade internacional. A história do chamado *Ancien Régime* é uma longa teoria de esforços destinados a evitar o predomínio de um poder sobre os outros. Mas, a história do sistema ocidental, ao longo de todo o século XIX que viu a consumação do Euromundo, é apenas prefácio ao actual *equilíbrio de impotência* em que vivem os grandes poderes do nosso tempo. De facto, assistiu-se no século XIX ao estabelecimento de um *concerto* das potências ocidentais que governaram o mundo, sendo todavia a vida interna do concerto caracterizada por uma constante rivalidade, competição, e alteração das posições recíprocas. O chamado *concerto europeu* do século XIX, que saiu do sistema instaurado pelo Congresso de Viena de 1815, foi um instrumento de ordem, o que não significa necessariamente ser um instrumento de justiça. A concepção do *estado de natureza* da vida internacional não era assim nem alheia às realidades, nem desprovida de fundamento. Tornava claro que o poder não é por natureza arbitral, colocado acima dos conflitos de interesses. O poder está internacionalmente ao serviço dos interesses considerados legítimos pelas potências dominantes.

De modo que a teoria do *estado de natureza* das relações internacionais, o que sublinha é a diferença de valorizações entre as potências dominantes e os povos submetidos a essa ordem imposta. Justamente, o desmoronamento do Euromundo corresponde ao facto de estas dominadas valorações, mantidas em plano secundário durante séculos, reclamarem uma intervenção activa, e baseada na força própria, na definição do novo direito internacional.

A internacionalização que o concerto ocidental, de composição variável, foi impondo ao mundo, acompanhou a alteração das circunstâncias. Primeiro, na fase católica, *internacionalizaram a ética,* que era definida pelos Papas. A doutrina, tributária de Fr. Bartolomé de las Casas (*Historia de las Indias,* 1561), de Francisco de Victoria (*Prelecciones sobre los Índios y el Derecho de Guerra,* 1539), de António Vieira (*Sermão da Primeira Dominga da Quaresma,* 1653), de Paulo II, Pio V, e Bento XIV, pode resumir-se assim: a) *respeito pelos direitos naturais de todos os homens, pressuposto da eficácia do apostulado;* b) *igualdade civil, incluindo a liberdade física, o respeito da família e da propriedade;* c) *a reprovação da escravidão;* d) *o dever de missão;* e) *os interesses espirituais acima dos materiais;* f) *o dever de criar um clero local capaz de substituir o colonizador.*

Mas a *Conferência de Berlim de 1885,* ao estabelecer o governo do mundo pelo concerto ocidental, *internacionalizou o acesso aos mercados e às matérias-primas.* O seu modelo foi o da Bacia Convencional do Zaire, que teve o objectivo de colocar todos os poderes ocidentais interessados numa igualdade abstracta de concorrência perante o território e povos que ficassem dentro da definição. Era o princípio liberal, que dominava a economia. Um modelo que viria a inspirar o anticolonialismo do século XX, na medida em que este foi dinamizado pelas rivalidades dos membros do concerto. As independências é que permitiram submeter todos os territórios à livre concorrência dos países industrializados – com vantagem para os melhores dotados em tecnologia e capitais. As potências colonizadoras soberanas, pelas independências, seriam obrigadas a renunciar ao armamento alfandegário, às preferências legais, ao controlo dos capitais.

É por isso que o sistema da internacionalização do acesso aos mercados e às matérias-primas evolucionou no sentido da *internacionalização da administração* dos próprios territórios, passo que antecedeu a política das independências. O sistema dos mandatos do *Pacto da Sociedade das Nações,* e o *sistema dos fideicomissos* da ONU, representaram a técnica intermediária. Num e noutro caso se tratou de uma potência, sempre ocidental, administrar os povos em nome da comunidade internacional e no interesse comum. Deste modo, os Estados soberanos foram reconhecendo a necessidade da coordenação das soberanias e preparando-se para aceitar a mudança substancial que a soberania sofreu no presente século. No decurso deste processo, as potências ocidentais aprenderam que a soberania se analisa numa série de faculdades que podem ser usadas separadamente. Os poderes económico, financeiro, industrial, cultural, podem vir antes ou em vez do militar. Por isso a meta das independências apareceu como natural, porque não seria conflitante com os interesses das potências dominantes do concerto. A autodeterminação de origem ocidental não pretendeu senão beneficiar as grandes potências. A variável nova, que evolucionou em separado, foi a espontaneidade política desses povos antes dominados, e também a especificidade da intervenção do desviacionismo soviético, ao serviço de uma grande potência que não manteve com o concerto ocidental a solidariedade todavia manifestada noutros domínios, cada vez mais importantes.

2. A cisão ideológica

Num curto momento do Governo do mundo pela etnia branca, que foi o da guerra mundial de 1939-1945, pareceu que o concerto informal, que detinha o poder, tinha encontrado uma plataforma ideológica comum. Foram as famosas liberdades do programa da coligação das democracias. Tiveram expressão na Carta da ONU, entrada em vigor no dia 24 de Outubro de 1945, numa data em que os povos mudos do mundo ainda não tinham comparticipação. Todas as democracias, as *estabilizadas do ocidente* e as *soviéticas* da Europa continental, pareciam de acordo sobre um anticolonialismo básico que necessariamente alteraria a fisionomia política do globo. Tudo não passou de uma aparência resultante da comum oposição ao plano nazista de organizar a Europa segundo um critério colonial racista, em que à Alemanha pertencia a função de *Estado Director*.

Mas terminada a guerra, logo se tornou evidente que os dois desviacionismos ocidentais retomavam a posição separada que lhes era imposta pelas premissas da sua primitiva oposição. Por um lado o *americanismo*, por outro o *sovietismo*.

O primeiro apareceu caracterizado, antes de mais, como um movimento de libertação contra os governos metropolitanos, separados das colónias pelo mar. A massa líquida apareceu como um elemento fundamental da atitude. Depois, o republicanismo, o federalismo, o princípio associacionista, a capacidade individual de construir o futuro, o princípio capitalista, os direitos individuais do tipo liberal, são valores que o americanismo considera essenciais. Finalmente, o direito de insurreição contra o tirano metropolitano, definindo-se o tirano pelo seu desrespeito pelos valores acima mencionados. Procurou estabelecer uma fronteira geográfica base para esta concepção de vida, política que foi resumida pelas doutrinas do *destino manifesto* e de *Monroe*. A primeira, serviu a expansão da soberania americana de costa a costa. A doutrina de Monroe, destinada a excluir as soberanias de sede europeia do continente americano, preparou a hegemonia dos EUA, como *Estado Director* em todo o continente. A concepção democrática do governo, que colou o acento tónico no capitalismo liberal, hoje chamado esclarecido, é a cúpula ideológica desta concepção de vida.

O sovietismo, isto é, a forma que o marxismo assumiu na URSS, representou um desviacionismo mais profundo do que o americanismo. Geograficamente veio a estabelecer-se na Europa continental, isto é, a que se contrapunha à Europa da frente marítima. Deixou de olhar para o *poder político* como expressão de uma Nação, arbitrando interiormente os conflitos de interesses. O poder não é arbitral, é de uma classe. Deste modo, o tirano é agora a classe detentora do poder. Tirano por definição, visto que o exerce sempre no seu próprio interesse e não em favor do interesse geral. As solidariedades estaduais internacionais seriam substituídas pela solidariedade de classe dos proletariados dos diversos países. Por isso a URSS se definiu primeiro como a *pátria dos trabalhadores de todo o mundo*, e nunca deixou de exigir a solidariedade e lealdade dos partidos comunistas exteriores. Em relação aos países onde o partido pode alcançar o poder, a teoria da *soberania limitada* de Brejnev, legitima a supremacia do governo russo, coordenador dos vários poderes proletários. No exterior da linha geográfica do bloco, foram e estão a ser seguidas duas linhas: nos territórios que eram colónias das metrópoles europeias, apoio ao nacionalismo, mesmo burguês, que busca a independência e, depois, luta pela implantação de um poder soviético; nos países metropolitanos ou simplesmente ocidentais, ou advoga a *união das esquerdas* quando a conjuntura é de recessão económica, ou usa o chamado *compromisso histórico* com o centro, se a conjuntura económica é de expansão. No primeiro caso, a tomada violenta do poder é objecto de consideração; no segundo caso, o método eleitoral é o favorito.

O que resta da Europa, tendencialmente social-democrata ou democrata-cristã, evoluiu para ser um espaço vazio de poder, objecto daquela disputa, profeticamente antecipada por Tocqueville, entre o expansionismo americano e o soviético. De qualquer modo, uma potencial moeda de troca para acordo entre as duas superpotências. A sociedade internacional evoluiu em termos de o concerto parecer limitado ao possível acordo das duas superpotências. Daqui resulta a importância das doutrinas que procuram redefinir os critérios de unidade das potências outrora detentoras do governo do mundo, critérios agora já não teológicos nem jurídicos, mas sim socioeconómicos. Trata-se de caracterizar todo o espaço ocidental, sem excluir nenhum dos desviacionismos, como sendo composto de *sociedades industriais*, a caminho de pós-industrializadas. Foi este o critério sugerido por Raymond Aron, chamando a atenção para o predomínio da máquina, do trabalho racional, da produção em massa, do urbanismo, do aumento da expectativa de vida, do crescimento do bem-estar. É também o objectivo de Galbraith ao formular o seu conceito de *sociedade afluente*, relacionando os meios disponíveis com os projectos. Ainda na mesma linha se encontra o conceito de *sociedade de consumo* de Marcuse, pondo o acento tónico na função do mercado.

3. A evolução liberalismo-democracia

O pensamento ocidental, que definiu as regras de legitimação da sua expansão liberal, também foi a matriz da filosofia jurídica e política que presidiria ao seu próprio recuo. Em primeiro lugar, houve um *elitismo* nacionalista e revolucionário que procurou expulsar das colónias os poderes alienígenas ocidentais. Foi a primeira vaga do anticolonialismo moderno, ao qual pertenceram homens como Gandhi e Mohamed V. Procuraram raízes para uma nacionalidade e desejaram entregar o poder aos melhores, com respeito pelas tradições locais. Mas a segunda fase desse anticolonialismo, que foi a que assistiu ao triunfo da revolta, já bebeu antes nas tradições democráticas do ocidente e recrutou os seus condutores nos meios sindicais, nos quadros do exército proletarizado, na banca de trabalho, no jornalismo revolucionário.

O autor no qual pode filiar-se a ideologia democrática, é Jean-Jacques Rousseau (1712-1778). Já no artigo intitulado *Économie Politique,* que escreveu para a Enciclopédia, demonstrou ideias que não se ajustavam exactamente às dos liberais que denominavam o seu tempo de «*Século das luzes*». Tratava-se de pôr em evidência um elemento novo que era «*a von-*

tade geral» do povo, *«primeiro princípio»* do direito público, *«regra fundamental»* de governo. Este pensamento viria a aparecer sistematizado no seu famoso livro *Le Contrat Social* de 1762, que deve ser completado com o *Émile* ou *Traité de l'Éducation* (1762), com *Projects de Constitution pour la Corse* (1765) e *Considérations sur le gouvernment de Pologne et sur sa réformation projetée* (1772).

Ao conceito de *vontade geral* chega a partir do estado de natureza, que imaginou agradável, na tradição do Paraíso perdido. A ideia de propriedade foi a causa da penda dessa forma paradisíaca de viver. Escreveu: «o primeiro que, tendo limitado um terreno, teve a ideia de dizer «é meu» e encontrou pessoas suficientemente simples para o acreditarem, foi o verdadeiro fundador da sociedade civil. Quantos crimes, guerras e mortes, quantas misérias e horrores não teriam sido poupados ao género humano por aquele que, arrancando os marcos ou enchendo a vala, tivesse gritado aos seus semelhantes: *«não escuteis este impostor, estais perdidos se esquecerdes que os frutos pertencem a todos e que a terra não pertence a ninguém»*.

Com a propriedade vieram as desigualdades, as diferenças entre ricos e pobres, senhores e escravos. Para obviar a tantos inconvenientes, os homens inventaram o *«contrato social»*, base fundamental de todo o governo. Por tal contrato é criada a *vontade geral*, sempre recta e dirigida ao serviço da utilidade geral. Quem recusar obedecer à vontade geral, deverá ser constrangido à obediência. Tal vontade é *infalível*: não pode enganar-se porque, sendo o corpo soberano composto pelos próprios particulares, não há contradição de interesses: é *inalienável*, não pode ser representada; é *indivisível*, de modo que as teorias da divisão dos poderes tomaram como *partes* da soberania o que não são mais do que *emanações* da soberania; é *absoluta* porque o cidadão não é o juiz do perigo a que a lei o queira expor.

Todos os atributos do soberano do *ancien régime* são agora pertença do novo soberano. Sustenta-se que o acto pelo qual o povo soberano institui um governo, não é um contrato: é uma lei que faz do executivo o servidor do povo. Esta vontade geral, dados os termos em que é fixada, assegura a igualdade de todos. Este é o facto novo da doutrina, a sua verdadeira contribuição revolucionária em relação ao pensamento político anterior. Todos os cidadãos *«se obrigam sob as mesmas condições e devem gozar dos mesmos direitos»*. Por isso deve vigiar-se para que *«nenhum cidadão seja bastante opulento para poder comprar outro e que nenhum seja tão pobre que possa ser constrangido a vender-se»*. Daqui decorre o conceito de liberdade, que consistirá menos em cada um fazer a sua vontade do que em não ser obrigado a submeter-se à de outro. A submissão à vontade geral assegura que cada um não se submete senão a si próprio, e portanto continua livre. A liberdade é a obediência à lei, desde que esta seja a expressão da vontade geral.

De tudo resulta o paradoxo de as minorias, para serem livres, deverem ser forçadas a obedecer à vontade geral que interpretaram mal. Não obstante, o *mito da vontade geral* faria uma extraordinária carreira, assim como daria início a uma notável polémica política sobre a sua interpretação ou captação. A reacção contra os princípios revolucionários preferiu falar em *vontade nacional*; o totalitarismo referiu-se à *vontade do povo* ou à *vontade proletária*, conforme o sinal do totalitarismo; o voto, o chefe carismático, o partido, serão apresentados alternadamente como o processo idóneo de interpretar legitimamente essa vontade: mas é sempre do conceito de vontade geral de Rousseau que se partirá.

Entre os homens de 1789, muitos se afastaram das teses liberais e preferiram a orientação democrática, contrária ao elitismo. Alguns radicaram o seu pensamento em Morelly, que em 1755 publicara uma utopia comunista chamada *Le code de la Nature,* onde preconizava a total abolição da propriedade privada. Nele se inspirou Mably (1709-1785), que escreveu *De la législation* (1775), e *Des Droits et des devoirs du citoyen*, obra esta aparecida postumamente. Embora, ao enfrentar os problemas conjunturais do seu país, Mably se afastasse do comunismo de Morelly, considerando a nação política exclusivamente formada por «*les hommes qui possedent un héritage*», sustentou que o Rei não deveria ser um soberano. Daqui partiu a querela sobre a questão de saber se o Rei deveria ter um *direito absoluto de veto* sobre a legislação ou apenas um *veto suspensivo*. A questão foi discutida em 11 de Setembro de 1789 nas Constituintes, e os que apoiaram *o veto absoluto* juntaram-se à *direita* da presidência, enquanto que os outros se agruparam do lado *esquerdo*. Foi a primeira vez que o parlamento se dividiu em direita e esquerda. De então em diante a esquerda representou sempre o passo em frente para a democracia igualitária. Nesta linha se encontra Condorcet que, na Constituição Girondina de 1793, acrescentou aos direitos de 1789, os direitos à igualdade e à resistência à opressão. Esta Constituição não chegou a vigorar mas, quer na Constituição votada em 23 de Junho de 1793 (Montanha), quer no jacobinismo de Brissot, Laclos, Robespierre, Saint-Just, a influência de Rousseau é visível. É Robespierre quem afirma que só conta o «*verdadeiro povo»*, do qual exclui os camponeses hostis, os burgueses de Lyon, os aristocratas, os padres, os comerciantes açambarcadores e os suspeitos.

Esta linha de pensamento extrema-se com o Padre Jacques Roux, chamado *«o padre vermelho»*, para quem a liberdade era apenas um fantasma, sempre que uma classe de homens pode reduzir outra à fome impunemente. Karl Marx, na *Santa Família*, considera-o um antecessor do comunismo.

A morte de Robespierre (27 de Julho de 1794), no 9 do Termidor, marca o retorno ao espírito de Montesquieu, mas não o desaparecimento da corrente democratizante e antiliberal. O liberalismo foi: individualista; racionalista; contrário às religiões reveladas; contrário à liberdade de ensino, preferindo as Universidades estaduais às religiosas; contra o costume, a tradição e o privilégio; aceitou a monarquia constitucional e a separação de poderes; a relatividade das opiniões e a livre discussão; a legitimidade da propriedade, do lucro e do juro; os benefícios da livre concorrência nos mercados dos produtos, do trabalho e do dinheiro.

Por seu lado, a corrente democrática vai preferindo a República à Monarquia; na república, tende para o governo colegial; quer a soberania popular e não a soberania nacional; não distingue entre cidadania activa e cidadania passiva; no mecanismo do Estado, prefere a democracia directa a qualquer outra, embora as circunstâncias não o consintam; ao contrário de beneficiar a intervenção dos proprietários no exercício do poder, por serem os que têm condições de independência, manda pagar honorários aos parlamentares para evitar que as funções políticas sejam monopólio dos ricos; encurta a duração dos mandatos para que o povo intervenha com frequência no julgamento político dos seus eleitos; fomenta novas formas de campanha eleitoral, mais acessíveis às camadas populares, tais como as reuniões, os anúncios, os cartazes, os jornais de parede; muitas vezes evoluciona para *autoritária*, recorrendo ao cesarismo e à chefia carismática, e usando o sufrágio como uma forma directa de relação entre o povo e os responsáveis pela direcção política.

Esta democratização que, na tradição jacobina, vai definindo o que se entende por *povo* para fins de determinação da vontade popular, tem o seu ponto crítico com o aparecimento do proletariado – obra do liberalismo – e a formulação do marxismo como doutrina democrática proletária. Nesta orientação, o *«proletariado»* vai substituir o *«verdadeiro povo»* de que falava Robespierre; a *«nação»* de que falava Mably; os *cidadãos activos* de Sieyès. Estes proletários, não falando dos escravos que nem sequer tinham personalidade jurídica, são a primeira classe que trabalha sem ter instrumentos de trabalho que sejam seus. De quem descendem?

Em primeiro lugar, como nota Engels (*A classe trabalhadora na Inglaterra*) dos trabalhadores domiciliários, anteriores à introdução das máquinas. Um exemplo são as antigas famílias de trabalhadores das manufacturas, que fiavam e teciam no agregado familiar. Somavam a essa actividade a agricultura de um pedaço de terra, e uma qualidade de vida satisfatória e tranquila nos pequenos aglomerados. Isto não tinha comparação com as instituições penais, como as que existiam na Alemanha, e que no aspecto de organização física da vida lembravam já os futuros aglomerados industriais. Por outro lado, os mineiros viriam a confluir para a nova classe proletária. No século XVIII, Page Arnot descreve a condição do mineiro escocês dizendo que «*os mineiros e trabalhadores do metal eram a miúdo considerados como uma raça de selvagens, à parte do resto da sociedade*». Acresce a gente comum do *ancien régime*, isto é, criados, caseiros, camponeses, trabalhadores sem qualificação, e até os pobres e mendigos que faziam parte essencial de uma sociedade baseada na caridade e na misericórdia. Quando, em Janeiro de 1832, Blanqui foi julgado, parece ter lavrado a certidão do nascimento político do proletariado. O juiz perguntou-lhe pela profissão, e ele respondeu ser *proletário*. Ao comentário do juiz, dizendo que isso não era uma profissão, ele contestou: «*como não é uma profissão? É a profissão de trinta milhões de franceses que vivem do seu trabalho e não têm direitos políticos*». É a esta força política nascente que se dirige Engels ao escrever: «*dedico-vos uma obra na qual procurei pintar para os meus camaradas alemães um fiel retrato das vossas condições de vida, vossos pesares e lutas, vossas esperanças e perspectivas*».

O novo internacionalismo nascia. Não já o internacionalismo das casas reinantes, ou dos Estados organizados, mas sim das classes, dos estratos sociais, das actividades, das profissões de fé política, à margem e por cima dos Estados. O que este novo estrato social vem reclamar do liberalismo está expresso no diálogo que Dickens fez ter a Oliver Twist, na oficina, com o respectivo chefe. Os meninos trabalhadores costumavam receber a sua comida numa modesta malga, e dar-se por contentes com a ração. Oliver, inocente, terminando de beber a magra sopa e perante o espanto medroso de todos, avançou a tigela vazia e disse: «*quero mais*».

Esta exigência marca uma ruptura, no século XIX, das aspirações democráticas com a ordem liberal.

A democracia vai radicalizar todos os princípios do liberalismo. E, por causa da radicalização, modificar alguns. Assim, e em primeiro lugar, nega a distinção entre a cidadania activa e a cidadania passiva, reivindicando a universalidade do voto. Considera que todos estão aptos a exercê--lo. De facto, a reclamada universalidade vai mudando os contornos com o tempo: o feminismo, o racismo, o trabalhismo, o anticolonialismo, a menoridade abaixada, são tudo questões relacionadas com a evolução do conceito de universalidade do voto. Mas o princípio-guia democrático é que *sem sufrágio universal não há democracia.*

Por outro lado, a democracia substitui o conceito de *soberania nacional* pelo conceito de *soberania popular.* O sentido elitista da primeira, que apela para a continuidade institucional do Estado, referindo-se à sucessão das gerações, é afastado pela ideia de que a decisão pertence ao povo existente na data, em função das suas necessidades actuais. O povo de que falam os revolucionários de 1848, e que Lamennais e Michelet invocam, é o conjunto efectivo dos homens vivos, não é um conceito jurídico.

O exercício das liberdades não aparece ao democrata condicionado pela aquisição das qualidades indispensáveis para garantir o seu exercício razoável. As liberdades são para todos, e não para os que se habilitaram com a fortuna ou com os títulos académicos. As liberdades democráticas são concretas, não são abstractas. Não falarão em *liberdade de trabalho,* mas sim em *direito ao emprego efectivo.* Não reivindicam o *direito de adquirir a propriedade*, exigem *uma casa.* De tal modo que a democracia, marchando para o concreto, acabará por condicionar as liberdades, intervir no seu exercício e definição, e até por suprimi-las. Tudo porque o seu lema será não a igualdade jurídica, mas sim a igualdade social: falará em democratização do ensino, democratização dos rendimentos, planificação democrática.

4. Os novos estratos sociais

De facto, a evolução leva ao aparecimento de novos estratos sociais reivindicando a participação na pirâmide do poder. Em primeiro lugar a *revolução industrial* que substitui o músculo pela máquina. As modificações técnicas é que darão origem ao proletariado. Mas esta não foi a única consequência. Nasceu um patronato que não tem qualquer coincidência com os proprietários da Revolução. A oposição entre a cidade e o campo

O Euromundo 103

acentua-se, e assim este, ao mesmo tempo que perde força, continua tradicionalista, e aquela, crescendo em peso, vai dar origem à intervenção das correntes socialistas. De modo que a democracia vai hesitar entre uma direcção legalista apoiada pelas novas classes médias (professorado primário, quadros, empregados do colarinho branco, pequenos proprietários), e uma direcção revolucionária que fará apelo ao proletariado.

Tais correntes não são as opositoras directas do *ancien régime,* são as opositoras do *liberalismo* e das suas consequências. Está em causa a burguesia e o seu poder. A democracia legalista vai lutar pelo sufrágio universal, que será geralmente admitido apenas depois da guerra de 1914/1918. A universalidade do voto vem acompanhada da reivindicação da sua inteira liberdade, de maneira que o eleitor escape a qualquer controlo da administração pública, dos patrões, e da corrupção. Uma das condições importantes é a elegibilidade geral. Uma consequência imediata é a recusa de duas câmaras ou, então, a subordinação da Câmara Alta à Câmara Baixa. O pensamento democrático evolucionará mesmo no sentido de recusar o *parlamentarismo,* inclinando-se para a democracia directa. Esta, na sua expressão prática, traduz-se no exercício do poder por um governo autoritário, por vezes o chefe carismático, usando o sufrágio universal, e a relação directa com as camadas populares. É a sede do poder que está em causa, problema que será enunciado claramente pelo marxismo.

A universalidade do voto, com a sua lógica consequência de deslocar a sede do poder para o estrato social mais numeroso, teve como corolário natural uma política de extensão a todo o eleitorado das qualificações que o liberalismo exigia para a intervenção no processo político.

A mais relevante, era a instrução, que o liberalismo submetera ao esquema napoleónico dos três graus. Durante todo o século XIX, o ensino está em permanente debate. Os democratas insistem no ensino primário alargado, os liberais preocupam-se com o ensino lineal preparatório da entrada nas universidades elitistas. Por outro lado, as democratas procuram subtrair o ensino à influência do que chamam os inimigos da democracia, sobretudo da Igreja. São anticlericais, pelo menos.

Acrescente-se uma divergência liberal-democrática sobre a política da informação. Para os liberais, a informação era a liberdade de imprensa, e traduzia-se em jornais submetidos a condicionamentos destinados a assegurar certa qualidade. Os democratas tratam de abolir as restrições. O abaixamento do custo é uma política natural, assente no progresso técnico da impressão, na ajuda da publicidade, e no alargamento do mercado.

104 *A Comunidade Internacional em Mudança*

O dever militar é generalizado e tornado igual, de tal modo que o exército e a nação se aproximam, ao mesmo tempo que a carreira das armas é um processo de ascensão social.

Assim como a democracia legalista lutou pela extensão a todos os indivíduos da totalidade dos direitos individuais, dos direitos políticos, do ensino e da informação, criticando e radicalizando o liberalismo ao qual fez oposição: assim também as correntes socialistas virão a objectar, contra os democratas, que as realidades sociais não acompanham os princípios, e que o legalismo reformista não é sempre o melhor processo de tornar efectiva a igualdade. A teoria da violência vai inserir-se assim, aberrantemente, no ideário democrático, ressuscitando o testemunho do Cura Meslier. O despotismo esclarecido volta ao poder pela mão da ditadura do proletariado, com o fundamento de que os destinatários não estão informados e continuam condicionados pelos erros de julgamento herdados do passado. O poder revela-se de novo despido de preconceitos, tal como o tinha visto Maquiavel.

Tendencialmente, enquanto que o desviacionismo americano tende para preservar os critérios liberais do Governo, e o desviacionismo soviético impõe a democracia despótica, aquilo que resta da Europa parece aproximar-se da democracia legalista sob o nome de social-democracia.

§ 4.º
O PROCESSO DO RECUO

1. A Sociedade das Nações

A grande guerra de 1914/1918 foi uma verdadeira guerra civil do Ocidente. Mundial pelos efeitos e pelo teatro da guerra, de facto eram interesses ocidentais que estavam em causa. Demonstrou até que o anticolonialismo do século XIX tinha sido apenas um processo da descentralização do governo do mundo pelos ocidentais, tal como o Império Romano foi em certo momento dividido por imposição de uma logística do poder que augurava o declínio. As antigas colónias compareceram nos campos de batalha ao lado das suas antigas metrópoles. A experiência com a qual se pretendeu assegurar a perpétua paz universal teve expressão na Sociedade das Nações. Esta, de facto, foi uma instituição exclusivamente ocidental, orientada pelos critérios dos governantes do globo, sem qualquer audiência dos povos mudos do mundo.

A intervenção preponderante do Presidente Wilson, com os seus famosos 14 Pontos, não foi além do critério que também permitira ao liberalismo constitucional americano conviver com a *peculiar institution*, pudica maneira pela qual designavam a escravidão. Realmente, todos os Estados participantes da SDN eram dominados pela etnia branca ocidental, com a única e infeliz excepção da Etiópia, que todavia não se considerava um Estado negro, pelo menos no que respeitava à sua orgulhosa dinastia reinante, a qual se reclamava de descendente da Rainha de Sabá e do Rei Salomão. A novidade dos Domínios Britânicos, admitidos de pleno direito como membros da SDN, não acrescentava nada aos modelos estaduais latino-americanos bem anteriores, salvo a tentativa de manter entre eles um laço político representado pela coroa. Acontecia mesmo que a política de contactos raciais desses Domínios exibia mais traços do genocídio do que de ensaios de integração étnica. Todo o vasto território do Continente Americano e da Austrália dava testemunho dessa prática. A SDN, no que respeita ao convívio do Concerto Ocidental, o que procurou foi resolver o conflito entre as teses *francesa* e *americana* sobre a oposição política internacional; pelo que toca à preservação do Euromundo, ensaiou o esquema dos Protectorados, instituto devido à recomendação do Marechal Smuts, num pequeno folheto de 1918 chamado *A Practical Suggestion*.

A diferença entre a tese francesa e a tese americana é que a primeira imaginava a paz de 1918 como um sistema de garantia das suas próprias fronteiras, sobretudo contra a agressividade alemã; a segunda tinha em vista um sistema de segurança colectiva contra a agressão. Era o tema da guerra civil ocidental que estava em discussão.

A técnica dos *mandatos* destinava-se a tornar coerente o ideário da guerra, que incluía a afirmação de que nenhuma das potências vencedoras desejava ganhar territórios, com o facto de que as potências vencedoras não se dispensaram de ocupar as colónias dos vencidos. Surgiu assim a ideia da administração desses territórios por um dos Estados vencedores, no exercício de um mandato conferido pela comunidade internacional organizada na SDN. Marrocos, a Líbia, todo o Médio Ocidente, o Sudoeste Africano, ficaram em regime colonial sob este modelo, acrescendo assim aos protectorados e às colónias existentes. A independência futura era considerada para data indeterminada em que tais povos pudessem ser considerados habilitados a assumir as responsabilidades internacionais da soberania. A sua maioridade política dependia de um julgamento em que não intervinham.

O trabalho da SDN foi útil no domínio da cooperação internacional, designadamente do comércio, da luta contra as drogas, da regulamentação do trabalho, da definição da guerra injusta. Mas não resistiu a nenhum dos desafios importantes da sua curta vida, que disseram respeito aos interesses expansionistas dos Estados. A expansão japonesa para o território da China, tendo especialmente em vista a ocupação e domínio da Manchúria; a guerra contra a Etiópia desencadeada pela Itália; o revisionismo alemão, definitivamente destruíram a organização. Os EUA, que tinham sido responsáveis pela proposta da sua fundação devida a Wilson, mantiveram-se fora dela porque o Presidente não conseguiu vencer o isolacionismo do Congresso. A SDN, puramente ocidental, não conseguiu mesmo representar sequer a totalidade dos povos ligados a essa matriz.

Do ponto de vista da organização do Governo do mundo pelo Ocidente, o passo que a SDN consagra é o da *internacionalização do acesso aos mercados e às matérias-primas*, que já vinha da Conferência de Berlim de 1885. O modelo que ali fora usado para a *Bacia Convencional do Zaire* viria mais tarde a servir de inspiração para a política de autodeterminação de cunho ocidental. Tal política, invocando embora os direitos dos povos, o que aplica é a conclusão de que a melhor maneira de todas as potências industrializadas se assegurarem da igualdade do acesso aos mercados é que os territórios sejam independentes. A internacionalização da administração pelo instrumento dos mandatos, é uma primeira tentativa para chegar a esse resultado. Mas era um problema de ocidentais, não era um problema geral. Trata-se do Directório informal do mundo, e não da vontade dos povos submetidos. A repercussão que os casos da Etiópia e da Manchúria tiveram na solidariedade dos membros da SDN disse respeito às conveniências dessas potências e não aos interesses das populações nativas.

De resto, a crise final da SDN, que precedeu a guerra de 1939-1945, teve toda a sua definição limitada a um conflito de interesses ocidentais. A guerra seria mundial pelo cenário, mas a fonte estava apenas nesses interesses.

2. O anticolonialismo da guerra de 1939-1945

Porque a guerra foi primeiro uma confrontação de ocidentais, o seu anticolonialismo originário também não disse respeito aos referidos «*povos mudos do mundo*». Do que se tratou inicialmente foi de reprovar e combater o projecto nazi de transformar a Europa numa vasta colónia alemã, assente na hierarquia étnica dos povos, na divisão das suas funções, na exploração da mão-de-obra. A teoria racista da superioridade ariana era o eixo principal da ideologia alemã da época. Nesta pirâmide étnica não havia lugar para os judeus, destinados à total e final destruição. Ora, as potências da grande coligação democrática que se opuseram ao nazismo, todas estavam de acordo num anticolonialismo definido por oposição a este projecto. Inglaterra, França, os EUA e a URSS, todas coincidiam na condenação, e todas podiam, em tal sentido, proclamar-se anticolonialistas. Mas a coincidência terminou aí. Nem Inglaterra nem França tinham a intenção de abandonar os seus impérios ultramarinos, nem os EUA nem a URSS pretendiam renunciar à sua natureza de *Estados em movimento*, ou abandonar os territórios coloniais que detinham.

Acontece porém que só as duas últimas potências lograram manter as suas dependências coloniais fora do alargamento do anticolonialismo que o decurso da guerra foi determinando. Os EUA incorporaram o Hawai e o Alasca, mantiveram Porto Rico, e consolidaram e desenvolveram uma política de bases e apoios no ultramar; a URSS não abandonou nenhuma das suas vastas colónias da Ásia, não autonomizou os seus trinta milhões de muçulmanos, e também desenvolveu a sua política de expansão ultramarina, com apoio em bases e outras cooperações.

Pelo que respeita porém aos territórios que estavam sob autoridade das outras potências ocidentais, a atitude de ambas as superpotências já não foi igual. Ambas concordaram em estender-lhes os princípios do anticolonialismo. Os EUA agiam dentro da linha clássica de assegurar o livre acesso aos mercados e matérias-primas; a URSS decidiu-se pela utilização da teoria leninista. Segundo esta, as colónias devem ser tornadas independentes porque desse modo se enfraquece a burguesia metropolitana, facilitando assim o avanço comunista na sede; para tal efeito, até os movimentos coloniais burgueses devem ser apoiados, visto que dão origem a governos locais independentes mas fracos, também eles então fáceis de derrubar. As restantes potências ocidentais, que não tinham força para ter doutrina que pudessem impor, colaboraram no recuo por motivos exclusivamente decorrentes da sua conjuntura nacional. Em todas, o esgotamento psicológico e económico causado pela guerra, a revisão do conceito do dever militar, a alteração do conceito de Pátria, o conflito das gerações, definiram um quadro que encaminhou para a retirada das soberanias.

Todavia, a retirada não foi nunca a renúncia dos interesses possíveis, e daqui a importância das novas técnicas destinadas, nem sempre com êxito, a manter um certo predomínio nas antigas colónias, e que receberam o nome genérico de neocolonialismo. Trata-se de retirar os tambores e a bandeira, mas de continuar ou recomeçar com o banco, a empresa, a universidade. O poder financeiro, o poder industrial, o poder cultural, usados separada ou conjuntamente, podem satisfazer à necessidade de evitar uma retirada total, ou ao desejo de implementar uma nova política expansionista.

3. A ONU: quadro e meios de acção

A concorrência destas atitudes contribuiu, mais do que qualquer outro facto, para uma mudança fundamental do cenário internacional. É que a regra foi a de que não haveria mais povos mudos no mundo. Naturalmente, a questão básica de saber quando é que um povo está intitulado para exigir uma voz própria no concerto das nações dá lugar ao exercício abundante do maquiavelismo político, levado pelo jogo dos interesses a não ver nem reconhecer povos que entretanto vão sendo esmagados, e, por outro lado, a ver povos onde nunca existiu qualquer identidade. É assim que nenhum território sob soberania soviética teve acesso à independência; que povos como os Nagas da União Indiana foram dizimados sem protesto; que os Ibos foram vítimas de um verdadeiro genocídio; por outro lado, multiplicam-se os povos divididos por linhas geográficas ou de outra natureza, dando origem a duas Alemanhas, a duas Indochinas, a duas Coreias. Mas a regra foi aquela.

a) *A Carta das Nações Unidas*

A nova conjuntura encontrou na ONU o *forum* dos problemas que marcam a mudança. A sua Carta entrou em vigor no dia 24 de Outubro de 1945. Recebeu pequenas emendas posteriores, para aumentar o número de membros dos seus Conselho de Segurança e Conselho Económico e Social (1965) e para mais tarde duplicar o número dos membros deste último Conselho (1973).

As Nações Unidas nasceram sob o proclamado signo do universalismo e prestando homenagem a uma vocação democrática que superava a inspiração liberal da Sociedade das Nações. Mas foi também, no seu início, um instrumento dos vencedores, e muito concretamente das únicas duas grandes potências sobreviventes da guerra. Formalmente eram cinco as grandes potências que vieram a deter o direito de veto no Conselho de Segurança, mas, de facto, foi um privilégio dos EUA e da URSS. Os outros Estados foram também chamados grandes, apenas por cortesia.

A inspiração era ainda de um predomínio ocidental, e não há dúvida de que a sua composição inicial garantia o predomínio automático, nas votações da Assembleia Geral, do pensamento liderado pelos EUA. Resultava isto do facto de os povos mudos do mundo ainda não terem começado, nessa data, a receber as independências.

Acontecia porém que, no Capítulo XII da Carta, estava previsto e regulado o «*Regime internacional de tutela*» que representava o último passo da internacionalização do fenómeno colonial. Tratava-se agora da internacionalização do governo desses povos. O objectivo era «*favorecer o progresso político, económico e social das populações dos territórios sob tutela, assim como o desenvolvimento da sua instrução; favorecer igualmente a sua evolução progressiva para a capacidade de se administrarem por si próprios ou para a independência, tendo em conta as condições particulares de cada território e das suas populações, as aspirações livremente expressas pelas populações interessadas e as disposições que possam estar previstas em cada acordo de tutela*» (Artigo 76, alínea b). Era a doutrina do anticolonialismo acolhido no texto legal. No artigo 77 estabelecia-se que entrariam no regime de tutela apenas os territórios antes colocados sob mandato da SDN extinta, os territórios separados dos Estados inimigos vencidos na segunda guerra mundial, e finalmente os territórios colocados no regime de tutela por decisão dos Estados responsáveis pela sua administração.

b) *O anticolonialismo actuante*

Nestes preceitos afloravam todas as contradições dos programas da guerra, determinados estes pelo interesse maior de vencer o adversário fas-

A Comunidade Internacional em Mudança

cista. Em primeiro lugar, a referência é sempre feita a *territórios* e não apenas a *povos*, um ponto que exige meditação. De facto, a quadrícula do mundo organizado pelo Ocidente teve as suas linhas de fronteira determinadas pelo acordo das potências e não pela vontade dos povos. Deste modo, sobretudo na África, as populações culturalmente homogéneas viram-se divididas entre soberanias diferentes, assim como grupos sem qualquer afinidade se viram enquadrados na mesma definição territorial. O Congo, Angola, Rodésia, Moçambique, foram a expressão política de uma soberania exterior, não foram o reconhecimento de uma unidade preexistente. Deste modo, a Carta da ONU, ao mesmo tempo que preconizava a *autodeterminação*, que só pode dizer respeito aos povos, amarrava os povos à definição colonial do território. Grande parte da violência interior desses territórios, depois da autodeterminação, resultou desse facto. Grupos locais assumiram automaticamente o poder, substituindo o colonizador dentro de um território arbitrariamente definido e tratando todos os outros grupos como minorias. Desde o Sueste asiático à África, esta situação é frequente e dramática.

Por outro lado, o critério da identificação dos territórios destinados à autodeterminação era duplo: entraram na categoria os antigos *mandatos* da SDN, e os que fossem separados dos *Estados inimigos* em consequência da segunda guerra mundial; os vencedores só voluntariamente indicariam territórios seus destinados à autodeterminação. Como sempre, o princípio valorativo era ilimitado na sua aplicação pela tradição maquiavélica. Acontecendo que, de entre os Estados vencedores, só os EUA e a URSS eram realmente grandes potências, a regra da voluntariedade ficou praticamente restrita aos seus territórios coloniais. E, de facto, só esses Estados viram inteiramente preservados os seus domínios coloniais, nenhum dos quais foi objecto de autodeterminação durante a vigência já longa da Carta da ONU.

Um corolário deste pragmatismo foi a instituição das *zonas estratégicas* (artigos 81 e 82), em relação às quais as funções do Conselho de Tutela são exercidas pelo Conselho de Segurança, sendo este inteiramente dominado pelas duas superpotências.

c) *A alternativa da ONU*

Ao longo dos anos, tornou-se claro que a ONU era obrigada a hesitar entre duas orientações. Para muitos Estados ela era concebida como um *forum* de debate e conciliação, no qual os interesses e ideologias se encaminhariam para definir uma plataforma de coexistência e cooperação. O Secretariado representaria os interesses em presença e não seria uma autoridade internacional independente. Esta orientação era a mais conservadora e tradicionalista, baseando-se na longa prática passada. Respeitava o conceito do Estado soberano que se caracteriza pelo direito de fazer a guerra e que só por acordo renuncia a ele.

Outros Estados viam na ONU, além de um foram de convergência, um instrumento supranacional para a execução de tarefas de interesse comum. A personalização do Secretariado era uma consequência directa desta posição. Em vez de prestar homenagem às práticas do passado, apontava antes às exigências da interdependência moderna, cada vez requerendo com maior urgência acções intergovernamentais.

De facto, na data da fundação da ONU, o domínio da organização era das potências filiadas no Directório do Euromundo e o predomínio era dos EUA com o seu grupo, no qual avultavam as repúblicas do continente americano. Estas, pelo seu número e disciplina, determinariam sempre o sentido do voto. O número de países soberanos envolvidos não excedia muito a meia centena, a euforia da vitória fazia acreditar no apaziguamento ideológico, a evolução pacífica do sistema mundial do governo afigurava-se possível. A segurança que os EUA pareciam sentir teve reflexo no facto de o Presidente Roosevelt ter concordado em dar à URSS três votos na Assembleia Geral, visto ter consentido na personalidade internacional, para fins da ONU, da Bielorrússia e da Ucrânia. Fortes da sua experiência nacional, anteviam um mundo de independências novas subordinadas ao direito internacional antigo, tal como tinha acontecido com as independências do continente americano.

Todo este personalismo não impediu que na Carta ficasse bem vincado o realismo imposto pela tradição maquiavélica que vê no poder o fenómeno permanente da política. A sua manifestação mais importante está no número 3 do artigo 27 da Carta, no qual se estabelece que as decisões de fundo do Conselho de Segurança serão tomadas pelo voto afirmativo de nove dos seus membros, desde que entre eles se encontre o voto de todos e cada um dos membros permanentes do Conselho. Como os membros permanentes do Conselho são os chamados cinco grandes (EUA, URSS, França, Inglaterra, China), é aqui que se encontra o famoso *direito de veto*. Realmente, basta o voto negativo de qualquer dos cinco grandes para que uma resolução não possa ser adoptada. Tudo significa que o princípio do Directório, agora mundial, não foi abandonado, e que uma distinção aristocrática entre os países do mundo não deixou de estar presente. A consideração realista que orientou a aceitação deste sistema foi a de que uma grande potência não aceitaria nunca imposições em matérias que considerasse abrangidas pelo seu interesse essencial.

A evolução do mundo e da ONU escapou inteiramente às previsões que estes preceitos deixam antever. O instrumento principal da linha efectivamente seguida foi, na ONU, a famosa *IV Comissão* que se ocupava da descolonização. Com uma audácia e um dinamismo sem precedentes, transformou completamente o sentido da Carta. Começando por impor, implícita e explicitamente, o entendimento de que as regras da Carta são *guiding principles* de natureza política e não regras jurídicas obrigatórias. Ao contrário de aceitar que a ONU, pelo Conselho de Tutela, tinha o dever de, em relação às populações interessadas, «*desenvolver a sua capacidade de se administrarem por si próprias*» (Artigo 73, alínea *b*), sustentou e praticou que lhe pertencia identificar e extinguir todas as relações de dependência colonial. As populações foram sempre consideradas habilitadas a reger-se com independência, ao contrário do princípio que sempre dominou a SDN e que inspirou originalmente a Carta. A regra, antes, era a da necessidade de estar garantida a capacidade efectiva de observar o direito internacional. A IV Comissão preferiu pôr em causa o próprio direito internacional, que considerou uma imposição não aceitável pelos novos Estados que não tinham participado na sua formulação. Realmente, considerou o direito internacional como um direito de classe, ou imposto pelas nações ricas do mundo.

Ao longo dos anos, o critério de identificação das *situações coloniais* foi variando, recorrendo-se quer à localização do Governo em continente diferente com o mar de permeio, quer à distinção étnica, mas sem nunca se ter entendido que qualquer território ou zona sob dependência soviética ou americana estava em regime colonial.

De todos os casos que a ONU enfrentou, o mais paradigmático e importante foi o português. Era o critério do mar que, formalmente, estava em causa. Não se tratava do último império colonial, mas sim do último império ultramarino. O critério étnico funcionava subsidiariamente, acompanhando o que ainda está a acontecer com poderes regionalizados, designadamente a Rodésia e a África do Sul. Durante os dez anos que se seguiram à fundação da ONU, Portugal esperou, na companhia de muitos outros países, que a ONU se decidisse a admiti-lo como membro, tudo consequência da política de equilíbrio de votos na Assembleia Geral que as grandes potências já seguiam.

Quando finalmente foi admitido, a sua estrutura constitucional não foi questionada. Ora, segundo a definição da Constituição de 1933, o princípio da unidade política significava que Portugal recusava autodeterminar para a independência qualquer dos seus territórios, e entendia que a autodeterminação tem mais de uma opção, por exemplo a confederação, a federação ou a fusão. Na referida IV Comissão iniciou-se a doutrina de que os Estados com colónias eram obrigados a informar o Secretário-Geral da ONU sobre a situação dos territórios, e a conduzir estes para a independência sob os auspícios e procedimentos da ONU. O governo português respondia a isto que, nos termos do artigo 2 (7) da Carta, não podia a ONU intervir em problemas de jurisdição interna, e que a estrutura constitucional portuguesa tinha esse carácter reservado. O conflito jurídico era este, e convém não o confundir com o problema político mundial em que se inseria.

Acontece que, nos termos do artigo 18 (2) da Carta, «*as decisões da Assembleia Geral sobre as questões importantes são tomadas por maioria de dois terços dos membros presentes e votantes*». Este preceito esteve no centro da evolução da doutrina da Assembleia Geral sobre a alternativa da ONU que ficou referida. Durante vários anos, até 1961, o domínio da Assembleia Geral pelas potências ocidentais permitiu sempre o uso dessa regra bloqueante dos dois terços contra todas as iniciativas destinadas a condenar a atitude portuguesa. Nesse ano, dá-se a perda do domínio parlamentar da Assembleia pelos ocidentais, e também nessa data começaram os conflitos armados nos territórios ultramarinos portugueses.

Como se deu tal perda do domínio parlamentar da organização pelos ocidentais? Na filosofia que pareceu originariamente estabelecida na Carta da ONU, cada Estado-membro dispunha de um voto na Assembleia Geral, e era suposto que o usaria de acordo com a sua convicção sobre o mérito da questão que estivesse proposta para o voto. De facto, os países agruparam-se segundo *critérios geográficos ou ideológicos*, e os votos passaram a ser dados em função das conveniências de cada grupo. Os europeus ocidentais, a URSS e satélites, os sul-americanos, eram geralmente identificáveis em bloco nas várias tendências das votações. À medida que o peso dos grupos respectivos se fazia sentir, assim também se dava uma nítida evolução na enumeração das questões consideradas de jurisdição interna, ou internacionalmente relevantes, ou internacionais. Sempre com crescente empobrecimento da primeira categoria em favor das restantes.

Foram dois os grupos que desempenharam a mais importante função nessa evolução: o *grupo soviético* e o que viria a chamar-se *grupo neutralista*. Este último foi abrangendo a maior parte dos Estados chegados à independência por acção da própria ONU, e encontrou apoio táctico, quando não ideológico, no grupo socialista liderado pela URSS. Deste modo, a sociedade internacional veio também a transformar-se, como as sociedades internas dos Estados, numa comunidade em revisão, mais contestadora do que conservadora, em processo acelerado de mudança. As soberanias ocidentais regressaram às origens, não sem dramas brutais de readaptação, como aconteceu França na sequência das derrotas da Indochina e da retirada da Argélia, e está a acontecer em Portugal.

A Assembleia Geral das Nações Unidas foi o ponto de convergência de todas as orientações que combateram o Euromundo liberal. E isto é assim quer no que respeita ao expansionismo das grandes potências em movimento que são a URSS e os EUA, quer também no que se liga com a doutrina que genericamente podemos chamar democrática, sem ignorar os muitos equívocos que esta expressão cobre. Mas o certo parece ser que, ao mesmo tempo que o anticolonialismo americano orientado pelo modelo da Bacia Convencional do Zaire, e o anticolonialismo soviético guiado pelo modelo dos satélites, levavam à multiplicação das vozes presentes na Assembleia Geral, esta via desenvolver-se uma doutrina original que veio a ter a melhor expressão no *neutralismo*.

As raízes desta orientação podem também encontrar-se na Revolução Francesa, em cujo processo não faltaram defensores de uma maior ênfase posta na *igualdade* em detrimento da *liberdade* cara ao elitismo liberal. Este último, como já vimos, pôde coexistir nos EUA com a chamada *peculiar institution* e, em todo o mundo, com a escravidão, o tráfego de escravos, e a servidão mantida na Rússia até à Revolução de 1917. Os apelos ao levantamento popular, desde o Testamento do Cura Meslier de 1730, assinalam uma linha de pensamento incompatível com tal elitismo. Durante a Revolução Francesa, o incidente mais significativo foi o da chamada Conspiração dos Iguais, dirigida por Babeuf e que conhecemos em detalhe mercê do manifesto de Marechal. Era já um comunismo de Estado que se preconizava, ultrapassando a atitude utopista que também teve representantes importantes.

Esta orientação, como vimos antes, havia de vir a lutar por modificações progressivas do regime constitucional liberal, e a criar práticas de luta política originais em relação à tradição liberal. Assim, apareceu primeiro como uma espécie de radicalização dos princípios que o liberalismo aceitara, antes de chegar às fórmulas claramente revolucionárias dos nossos dias. Designadamente, ao contrário de aceitar uma monarquia moderada, a democratização inclina-se para o republicanismo, acrescentando a limitação do mandato e a escolha popular à já antes aceite limitação da função. Repudiou a distinção entre a cidadania activa e a cidadania passiva, e desenvolveu por isso uma série de movimentos de luta pela participação no processo político, entre os quais podemos destacar o sindicalismo, o feminismo, o anticolonialismo, a antecipação da maioridade. O princípio da *vontade nacional* também é posto em causa, visto que a democratização se inclina para o diferente princípio da *vontade popular*. Enquanto que o primeiro, o da vontade nacional, procura ter em conta a natureza institucional dos países, e portanto os interesses históricos permanentes, o segundo princípio, o da vontade popular, procura atender aos interesses da população viva. Na lógica desta atitude, a democratização implica uma maior frequência da consulta ao eleitorado que constantemente muda de composição, inclina-se para a pequena duração dos mandatos e alarga o corpo eleitoral. Até o procedimento de formação e divulgação das ideias sofre modificações. Já não se trata da serenidade das Academias transposta para as Câmaras políticas. São os comícios que avultam. A imprensa não se caracteriza pelo artigo de fundo lapidar: o panfleto, o jornal de parede, tomam um lugar importante. Finalmente, sempre que os valores liberais entram em conflito com a igualdade, são aqueles os sacrificados. Critérios como os que afirmam que a *maioria política* é diferente da *maioria dos votos*, ou que sustentam a função pioneira de certos partidos ou grupos étnicos, encaminham no sentido de substituir o sistema liberal do *Estado de Direito* por *sistemas monistas*.

Na importação de modelos ocidentais pelos povos mudos do mundo, também entraram em competição todas as tradições políticas do Ocidente. O anticolonialismo do século XIX foi eminentemente liberal e elitista na sua formulação política, cobrindo principalmente o continente americano. Mas no anticolonialismo do século XX, que disse principalmente respeito à África e ao Oriente, já as duas linhas da *vontade nacional* e da *vontade popular* entraram em conflito. A primeira, que inspirou certos movimentos de reacção antiliberal europeus, teve os seus representantes e adeptos no anticolonialismo que, antes da guerra de 1939-1945, apelou para as tradições locais dos povos submetidos. Foi o caso de Gandhi e de Mohamed V de Marrocos. Os condutores revolucionários vinham das universidades europeias, tinham a mesma formação intelectual das elites dos colonizadores, ambicionavam a independência política e os modelos capitalistas do desenvolvimento.

Depois da guerra de 1939-1945, o panorama já é diferente. Os condutores do anticolonialismo recrutam-se nas fileiras do exército, no sindicalismo, nas bancadas de trabalho. São fundamentalmente socialistas, e por isso pretendem a independência política mais a revolução interna. Nesta evolução, os dois principais anticolonialismos ocidentais concorrentes, que são o americanismo e o sovietismo, mostraram a vantagem do segundo. Podem adiantar-se muitas explicações para tal facto, mas algumas das razões são talvez as seguintes: a URSS mostra aos novos países o exemplo de uma economia agrária capaz de chegar ao desenvolvimento por auto-sustentação; a URSS nunca exerceu o poder político naquelas áreas, e portanto não sofreu o desgaste inerente a tal exercício; a distinção, e as práticas inerentes, entre colonizadores e colonizados, é facilmente reconduzível pela propaganda política à distinção entre capitalistas e proletários. Outros motivos poderão ser alinhados, mas estes pesam certamente no processo.

CAPÍTULO II
A Teoria da Autodeterminação

§ 1.°
O PRIMADO DOS FACTORES POLÍTICOS

1. Competição ideológica

Não durou muitos anos a ilusão de que o fim da última guerra mundial tinha marcado o início de um apaziguamento ideológico e internacional. Este último, com hipotética expressão nos grandes textos da ONU. O apaziguamento interno demonstrando-se, segundo diziam, na manutenção da camaradagem do tempo de guerra entre os resistentes de todos os partidos, e alcançando expressão visível nos governos de coligação e nas plataformas de acção para enfrentar os problemas urgentes da reconstrução. Os que tinham combatido o inimigo comum, continuariam a marchar juntos. Falou-se na morte das ideologias. Homens que conseguiram ser governo, declaravam ultrapassada a distinção entre as direitas e as esquerdas. A tecnocracia pareceu um abrigo contra as incertezas das opções políticas, e a eficácia foi doutrinada como um valor de substituição para todos os valores sociais.

Alguns factores da unidade convergente do mundo, contribuíram para acreditar a tese da unanimidade das concepções dos modelos. Contam-se, entre tais factores, o desenvolvimento dos transportes; a circunstâncias de a imagem, como instrumento de comunicação intelectual, ter superado as diferenças das línguas e até o analfabetismo; a uniformização dos padrões de vida quotidiana, com exemplificação na igualdade dos espectáculos, da música, da comida, do vestuário, da habitação; a planetização dos processos técnicos. A tese continua a ter adeptos, entre eles

Fernández de la Mora. Por um lado, evidenciam que, não obstante diferentes formulações, em toda a parte os Estados adoptaram o) e o bem-estar como objectivos fundamentais. Por isso, enquanto que nas democracias estabilizadas se acentua a tendência para a planificação e para a centralização, nas democracias populares cresce a descentralização. A unidade tecnológica aproxima as mentalidades e os processos. Estas conclusões de Linneman (*Convergence of Economic Systems in East and West*, 1967), não estão em conflito com a tese de Galbraith de que a *mature corporation* é o fenómeno específico do *Estado Industrial* (*The New Industrial State*, 1967), caracterizado pela grande dimensão, e pelo facto de ser guiado por uma *tecno-estrutura*, composta dos profissionais qualificados.

Tudo porém não parece mais do que um prolongamento optimista do impressionismo da vitória. Muito rapidamente se multiplicaram os conflitos internos e internacionais a demonstrar que a morte das ideologias era apenas um fenómeno de desactualização. O mundo tinha evoluído. As respostas políticas anteriores à guerra estavam em geral ultrapassadas. Os problemas eram novos e por isso requeriam novos alinhamentos. Puderam subsistir algumas etiquetas amigas. Mas quando a manutenção da palavra não foi acompanhada da mudança de sentido e de conteúdo, as doutrinas ficaram inúteis. Como inútil foi o procedimento inverso de mudar apenas as etiquetas. Os regimes, quando não os países, encontraram-se sem correspondência com o novo mundo. Foi o drama da semântica na política, certamente com antecedentes no passado, mas nunca tão grave. A democracia, o nacionalismo, os Direitos do Homem, a soberania, jamais tiveram tantos sentidos possíveis. O apaziguamento rapidamente se demonstrou puramente verbal. As resoluções votadas por unanimidade nas mais altas instâncias internacionais exprimem apenas a convergência na redacção. Mas não no sentido. Por isso, o grande ideal da paz não é o da improvável e desumana uniformidade, vocação dos totalitarismos. O ideal é o do pluralismo assente na regra de que os homens e os grupos têm o direito de ser diferentes e tratados como iguais. A convergência doutrinada por Teilhard de Chardin: «*Plus confusément, mais tous sans exception, je les évoque, ceux dont la troupe anonyme forme la masse innombrable des vivants: ceux qui m'entourent et me supportent sans que je les connaisse; ceux qui viennent et ceux qui s'en vont; ceux-la surtout qui, dans la vérité ou à travers l'erreur à leur bureau, à leur laboratoire ou à l'usine, croient au progrès des Choses et poursui-*

vent passionnément aujourd'hui la lumière[6]. Mas a regra do pluralismo não conseguiu transformar-se num valor enraizado no mundo, nem encontrou uma metodologia política. A violência continuou a ser um processo habitual de arbitragem. A herança personalista não conseguiu eliminar a herança maquiavélica. A paz geral que é pregada tem como pressuposto frequente a eliminação dos contrários.

Quando se medita sobre o papel da violência na nossa época não pode deixar de recordar-se o Cura Meslier, morto pela greve de fome em 1730. Isto porque ele representa talvez o ponto de passagem entre a violência poética do passado, e a violência pragmática de agora. A mudança de atitude é de significado excepcional. Quando os camponeses medievais se revoltavam, a sua explosão era simplesmente poética, como poético teria de ser muito do anarquismo actuante. Poéticas no sentido de que tais violências representavam um supremo gesto de enfado com este vale de lágrimas que é a terra, sem nenhuma intenção de ocupar o poder, derrubar o Estado e reformar a sociedade. Eram apenas maneiras sangrentas de exprimir que tinham atingido os limites da paciência em face dos desafios do mundo. O mundo todavia lá ficava, estruturado como antes, justo ou injusto, mas predestinado e aceite. O Cura Meslier deu um sentido à violência, tirou-lhe o desinteresse poético, pressentiu-a como um instrumento possível de acção sobre o mundo. A violência deixou de ser apenas uma maneira de exprimir certa opinião desesperada em relação ao mundo; passou a ser um processo de tentar modificar o próprio mundo desesperante. A síntese da sua experiência confiou-a ao testamento que deixou. Dizia haver já tempo demais que *«os ricos e os grandes da terra pilham e oprimem os pobres povos»*. Que fazer para modificar esta situação? Testaria ele que seria necessário *«derrubar os tronos e dominações»*. Antecipando modos de dizer que o leninismo vulgarizou, proclamava: *«a vossa salvação está entre as vossas mãos, a vossa libertação não dependerá senão de vós, no caso de serdes capazes de vos pôr de acordo»*. A experiência da revolução de 1789, na qual a violência se foi estruturando e sistematizando empiricamente ao sabor das circunstâncias e necessidades, francamente usada no sentido de agir sobre o mundo e não apenas de protestar contra o mundo, serviu de modelo para a meditação e racionalização do uso da força. Uma meditação em que se destacam Babeuf e Blanqui. O primeiro, segundo o *Manifesto* da frustrada *Conspiração dos Iguais*, devido à pena

---

[6] Pierre Teilhard de Chardin, *La Messe sur le Monde*, Paris, 1965.

de Sylon Marechal, já traça um caminho para a acção revolucionária eficaz. Uma formulação que parece desenvolver-se no sentido de envolver a violência num despotismo esclarecido. Assim como o déspota esclarecido proclama governar para o povo sem o povo, assim Augusto Blanqui (1805-1881) doutrinou a substituição da revolta das massas pelo recurso às minorias conscientes, agindo estas pela violência a favor das massas. Daqui, a lógica do passo dado no sentido de aconselhar a ditadura permanente das minorias; o conselho de destruir ou sanear os elementos dirigentes do aparelho do Estado, designadamente do exército, da magistratura, da burocracia e da Igreja; a militarização do aparelho do poder revolucionário. Uma verdadeira antecipação do leninismo, e, ainda hoje, uma referência indispensável para interpretar a evolução do fenómeno colonial.

A indicação do blanquismo, como um ponto de partida para entender a problemática actual da violência, não significa que não se atribua a devida importância à estratégia e à táctica leninistas, e, necessariamente, a todas as formulações da luta subversiva para as regiões tropicais e subtropicais. Ao contrário, a prática e a teorização de Giap, Che Guevara ou Mao, pertencem à mesma família de pensamento, e todos afirmam o primado do político sobre o económico. O que se pretende sublinhar é que a evolução da técnica da revolta e, sobretudo, da conjuntura colonial, demonstrou mais uma vez que o *voluntarismo político* tem sido dominante em relação ao *determinismo socioeconómico*. Esta é uma hipótese de trabalho que se deve considerar válida para o entendimento da própria Revolução Soviética, que passou por cima do condicionalismo socioeconómico desfavorável de uma Rússia então predominantemente agrária e feudal. A decisão política do leninismo foi a de queimar as etapas do capitalismo e da democracia burguesa. De igual modo, o voluntarismo político, que aceita o desafio de um condicionalismo socioeconómico adverso, é o traço dominante da conjuntura política do mundo tropical e subtropical. Um voluntarismo político que parte da internacionalização contemporânea de todos os fenómenos do poder. Mas sempre um movimento que tem o seu motor em pequenas elites portadoras de um projecto de vida muito discordante dos modelos tradicionais das sociedades em que actuam. Tudo parece encaminhar no sentido de adoptar aquele saudável pessimismo dos analistas que James Burnham chamou maquiavélicos. Grupos de observadores e comentadores da autonomia do factor político no qual sem esforço se incluem Vilfredo Pareto, Gaetano Mosca, Roberto Michels, e até

Georges Sorel. Nesta linha, comentou Raymond Aron que «*a teoria maquiavélica lembra oportunamente que o poder político é exercido, em toda a parte e sempre, por uma minoria e que o* poder político *conta tanto como o poder económico. Os marxistas detestam esta teoria, porque ela se aplica mal às sociedades ocidentais, mas aplica-se admiravelmente bem à sociedade soviética*»[7].

Ora, o primado do político foi acompanhado, e só aparentemente de forma contraditória, pela *massificação* das inquietações e dos projectos políticos. Isto porque é a partir da politização das massas que se organiza e desenvolve essa energia autónoma que as minorias revolucionárias utilizam para superar os condicionalismos adversos. Uma energia que as tendências chamam de muitas maneiras: *vontade geral*, *vontade colectiva*, *vontade popular*. Uma energia à qual as minorias activas dão sentido.

2. A segunda geração da revolta

O primado do factor político foi apenas uma das experiências e demonstrações que o Ocidente transplantou para o mundo que organizou e dominou até ao fim da guerra de 1939-45. Este domínio tinha ficado completo e institucionalizado na Conferência de Berlim de 1885. O mundo estava transformado numa *zona de confluência* de poderes ocidentais. Era um Euromundo. O direito processual estabelecido foi o da ocupação das terras colonizáveis pelas soberanias ocidentais. Estas não conseguiram eliminar a guerra civil em que tradicionalmente viveram sempre e, por isso, de então em diante as guerras foram mundiais. Mas esta foi apenas a dimensão do teatro das guerras, porque tais guerras foram exclusivamente ocidentais pelos interesses em jogo e pela origem. Por isso, entre outros motivos, a revolta colonial identificou o Ocidente como o grande agressor dos tempos modernos. Homens de filiação cultural tão diversa como Arnold Toynbee e Pannikar sustentaram que não foi o Ocidente que foi atacado pelo Mundo, mas, ao contrário, foi o Mundo que sofreu a agressão do Ocidente. Não é uma lei geral válida, mas pode aceitar-se como lei da conjuntura de então. O poder do mundo estava de facto concentrado nas mãos de homens brancos, cristãos, liberais, capitalistas. Na imagem colhida pelos povos submetidos, o poder político era portanto

---

[7] Raymond Aron, *La lutte de classes*, Paris, 1964.

expressão de um engenho de brancos, levando para toda a parte a imposição do horário, do relógio, do trabalho racionalizado, da produtividade, da importância do dinheiro e do lucro. O poder político apareceu-lhes como a propriedade de homens que, além de uma etnia e de um estilo de vida diferentes das suas, exibem também um diferente nível de vida. Eram ricos. Morriam menos. Eram brancos.

Estes donos do poder do mundo não estiveram desprovidos de uma concepção ideológica, cujo acento tónico variava de colocação conforme o Estado em causa ou a época em que se inseria. Foi corrente tentar reduzir a interpretação da expansão colonial a uma determinação económica, negando o primado do factor político. O marxismo não pode ensaiar outro ponto de vista teórico, mas não foram apenas marxistas que adoptaram o critério. E todavia é claramente uma chave insuficiente para o entendimento da transformação da terra num Euromundo. E também parece um critério incapaz de explicar a reacção do Mundo contra a europeização da terra. Mais acertado se afigura o anónimo marinheiro de Vasco da Gama que, segundo o *Roteiro*, explicou que os portugueses tinham ido à Índia em busca de cristãos e pimenta. É uma síntese aceitável da motivação do poder político, nem só ocupado do céu, nem só ocupado da terra. Função de homens que são filhos do céu e da terra. Servindo uma pluralidade de finalidades, e usando a força. São precisamente as reacções em cadeia contra esse domínio ocidental as que melhor demonstram a insuficiência do critério económico para interpretar e explicar a evolução da conjuntura colonial. Porque tal reacção tem o acento tónico em critérios étnicos, em concepções morais, em formulações de justiça. Não é por critérios predominantemente económicos que se explicam e entendem, a liderança de Gandhi, à guerra do povo da Indochina, a resistência do povo da Coreia, a revolta dos húngaros, o drama dos checoslovacos, a experiência chinesa. Pelo contrário, um voluntarismo político que procura ultrapassar o desafio de uma adversa situação socioeconómica é a variável dominante que se encontra na maior parte dos países e movimentos do terceiro mundo. São pequeninas elites modernizantes, da *segunda geração da revolta*, que procuram as independências e a revolução interna. A *primeira geração da revolta,* que se extinguiu também com a última grande guerra, foi tradicionalista, procurando uma língua, uma história, uma cultura popular originais. Tal geração passara algumas vezes pelas universidades do ocidente, aceitara delas conceitos e categorias sociais e políticas, mas tentou dar-lhes um conteúdo regional. A nova geração acrescentou a revolução à revolta, e os seus membros recrutam-se principalmente na experiência sindical, na bancada de trabalho, nos quadros inferiores do exército, inspiraram-se na doutrinação socialista ou leninista, mais nesta do que naquela. Como notou Jean-Yves Calvez, referindo-se aos países em via de desenvolvimento, «*o factor político foi geralmente o factor mais dinâmico da história recente destes países, incluindo o factor mais dinâmico da sua evolução económica*». De resto, não são apenas os países em via de desenvolvimento que estão a demonstrar a importância primária e autónoma do factor político. A contraprova encontra-se na resistência do factor político às mudanças inspiradas pela evolução das estruturas económicas. De facto, assim como o leninismo foi uma superação política de uma conjuntura socioeconómica adversa, assim também o sovietismo actual, por decisão política, resiste com êxito à marcha para uma sociedade liberalizada e de consumo que estaria mais de acordo com seu estado económico. Ao contrário, a decisão soviética inclina-se no sentido de uma política de intervenção planetária, refreando a liberação interna ou o abrandamento da subordinação política dos outros povos e Estados incluídos no sistema.

Ora, a primeira variável política que condicionou o movimento dos *povos mudos* do mundo no sentido das independências, foi o ponto final que a última grande guerra colocou no sistema do Euromundo. Debruçado já sobre o processo do declínio; Spengler tinha escrito que «*no sentido supremo, a política é a vida e a vida é a política*». Esta vontade de assumir a direcção política do mundo foi transferida para novos centros fora da Europa, os quais; olhando para dentro desta, se aliaram a novos estratos sociais, outrora não participantes.

A paz foi, como sempre, ditada pelos vencedores. E os vencedores militares foram apenas dois, os EUA e a URSS. A qualificação de grande potência atribuída aos outros três países que vieram a ter assento no Conselho de Segurança da ONU foi pura cortesia. De facto não estavam em condições de ditar, impor ou negociar qualquer modificação. Por outro lado, os princípios gerais a que ficou submetida a reorganização do globo não tinham carácter jurídico, eram uma plataforma de entendimento entre os grandes. A responsabilidade política planetária, que pela primeira vez assumiam e partilhavam, constituía o facto novo que condicionaria o desenvolvimento de uma nova organização do mundo colonizado.

Era objecto de convenção e acordo saber que colonização e que mundo estariam em causa. Porque não eram todas as formas de domínio, nem eram todas regiões do mundo, que ficariam abrangidas pelo esquema da descolonização em que os grandes assentaram. *O anticolonialismo era um conceito operacional, não era um valor intemporal.* As formas de domínio não eram todas excluídas nem todas condenadas. Os povos submetidos a um poder não partilhado não eram todos prometidos à independência, seja qual for o sentido deste conceito. As regiões em vista estavam concretamente identificadas, e os povos excluídos ficavam também definidos. O Euromundo terminaria com uma definição política do globo feita pelos dois *desviacionismos ocidentais.*

O primeiro era o *americanismo,* expressão da descentralização política do Ocidente em que de facto se traduziu o anticolonialismo do século XIX. Puro fenómeno de organização interior dos povos que na Europa tinham a sua matriz, sem nada de semelhante como o anticolonialismo agora em curso, salvo que também são apenas soberanias europeias as que estão envolvidas no processo.

O segundo desviacionismo ocidental é o *sovietismo,* expressão das divergências ideológicas internas da mesma área, mas sempre com preservação da matriz comum que está hoje servindo de novo a aproximação dos dois tipos de sociedade. Mas não necessariamente os dois tipos de vida política. Ambas as sociedades bases destes desviacionismos políticos ocidentais se aproximam assim da sua matriz originária, do modelo que Aron chamou *sociedades industriais.* Como escreveu, «*as sociedades soviéticas e capitalistas não são mais do que duas espécies de um mesmo género ou duas modalidades do mesmo tipo social,* a sociedade industrial progressiva». Por outro lado, ambos os desviacionismos soviético e americano se dão conta de que os países desenvolvidos constituem uma verdadeira *classe* de nações dominantes, e que as outras são verdadeiras nações proletárias, divisão transposta da análise marxista interna para o plano internacional. Assim, e desde a Conferência de Yalta, a plataforma estabelecida entre os dois ramos desviacionistas da passada sociedade ocidental ou do Euromundo é a base a partir da qual os povos das regiões abrangidas pelo convencionado anticolonialismo desenvolvem a afirmação da sua personalidade política. Tal movimento é caracterizado como anticolonialista. Mas seria errado supor que abrange todas as zonas do mundo onde o colonialismo existe. Como não seria exacto imaginar que são sempre situações coloniais as que estão em causa. O anticolonialismo em curso foi apenas uma das componentes da plataforma estabelecida entre as grandes potências. Sendo cada uma portadora de interesse e concepções diferentes, convergiam de uma definição simplesmente operacional. Elemento essencial dessa definição foi a *fixação da zona geográfica* convencional de aplicação.

§ 2.º
PLURALISMO DOS PROJECTOS

1. O relativismo da autodeterminação

A pluralidade de anticolonialismos conviventes na *grande coligação democrática* da guerra, e reduzida à definição imposta pelas grandes potências, convergiu para um método geral chamado a *autodeterminação*. Esta foi muito rapidamente, mas discutivelmente, entendida como *uma doutrina* ou *movimento tendente a dar um governo próprio e separado a povos e territórios objecto de uma acção colonizadora*. O facto político, como se disse, limitou tal metodologia a regiões bem determinadas do globo, em nenhuma das quais regiões a URSS ou os EUA exerciam a soberania. Com tal reserva, é ainda certo que a autodeterminação não apareceu adjectivada sempre de igual modo, quer pelas potências colonizadoras, quer pelos povos interessados em mudar de estatuto político.

A primeira forma importante de autodeterminação, já experimentada no Ocidente antes da actual definição do anticolonialismo, teve expressão no nacionalismo. Mas o nacionalismo apenas se tornou numa força organizadora dos espaços políticos depois da Revolução Francesa. Até então, no espaço ocidental, o princípio da legitimidade dos governos dispensava a base nacional. Os povos sentiam-se ou sabiam-se da mesma Nação, mas esta não tinha necessariamente uma vocação política. Os indivíduos podiam sentir-se bons nacionalistas bretões, mas entender aceitar que o poder legítimo era francês. Ou podiam ser bons nacionalistas alemães, mas não sentiam que a nação alemã tinha uma vocação para a personalidade política, e por isso se consideravam bons nacionalistas alemães de Saxe, ou bons nacionalistas alemães da Prússia. Tal situação mudou radicalmente depois da Revolução Francesa, e na batalha de Valmy os soldados já se batem gritando «*Viva a França*» e não gritando «*Viva o Rei*». Este nacionalismo veio a ser conceptualizado por Renan, em trabalho célebre, numa orientação subjectiva que deu grande importância à vontade dos povos. De acordo com a filosofia liberal que inspirava o conceito, e de

126 *A Comunidade Internacional em Mudança*

acordo com o princípio electivo, a Nação como que era plebiscitada constantemente. O conjunto de homens que, tendo uma história em comum, vida em comum e aspirações comuns, querem viver juntos, não é apenas uma criação da história, é também um projecto para o futuro. *A comunidade de sonhos*, de que falaria Malraux. Uma autodeterminação.

Este nacionalismo subjectivo, que os exércitos revolucionários espalharam pela Europa, influenciou a formulação de outro conceito, este objectivo, e doutrinado por Fichte. O nacionalismo francês, batendo-se contra o legitimismo, animou os exércitos que levaram a humilhação aos povos invadidos e batidos.

Na dignidade ofendida destes povos, fermentou um nacionalismo que também viria a ser agressivo para unificar o povo definido objectivamente pela comunidade de sangue e dispensando a adesão voluntária de cada um. A querela do nosso tempo sobre a supremacia relativa da *vontade nacional* ou da *vontade popular* tem íntima ligação com aquela divergência de concepções. A *vontade nacional* mais ligada ao objectivismo da Nação, com muitas variantes doutrinais; a vontade popular mais ligada ao subjectivismo revolucionário. Mas quer se aceite um critério, quer se defenda o outro, é sempre de autodeterminação que se fala, embora as realidades não sejam coincidentes. Ambas as orientações convergiram porém no *princípio das nacionalidades* de conteúdo variável, o qual teve um advogado interessado em Napoleão III e, entre outros resultados importantes, a reunificação da Itália e o desaparecimento do poder temporal do Vaticano.

A concepção do princípio das nacionalidades, como forma ocidental de autodeterminação, só veio porém a ser verdadeiramente aceite na organização da paz de 1918. Tratava-se de redefinir o convívio político do mundo ocidental, porque só este estava em causa. Mas já nessa data, embora se tratasse de uma parte limitada do globo, a aplicação do princípio da autodeterminação das nacionalidades teve de confrontar-se com uma dificuldade maior emergente da realidade política, à qual dificuldade tenho chamado o *requisito da viabilidade*. A nação só poderá ser independente na hipótese de ser viável na conjuntura da época. Tal viabilidade depende de factores diferentes para cada modelo, e tais factores não estão necessariamente relacionados com a extensão do território, a grandeza da população, ou o poder do Estado. Assim, na conjuntura de 1918 foram viáveis o Luxemburgo ou o Mónaco, mas não o foram separadamente nem os checos nem os eslovacos, juntos num único Estado. Foi considerada viável a Jugoslávia, mas não o foi nenhuma das nacionalidades aglutinadas nesse Estado. Foi viável uma Bélgica plural, mas não cada um dos grupos linguísticos que a integram. Aqui, como sempre, funcionou a tradição ocidental de fazer convergir as heranças *personalista* e *maquiavélica* para solução de cada problema. O personalismo levando à formulação de um princípio de valor, como é o das nacionalidades; o realismo maquiavélico levando ao pragmatismo dos compromissos, como é o caso da exigência da viabilidade. Assim, a guerra de 1914-18 pôde tornar viáveis a Estónia, a Letónia e a Lituânia, separadas da Rússia como nacionalidades independentes, mas a guerra de 1939-45 não pôde assegurar a continuação dessa viabilidade. *A viabilidade política, em função da conjuntura, veio sempre limitar o princípio da autodeterminação nacional.*

Com toda a fragilidade que fica indicada, o princípio da autonomia política das nacionalidades foi proclamado para o espaço ocidental, e não para o resto do Mundo que o Ocidente geria. Nesse resto de Mundo, a sua aplicação esporádica, nessa época, foi uma táctica, não foi um princípio, até porque a realidade nacional não se encontrava nessas paragens senão por excepção. Existiam outras formas políticas de viver, como acontecera no Ocidente antes de o princípio das nacionalidades se transformar em aspiração dominante. Mas aqui, nesta antiga sede do governo do mundo, a Nação acabou por ser considerada a forma natural de viver, o grupo onde a personalidade do homem melhor se desenvolve, o tipo de solidariedade que mais apela para toda a capacidade de doação e sacrifício dos indivíduos, a comunidade onde se encontra insubstituível apoio para as necessidades de realização de cada um. Deste modo, a nossa formação ocidental tendeu para andar assente neste conceito fundamental da Nação, no amor à Nação, e no patriotismo.

2. A variável nacionalista

Porque foi nas Universidades ocidentais e nesta atitude ocidental que vieram inspirar-se aqueles que haviam de ser os *leaders* dos territórios tropicais e subtropicais, o nacionalismo foi também uma ideia que os acompanhou. Por isso, vamos encontrar nos movimentos de autodeterminação nascidos nas regiões tropicais e subtropicais contra o Ocidente, o princípio nacionalista que tinham aprendido, que lhe tinham ensinado, que tinham importado da nossa formação ocidental. Simplesmente, se o conceito que essas elites transportaram para os seus territórios é o mesmo, a realidade sociológica que aí encontram não é a mesma, visto que os grupos humanos ali tradicionais não são Nações.

Então assistimos ali ao aparecimento de um conceito operacional, extremamente importante nessas regiões, e que é o conceito de *projecto nacional*. O *projecto nacional* vem a ser a contrapartida local do conceito ocidental de Nação. O *conceito nacional* do Ocidente tem a sua contrapartida no *projecto nacional* dessas regiões. E este projecto nacional dessas regiões em que é que se traduz? Traduz-se na aceitação pelas elites condutoras da importância do grupo Nação proveniente da vocação que esse grupo tem para ser o meio humano onde melhor se realiza a capacidade e doação de cada um, e, ao mesmo tempo, onde melhores apoios se encontram para a realização individual. *Tais elites adoptam o projecto de transformar em Nação o meio humano onde pretendem exercer o poder.* O conceito de Nação não é um conceito da população do território que conduzem à luta pela independência ou querem tornar independente. O conceito que elas têm é um conceito tribal, por exemplo, mas o projecto revolucionário é amalgamar aqueles grupos no sentido de virem a constituir uma Nação. Uma nova forma de autodeterminação.

Esta ideia do *projecto nacional* é uma ideia que encontra também raiz ocidental, visto que foi, por exemplo, a experiência dos Estados Unidos da América do Norte. Os Estados Unidos da América do Norte, em relação ao Ocidente, em que se inscrevem, usam uma experiência que poucos países do Ocidente têm: é a memória de um período relativamente curto de século e meio, demonstrativo de que uma Nação pode fazer-se, pode construir-se, pode contratar-se, pode partir de uma plataforma, pode assentar num acordo, raciocinado, discutido, dialogado. Foi assim que a Nação emergiu nos Estados Unidos da América do Norte. Ora, este projecto nacional possível pode ser qualificado e adjectivado de várias maneiras. Este projecto nacional pode ser racista, mas pode ser antes um projecto nacional integrador de etnias diferentes. O projecto nacional pode caminhar no sentido da submissão de certas etnias; ou o projecto nacional pode ser integrador de etnias diferentes, de gente de vários grupos que procuram viver juntos e iguais. Este projecto nacional pode ser socializante, e pode ser não apenas socializante mas também marxizante, dependendo das ligações e dos apoios. Tudo isto são qualificações que eventualmente acrescem: é racista, é socializante, é marxizante, mas é nacional. Quer dizer, procura vir a transformar o grupo político numa Nação segundo a tradição e o conceito ocidentais.

A Teoria da Autodeterminação

Este movimento de autodeterminação nacionalista que se transfere para os territórios ultramarinos, com tal raiz ocidental, vem encontrar um apoio extremamente importante em movimentos políticos também ocidentais. Quer dizer, temos o *conceito da Nação*; o conceito de Nação inspira o conceito de *projecto nacional*; o projecto nacional de minorias directoras implanta-se nos territórios tropicais e subtropicais para orientar a *independência* desses territórios; tais movimentos baseados no projecto nacional vêm depois a encontrar apoio em movimentos de outro acento tónico, que são movimentos de raiz ocidental.

Primeiro, o leninismo vem apoiar estes movimentos, dizendo o seguinte: os impérios coloniais do ocidente, sobretudo a partir do século XIX, foram consequência de uma dinâmica do capitalismo ocidental, da necessidade de obter mais mercados, mais matérias-primas, de fazer investimentos de capitais sobrantes, tudo obrigando o Estado a entrar em movimento e a tomar conta dessas colónias. Foi causa da competição entre os países capitalistas, uma das contradições internas do capitalismo que procurava pôr em evidência, com as suas guerras, os seus antagonismos variados. Desde que fosse possível separar estes territórios das respectivas metrópoles, as metrópoles enfraqueceriam. Por isso, faz parte da táctica que recomenda apoiar os movimentos de separação dos territórios coloniais em relação às respectivas metrópoles, mesmo que os movimentos sejam nacionalistas, ainda que esse nacionalismo seja burguês. E porquê? Porque os territórios que se tornam independentes nas regiões tropicais e subtropicais, ainda que com o nacionalismo burguês, serão enquadrados por elites muito fracas, e portanto estas facilitarão o passo seguinte que é a socialização soviética do país. Por consequência, do ponto de vista táctico, recomendar-se-á sempre que o movimento nacionalista nestas regiões seja apoiado, ainda que seja burguês.

Isso teria ainda uma vantagem, também táctica, em relação às respectivas metrópoles: é que, com a perda das colónias, as burguesias das metrópoles enfraqueceriam, e por isso, também, tornar-se-ia mais fácil a tomada do poder pelas correntes socialistas soviéticas. Lenine, por consequência, apoiou o movimento de autonomia com base nos projectos nacionais. Mas o mesmo fazem os movimentos reaccionários conservadores, por vezes fascizantes ou até fascistas ocidentais, que oportunisticamente são a favor da autodeterminação. Porquê? Pelo raciocínio inverso ao do leninismo. Dizem, ou procuram não dizer, o seguinte: se esgotamos a força do Estado na sustentação da soberania do país nos territórios ultramarinos, nas colónias, enfraquecemo-nos na Metrópole e perdemos a capacidade de manter o sistema dentro do território originário que é o que corresponde à nossa concepção de vida. Por consequência, não devemos esgotar as nossas energias na manutenção de posições fora da respectiva Metrópole, senão até ao ponto em que esse esforço seja ainda compensado, garanta um rendimento, seja rendível. Quando essa soberania colonial corresponder a um desgaste gratuito das forças, então deve optar-se por conservar a capacidade de assegurar a ordem tradicional dentro dos territórios originários.

Dá-se por isso um fenómeno curioso, é que os países onde se desenvolveu mais intensamente o capitalismo, como foi o caso da Inglaterra, da Bélgica e da Holanda, são países onde o movimento de autodeterminação dos territórios encontrou mais fácil aceitação, mesmo em relação aos territórios considerados próprios. Um outro reparo a fazer é que os países que adoptam essa linha são quase sempre – os outros foram por arrastamento – países de religião protestante. O protestantismo é uma fé que apoiou muito a organização do capitalismo no mundo, e tais países foram a favor da autodeterminação. Que espécie de autodeterminação? Aqui encontramos uma autodeterminação que é *a separação política das metrópoles das respectivas colónias para, se possível, instaurar o neocolonialismo da linha conservadora*. Trata-se de ter percebido que o poder político não é constituído apenas pelo poder militar, o qual é, na nossa tradição, a expressão mais simbólica da soberania. O poder político tem o poder militar, mas compreende também o poder financeiro, o poder económico, o poder cultural. E estes países ou estas organizações entendem que podem manter a defesa dos seus interesses nesses territórios fazendo desaparecer o poder militar e os símbolos da força armada, mas mantendo a dependência dos mesmos territórios do ponto de visto financeiro, económico e cultural. Esta técnica de domínio veio a chamar-se *neocolonialismo*. Neocolonialismo, porquê? Porque os países que apoiaram estas autodeterminações, de facto não resolveram retirar do território, resolveram arranjar outra maneira de ficar, e essa outra maneira de ficar é retirar a força armada, mas reter o poder financeiro, o poder económico, o poder cultural. Esta autodeterminação, por consequência, é uma autodeterminação diferente daquela autodeterminação que acima se referiu.

Vamos encontrar ainda nova autodeterminação que é a *autodeterminação neutralista*, aquela que tem como objectivo eliminar não apenas o colonialismo ocidental, mas também o neocolonialismo dessa origem. Por isso pode ler-se, nas declarações dos neutralistas, a afirmação repetida de que são contra o neocolonialismo. Eles estão contra uma nova forma de guiar os seus países ou dominar os seus territórios do exterior. A esta autodeterminação neutralista dá a mão o segundo aspecto da autodeterminação leninista: todos os povos podem autodeterminar-se para entrar no campo político socialista, o único que se reclama de apoiar integralmente o anticapitalismo. Mas a nenhum povo entrado no campo político socialista soviético é reconhecida a *viabilidade* que lhe permita autodeterminar--se para sair.

3. A variável étnica

Vimos a relação entre o nacionalismo e a autodeterminação, e que o próprio nacionalismo não é de interpretação fácil porque tem um conteúdo plural. Notamos que, além de existirem várias espécies de nacionalismo, a aplicação do *princípio das nacionalidades* no Ocidente foi limitada pelo *princípio da viabilidade*, a viabilidade sendo um princípio de eficácia, de possibilidade, filiado na tradição maquiavélica ocidental, enquanto que o princípio das nacionalidades é directamente filiado na tradição personalista também ocidental. Lembramos que esse nacionalismo se desenvolveu em duas correntes principais: o nacionalismo de orientação subjectiva, principalmente de origem francesa, e o nacionalismo de orientação objectiva, aliás de reacção contra o primeiro, e de origem alemã. Vimos como esse nacionalismo se transpôs para os territórios tropicais, onde veio também a ter duas correntes: *uma corrente tradicionalista,* da primeira geração da revolta, que procurou ressuscitar os valores históricos daquelas regiões, para ver se conseguia fazê-las convergir no sentido do *modelo nacional*; e finalmente a atitude revolucionária mais recente, mais actual, o *projecto nacional* que deliberadamente quer construir uma nação e que recorda a experiência americana, a qual tem uma memória muito recente da possibilidade de uma Nação ser construída. Todavia, se a memória é recente, o facto é muito antigo na experiência ocidental.

Todas as grandes nacionalidades europeias nasceram de um processo que se reconduz a este esquema: foi um poder político acima das diferenças que fez convergir para a unidade grupos menores e divergentes. Começa assim a nacionalidade portuguesa. Mesmo pelo que toca à Metrópole originária, esta é o resultado da acção de um poder superior que fez convergir grupos étnicos diferentes para a unidade. Foi esse poder superior que fez unir o Norte ao Sul, os quais tinham características bem diferentes, e obrigou a convergir para a unidade todos os grupos que constituíam a população, toda essa pluralidade de que ainda encontramos reflexo nas Ordenações do Reino, com várias etnias individualizadas, porque nem todas mereciam confiança à unidade nacional procurada neste pequeno território. A pouco e pouco, o poder político vai amalgamando esses grupos pelo exercício de uma autoridade superior a todos. É um processo que se deu também em França; é um processo que não está concluído na Itália, onde a Sicília, por exemplo, ainda hoje não é um país inteiramente amalgamado na unidade italiana, porque tem tradições políticas específicas muito marcadas; e é o caso da Espanha, onde o poder político luta com as divergências, onde Barcelona é um foco de inquietação, os bascos são um factor de agitação, onde o poder político ainda está a exercer esta acção de fazer convergir todos para a unidade. *Insistimos nisto porque, em regra, os analistas omitem que o facto de o poder político ser exercido em relação a grupos étnicos diferenciados não é a excepção, é ainda hoje a regra na organização do Mundo.*

Os grupos não estão totalmente integrados, na maior parte dos países. Por isso não só temos Estados caracterizados por este pluralismo – é o caso da Rússia, é o caso da Jugoslávia, é o caso da Checoslováquia, é o caso da União Indiana –, como temos Estados que não declararam, nem pela letra das suas constituições, nem pelo espírito da sua conduta, que atingiram o limite da fusão ou da absorção de grupos étnicos diferenciados exteriores.

São estes últimos Estados que temos sugerido que podem chamar-se *Estados em movimento.* Não aceitam como definitivas fronteiras actuais. Os dois Estados típicos que estão em movimento, e que têm as características deste modelo, são, como vimos, os Estados Unidos da América do Norte e a Rússia. Os Estados Unidos começaram por ser treze colónias que se proclamaram independentes contra o domínio chamado despótico da Inglaterra. Convergiram para a unidade através da união federal, e já hoje são cinquenta e três Estados, não estando dito em parte alguma que é um limite. Os Estados somam-se. Os últimos foram o Hawai e o Alasca. Pode dizer-se que as estrelas chovem na bandeira dos Estados Unidos. E não há um limite para essa chuva de estrelas. Já há quem advogue, por exemplo, que as Filipinas devem integrar-se, como Estado, nos Estados Unidos; Porto Rico, que é apenas associado, pode vir a integrar-se como

Estado. Quer dizer, aquele processo de integração dos grupos não só não está findo dentro dos limites territoriais, como não está dito que o Estado não pode alargar-se e integrar novos grupos étnicos para serem amalgamados.

O mesmo se passa com a URSS. Esta é um país cuja população se compõe de 50,5% de russos, e o resto são povos de etnias, línguas, culturas diferenciadas. O processo político é o de um Estado Universal que procura fazê-los convergir para a unidade política. E também não está dito na Constituição da URSS que há um limite para essa absorção. Pelo contrário, a constituição sustenta que o Estado está aberto à autodeterminação de qualquer povo que queira aderir ao campo socialista. Por consequência, a adesão está sempre aberta. O que não está aberto – isso está claramente dito do ponto de vista político –, é sair dessa unidade. Não há tal possibilidade. Quer dizer, portanto, que a regra do nosso tempo, não é que o Estado seja nacional, a regra ainda não é que esse modelo se tenha estabelecido, que haja em cada Estado unidade étnica, cultural, religiosa; a regra ainda é que o Estado seja constituído por uma pluralidade étnica, cultural, religiosa. *O problema ideológico importante é pois o de saber se o Estado assumiu ou não a vocação de um Estado Universal.* Quer dizer, se exerce um poder igual para todos, não discriminatório, de modo que um grupo não predomine sobre outro, não haja um dominante e outro dominado. Se é um Estado igualitário ou se é um Estado em que um grupo domina outro. A regra é porém que o Estado seja plural.

Este pluralismo pode ter expressão geográfica, se um grupo étnico diferenciado ocupar um território bem determinado, como é o caso da Rússia, cujos grupos étnicos diferenciados, em situação colonial, ocupam territórios bem determinados; era o caso português, cujos grupos étnicos tinham predominância consoante a região do globo onde o fenómeno se examina e por isso a predominância na Europa é branca, mas em África já a predominância era outra, paralelamente ao que acontece na constituição do estado russo; outras vezes a divergência étnica não tem expressão geográfica, e então encontramos esse pluralismo como que disperso em toda a zona geográfica ocupada pelo Estado. E isso acontece nos Estados Unidos, que exibem as duas circunstâncias. Têm grupos étnicos com incidência geográfica, onde a sua definição é fácil, como é o caso do Hawai, ou o caso de Porto Rico. Mas exibem também o outro fenómeno, que é o da etnia negra dispersa por todo o território: são cerca de 20 milhões de homens espalhados pela população dos Estados Unidos, quer dizer, 5 % da population que não está integrada mesmo que não haja predominância geográfica da sua localização.

No nosso tempo, este problema da igualdade dos grupos é o grande tema do pluralismo político: *como é que, perante uma só soberania, vamos conseguir ter o direito de sermos iguais e de sermos diferentes, quer dizer, o direito de sermos diferentes e de sermos tratados como iguais?* Este é o problema do pluralismo político, o direito de sermos diferentes e de sermos tratados como iguais. Ao longo dos tempos tal problema existiu sempre. *O anticolonialismo dos povos submetidos, e que não são Nações, encontra a sua raiz ideológica de protesto em tal problemática.* Entre todas as diferenças dos grupos, acontece que o tempo foi apurando umas e eliminando outras, e acabou por identificar, como a mais importante de todas as que subsistem, a *diferença étnica.*

O racismo é a diferença principal do nosso tempo. Quer dizer, é a barreira mais evidente e mais forte que um Estado do tipo universal encontra para fazer convergir os grupos para a unidade, de modo a que eles se considerem solidários à margem da divergência religiosa, étnica ou cultural, e pertencentes ao mesmo Estado que consideram seu. Este racismo é de sempre, e daí a importância da proclamação de São Paulo quando, querendo exprimir a síntese da doutrina cristã, no que respeita às relações entre grupos diferenciados, disse que não havia mais nem senhores nem escravos, nem gregos nem estrangeiros. É claro que o facto de São Paulo ser um bom cristão e a circunstância de formular esta doutrina, não o impediu, quando foi julgado, de invocar a cidadania romana. Porquê? Porque isso dava-lhe um tratamento privilegiado. Ele sendo cidadão tinha direito ao julgamento segundo leis diferentes daquelas que se aplicavam aos indígenas, mesmo sendo judeus, porque do ponto de vista político era muito evidente esta diferenciação dos grupos, com uma grande superioridade dos romanos em relação aos outros. Ele tinha o direito de receber o tratamento de cidadão romano e por isso invocou essa qualidade.

Ora, esta diferenciação, ao longo dos tempos, foi-se sempre manifestando consoante as circunstâncias. Mas também parece certo que, na nossa época, o problema racial, tendo que ver com muitas etnias, tem principalmente que ver com os pretos. São os pretos que constituem o grupo étnico que dá origem a problemas raciais mais evidentes. Os amarelos são recebidos com mais facilidade no convívio interno e internacional; os indianos são recebidos com igual facilidade; o pele vermelha – o nativo do continente americano – é quase um símbolo de nobreza para muitas famílias deste continente. O ser descendente dos antigos senhores do território, ao contrário de ser uma marca depreciativa é um sinal de importância. Por exemplo, no México é um sinal de nacionalismo o orgulho de descender dos índios que eram senhores do território, e portanto uma atitude de superioridade. Mas o preto, indiscutivelmente, constitui o problema fundamental e mais grave de discriminação racial do nosso tempo.

Esta importância actual do racismo foi dramaticamente sublinhada durante a última guerra de 1939-45. E foram os judeus, nessa altura, o grupo étnico que deu origem a que todo o mundo tivesse que olhar para a gravidade dos problemas raciais. Esse foi um problema levantado pelo regime alemão, que adoptou um dos critérios de superioridade racial que há no mundo, e estabeleceu como programa do seu governo a liquidação total dos judeus. Por isso se chamou *a solução final*. E a solução final do problema judaico era simplesmente a liquidação total e física dos judeus. Para isso organizaram um serviço público nos moldes tradicionais do serviço público, e assim mataram alguns milhões de homens nos *campos de concentração*. No fim da guerra, quando se tentou reorganizar o mundo, os homens que organizaram as Nações Unidas olharam com extremo cuidado esse problema do racismo, por ser aquele que mais impede a convergência dos grupos. E decidiram algumas acções para lidar com a questão, destinadas a conseguir que desaparecesse.

Uma das coisas que decidiram foi fundar a UNESCO, uma das contribuições positivas das Nações Unidas. Qual foi a filosofia da UNESCO? A filosofia básica da UNESCO foi esta: *O género humano constitui um só rebanho ao redor da Terra*. É só um: brancos, pretos, amarelos, mestiços, seja qual for a raça ou a religião, são um rebanho ao redor da Terra. Como ensinara Chardin. Todo o género humano, portanto, tem o direito ao mesmo tratamento dignificante, e faz parte desse tratamento reconhecer que não há nenhum grupo humano que não seja dotado para dar contribuições para o bem-estar da humanidade. Por consequência, todos os grupos humanos contribuíram para o acervo geral da cultura do Homem. Há todavia um trabalho que está por fazer, que é o de proceder ao inventário do património comum da Humanidade, quer dizer, o que é que nos une a todos como homens para além das nossas diferenças de raça, de religião, das diferenças regionais. Esse devia ser o inventário que a UNESCO faria. Tal critério, que se desdobra depois em vários projectos de acção, levou naturalmente a querer investigar as razões das divergências. E, portanto, a investigar as questões raciais que são as mais evidentes, as que tornam mais difícil, por vezes quase impossível, a convergência dos grupos para a unidade. E daí, o inquérito UNESCO sobre os mitos raciais.

Colaboraram cientistas de muitas Nações e especialidades: médicos, biólogos, etnólogos, juristas, economistas, numa acção interdisciplinar de grande envergadura. Enumeraram os seguintes mitos raciais: o mito dos negros, que é certamente o mais actual, o mito dos judeus, o mito dos arianos, o mito dos mestiços. E chegaram a uma conclusão geral extremamente importante, pelo que toca à origem dos mitos raciais. As duas razões principais seriam a concorrência sexual e o mercado do trabalho. Isto não impede que haja outras razões de ordem religiosa, por exemplo, muito evidentes no caso dos judeus. As principais, no nosso tempo, e com principal incidência em relação aos negros, seriam porém estas.

Os negros não são uma novidade para o Ocidente, e até um dos Reis Magos parece que era bastante escuro. Mas o problema apenas se tornou efectivamente importante depois das descobertas. Quando o movimento das descobertas se deu; quando se começaram a encontrar novas terras, e estabelecer novas actividades, como foi o caso, por exemplo, das ilhas desertas no Atlântico, e para isso foi necessária mão-de-obra; a mão-de--obra não existia se não fosse escrava; escravos onde se encontravam era na África e pretos: então, o problema do convívio de brancos e pretos começou a tomar uma grande acuidade. Deve dizer-se que não foi o Ocidente, não fomos nós, não foram os espanhóis e portugueses, e os outros ocidentais que depois dominaram as novas terras, que inventaram a escravidão nesses territórios. A escravidão existia. O que se acrescentou foi o transporte do escravo em larga escala. O escravo vai para outros continente, e há uma certa diferença entre um homem ter uma condição injusta na sua terra, onde tem o apoio das instituições tradicionais a que pertence, da sua família, das organizações naturais em que se inscreve ou que o suportam, e um homem ser transportado para outro lugar onde ele não tem nenhum apoio e onde, fundamentalmente, acaba por se apoiar em quem o domina, porque não lhe resta mais nada. É um dos factores da solidariedade da casa grande e da sanzala. Porque, em quem havia de apoiar-se o escravo? Ele não tinha família, nem terra, nem organização tribal, não tinha nada, salvo a organização que nascia à sua volta. Nela se apoiou.

Ora, esta relação com o preto – é fundamentalmente do preto que se trata – levantou um problema grave ao colonizador. O colonizador é cristão, católico, e vai numa missão que a Igreja lhe entrega: *Ireis e pregareis a todas as criaturas*. É isto que ele vai fazer. S. Paulo tinha dito: *quem tiver o carisma de ensinar, que ensine. Iam ensinar.* E levantou-se uma questão, até hoje ainda não resolvida nalguns lugares. Iam salvar quem? Homens. Foi para salvar homens que Cristo morreu. E a questão foi esta: os pretos seriam homens? Cristo também morrera para salvar os pretos? Os cristãos não se puseram de acordo, e ainda hoje certa Igreja reformada ensina na África que os pretos são os malvados e condenados de que fala a Bíblia, o que deve ser de grande conforto para as pessoas que exercem a discriminação em relação aos povos de cor.

No fundo, realmente, qual é o problema? Trata-se de justificar o regime de trabalho dos negros. É o problema do trabalho. E então, esse regime de trabalho imposto procura uma série de justificações, porque o colonizador não pode dispensar essa mão-de-obra. Isto sem esquecer que não foi o colonizador que levou a escravidão. E até, porventura, o colonizador ocidental pode ter beneficiado de alguma maneira a condição da escravatura. Antes disso, eram os árabes, cuja principal mão-de-obra e de transporte eram os pretos, os estrangeiros que os escravizavam, como ainda hoje escravizam. Os árabes ainda hoje é na África que vão buscar os escravos de que precisam. Na Arábia Saudita, pensa-se que existem 500 mil escravos que não nasceram lá, foram trazidos da África porque os escravos reproduzem-se mal. O amor precisa de liberdade, o escravo reproduz-se mal e ainda hoje é recrutado na África. Isto é uma história mal sabida, em que é necessário insistir. A Sociedade Antiesclavagista de Londres é que tem denunciado estes factos, e na Conferência de Genebra de 1957, que foi a última conferência antiesclavagista do mundo, pouco tempo antes da crise no Canal do Suez, a questão principal levantada foi a do transporte de escravos da África para o Médio Oriente. Nessa altura julgava-se que mais de meio milhão de escravos ainda estavam a trabalhar nessas regiões. Isto mostra que não é um problema histórico aquilo de que estamos a falar, é antes um problema dos nossos dias, um problema factual e que não é fácil de resolver, porque toda a África ainda hoje está cheia de escravatura. Uma escravatura por vezes disfarçada, de acordo com os usos e costumes, mas a dependência é muito grande. Por exemplo, é inegável que há escravatura na Etiópia, que aí o tráfego de escravos também existe.

Ora, imagina-se bem que os navegadores, quando chegaram à África, provocaram uma tal crise na organização existente que esta deve ter sido obrigada a fazer o que a economia chama a reconversão. Os donos árabes devem ter vendido ou provocado a venda de escravos nessa época. E os europeus compravam. Porque não tinham de ir caçar os escravos, os escravos eram vendidos na boca dos rios. Por outro lado, também o prisioneiro das guerras tribais deixou de ser conduzido necessariamente à morte e passou a ser conduzido à venda, ao barco que chega e que leva, acrescentando o transporte à escravidão. E aqui temos a questão do trabalho a explicar o mito racial de justificação, porque um homem cristão, católico, que acredita na imortalidade da alma, que acredita que cada homem é um fenómeno que não se repete, que pensa que foi encarregado de pregar a todas as criaturas, que pensa que deve levar a salvação aos outros, mas que pratica a escravatura e o transporte, naturalmente tem que encontrar um forte sistema de justificação para isto. O problema do trabalho determina o mito racial, o negro é considerado num plano inferior.

O problema sexual também intervém de uma maneira importante. O navegador, o colonizador inicial, que chega e que se instala, em regra vai sozinho. É um facto muitas vezes posto em evidência que o colonizador ocidental foi um homem só, foi um navegador solitário, não levou mulher. E, por consequência, quando se instala, ele utiliza, no sentido pejorativo da palavra, as mulheres do grupo local. E põe-se um problema de competição sexual das duas etnias. Porque o grupo minoritário, que é o branco, vai proceder sistematicamente desta maneira: reclamar o direito de uso em relação às mulheres do grupo dominado e estabelecer barreiras ao grupo dominado em relação às mulheres do seu grupo, quando elas começam a chegar. E, por consequência, uma relação de superioridade vai estabelecer-se. O senhor que dirige o trabalho dispõe das mulheres nativas; os trabalhadores estão proibidos de dispor de qualquer mulher do grupo que se instala. Vai nascer aqui toda uma teoria de discriminação em relação ao grupo subordinado, que terá reflexos no novo mito, extremamente importante, que é o mito do mestiço. No mito do mestiço vão somar-se, de uma maneira dramática, os aspectos negativos das duas etnias em contacto. Não ocorreu geralmente aos homens, num convívio plural étnico, atribuir ao mestiço a soma das qualidades, o que acorreu foi atribuir-lhes a soma dos defeitos. Encontra-se facilmente o grupo étnico dominado a atribuir ao mestiço os defeitos do dominador, porque o considera potencialmente um traidor; encontra-se o grupo dominador a atribuir ao mestiço os defeitos do grupo dominado, para impedir que ele se instale no grupo dominador. Então, o mito do mestiço soma os defeitos dos dois grupos. Essa imagem pejorativa do mestiço é a soma dos defeitos das duas etnias. E é isto, provavelmente, uma das razões que explica certo dramatismo da reacção africana dos nossos dias, onde encontramos tanta vez o mestiço como inspirador da violência. É como que uma violência purificadora, considerando que a explosão é sempre desmedida quando se recorre a esse definidor último da política, que é a força. É curioso que este problema da competição sexual estava a verificar-se com novos aspectos, mesmo nos antigos territórios portugueses, por causa do povoamento feminino.

Com o aumento da facilidade das comunicações os homens já não viajavam sós, e já também os que viajavam sós casavam com mulheres da sua etnia, porque era fácil procurar ajustar casamento, visto que as mulheres não se sentiam tão isoladas dos seus apoios tradicionais. Há portanto uma série de condições mais técnicas que sociais, que levaram ao povoamento feminino, o que sobretudo se verificou nas últimas décadas. Nos antigos territórios portugueses até há vinte anos não existia com gravidade o fenómeno do mestiço abandonado, mas agora já há mestiços abandonados. E não é só por causa da guerra, que a guerra deixa sempre mestiços abandonados, porque o soldado que passa não tem a noção da paternidade, pratica um acto que não fica sequer na sua memória. Isto é assim em todas as guerras. Na Europa, a Alemanha racista do nazismo ficou cheia de mulatos, com a passagem dos exércitos americanos. A Itália ficou cheia de mulatos também. E os portugueses deixaram mulatos abandonados, um fenómeno que não existia antes. Fora a razão militar, uma das causas parece ser a maior presença da mulher branca. Porque a presença da mulher branca implica a discriminação por razões sociais. Para defender social e sentimentalmente o seu homem e o seu filho. É preciso que o seu filho não fique preso a um meio social inferior e é preciso que o seu homem não complique os problemas familiares com ligações a meio social inferior. Então o homem português, que tradicionalmente reconheceu o filho mestiço, actualmente já não o reconhece sempre por razões institucionais, que derivam da família, da presença da mulher branca.

Este problema da discriminação racial é extremamente importante, porque, para além dos problemas de cada homem envolvido, não há mito racial que não possa pôr em causa a paz do mundo. E o mito dos negros põe em causa a paz do mundo. Põe em causa a paz do mundo do ponto de vista internacional e põe em causa a paz do mundo do ponto de vista interno. Do ponto de vista internacional porque o racismo negro é um dos factores animadores do neutralismo, e por consequência um dos factores animadores do alinhamento das potências em revolta contra o Ocidente, da ameaça que pode facilmente conduzir à guerra. Do ponto de vista interno, o racismo negro é causa de inquietação das várias sociedades plurais. A grande dificuldade da África do Sul caminhar para um modelo de síntese do ponto de vista do nacionalismo subjectivo europeu, é a política de discriminação que segue, apesar do bem-estar indiscutível que proporciona aos pretos. Provavelmente, é a região do mundo onde os pretos têm melhor situação material. Mas isso não supera as dificuldades humanas da discriminação. É o caso dos Estados Unidos da América do Norte que, pela incapacidade de lidar com o problema negro, têm em perigo a estabilidade interna do seu país. E um dos perigos que ameaçam as sociedades implantadas nos antigos trópicos portugueses, seja qual for o seu destino político, é que se perca o objectivo das sociedades multirraciais integradas.

§ 3.º
O NOVO AMBIENTE COLONIAL

1. O pragmatismo

O facto novo e fundamental de uma definição pragmática da autodeterminação, imposta pelas grandes potências que formularam a Carta da ONU, foi o primeiro elemento importante de todos os que, na década seguinte, compuseram o novo ambiente do fenómeno colonial. As potências europeias que tinham pertencido à *grande coligação democrática,* mas que de facto já não eram grandes potências, tiveram de rever a estrutura dos seus impérios e, em algum caso, até a sua concepção nacional. Os pequenos países, como foi o caso da Bélgica, da Holanda e de Portugal, viram acrescer ao seu *ambiente* político as atitudes dessas médias potências.

A internacionalização crescente de todos os problemas, a interdependência inevitável de todos os interesses, fez com que a mudança geral do ambiente político (*total environment*) se traduzisse numa efectiva mudança do fenómeno da soberania. Esta mudança não procurada nem querida atingiu tanto as pequenas como as outras potências. Acontece até que os pequenos países, em função da crescente capacidade de destruição militar detida pelos grandes, adquiriram uma espécie de nova liberdade que lhes permitiu audácias antes desconhecidas na vida internacional. Foi o caso de Chipre, do Egipto, de Cuba, da Argélia. Paralisados pela própria força excessiva, os grandes poderes tiveram de rever a escala dos seus interesses vitais e renunciar à defesa de algumas posições que no passado tinham considerado essenciais.

O famoso equilíbrio de impotência, que conduziu a URSS e os EUA, durante o período do seu monopólio atómico, para a atitude recíproca de cães de faiança, também obrigou à definição e utilização de métodos novos para a sua própria expansão, directa e indirecta, nas zonas de *confluência de poderes*: todas as regiões do mundo cobertas pela nova definição pragmática de anticolonialismo, correspondiam a tal qualificação. Deste modo, o famoso espírito de Camp David, a coexistência, a competição pacífica entre os dois centros da organização bipolar do mundo, levaram ao aparecimento de imaginosos processos de acção que se traduziram quase sempre em *as grandes potências agirem por entreposta entidade. Os exemplos são tão numerosos como desgostantes.*

Nos primeiros anos da ONU, enquanto os países de tradição ocidental garantiram a maioria predeterminada da Assembleia Geral, os EUA procuraram aparecer como agentes da organização mundial. O caso mais notável foi sem dúvida o da intervenção na Coreia, inteiramente a cargo dos EUA, embora em nome da ONU. A famosa Resolução "Unidos para a Paz", que transferiu para a Assembleia Geral a apreciação das questões que eram da competência do Conselho de Segurança, foi uma das manifestações evidentes dessa conduta dos EUA, que assim procuraram furtar--se ao abusivo uso do veto pela URSS naquele Conselho.

Mas logo que a evolução do fenómeno internacional transformou a composição da Assembleia Geral e a maioria passou a depender dos novos Estados contestatários, também imediatamente se viu que a URSS não desdenhava, antes procurava, cobrir a sua política com a prévia votação da maioria. *Ambas as grandes potências estão de acordo em agir por entreposta entidade.*

Este método não é porém reservado para as grandes lides internacionais. Também aparece utilizado sobre o terreno, traduzindo-se no uso das técnicas de protesto, dos grupos de pressão, dos partidos e da luta armada. O conservadorismo interno de ambas as potências não impediu o proselitismo no exterior, o incitamento ao revisionismo, à revolução e ao combate. Nas regiões tropicais e subtropicais, que ficaram fora da área reservada de cada uma delas, só por excepção pode ter acontecido que a luta armada, legitimada embora por interesses locais, deixasse de ser também expressão dos interesses expansionistas envolvidos de uma das grandes potências. *Em nenhum caso terá sido possível saber quais os interesses reais em causa sem prévia determinação da nacionalidade da moeda em que as armas eram pagas.* Toda a análise de conjuntura colonial nos parece longe da realidade se não tomar em consideração este factor.

Isto não diminui a importância dos valores sociais, religiosos, económicos ou éticos, das populações envolvidas, porque são esses valores que justamente tornam possível a revolta e o intervencionismo das potências exteriores. Também este facto não absolve ou diminui a injustiça da relação colonial que inspira e dá força ao decisionismo político da revolta, antes devem considerar-se factores habitualmente solidários: *nem revolta viável sem intervencionismo, nem intervencionismo possível sem espírito de revolta.* Mas sempre, e por toda a parte, a técnica da entreposta entidade, cobrindo a desenfreada competição entre os Estados exteriores à relação colonial em causa. A análise do problema do ponto de vista dos interesses, como recomendam os maquiavélicos, leva então a reduzir grande parte da cobertura ideológica a um abuso verbal. As mesmas palavras são usadas pelos partidos em conflito. Todos prestam aparente homenagem aos mesmos valores. Citam os mesmos textos internacionais. Tanta convergência verbal leva frequentemente as populações envolvidas à morte semântica. E ao sacrifício dos seus interesses reais em favor dos interesses discutíveis dos poderes estranhos em concorrência.

2. A variedade das soluções

A revisão colonial que as potências médias e pequenas foram obrigadas a fazer, não teve relação directa com o seu regime político interior. Não houve uma predeterminada, programada e autónoma resposta democrática, e uma predeterminada, programada e autónoma resposta fascista, como agora é comum dizer, a esta imposição de desmobilização colonial. Todos foram ultrapassados. A tentativa de entender ou de explicar o problema por outro prisma, só ajuda à eficácia mistificadora da política internacional por entreposta entidade. É um critério que apenas interessa às potências em movimento de expansão. Faz parte da manipulação de imagens políticas que se transformou numa técnica corrente. Ainda aceitando a distinção soviética entre as *democracias formais* e as *democracias reais*, continua a não encontrar-se relação entre a resposta dada à desmobilização colonial e o regime interior dos países envolvidos. Foram obrigados a submeter-se. A submissão é que pode ter variado conforme os regimes.

Para começar, e muito coerentemente com o compromisso geográfico do anticolonialismo e autodeterminação em que as grandes potências assentaram, nunca aconteceu que a URSS reconhecesse a autodeterminação para a independência a qualquer dos seus inúmeros territórios e povos em dependência colonial. Os arménios, os georgianos, o Azerbeijão, as minorias transcaucasianas, os numerosos territórios e povos da Ásia Central Soviética, e os seus trinta milhões de muçulmanos, continuam a ser povos mudos, inexistentes na política internacional e sem o direito à autodeterminação.

A situação política interna desses povos ainda hoje é coberta pela declaração feita por Estaline, em 15 de Novembro de 1936, ao explicar o projecto constitucional no Congresso Extraordinário dos Sovietes: *«quanto ao direito das nações e das raças que fazem parte da URSS, disso se ocupam os capítulos II, X e XI do projecto da Constituição. Desses capítulos resulta que as nações e as raças da URSS gozam dos mesmos direitos em todas as esferas da vida económica, política, social e cultural do país».* Trata-se de uma pura aplicação do conceito de *Estado Universal* a que fizemos referência anteriormente. Uma invocação que, quando feita nas regiões e pelos governos abrangidos pelo anticolonialismo das grandes potências, não teve possibilidade de ser aceite pelos verdadeiros autores da Carta da ONU. Por outro lado, os territórios que, na data e nos termos da Carta, ficaram ligados aos EUA, receberam, como já dissemos, o direito de se autodeterminar para a integração nos EUA, mas não aconteceu que se pudessem autodeterminar para a independência. *Esta é uma decisão inteiramente de acordo com a função da autodeterminação, que é um direito instrumental, ou um método que pode conduzir a vários resultados. Mas que a autodeterminação possa levar à integração, tem sido sempre contestado desde que se trate das regiões abrangidas pelo anticolonialismo das grandes potências.* A coincidência dos resultados e atitudes dos representantes das duas grandes correntes da democracia em competição mostra que a resposta ao desafio colonial contemporâneo continua a ter a mais inteira ligação com os interesses estaduais, e nenhuma relação com o regime político dos Estados interessados. A definição dos limites territoriais e humanos de cada um é ainda, como sempre, função do poder do Estado, sendo tal poder muito dependente da conjuntura internacional.

No que respeita às potências médias e pequenas que se viram envolvidas neste concertado processo de descolonização, também é certo que a política que seguiram não teve relação primária, mas antes e apenas secundária, com o regime interno de cada uma delas. O exemplo mais evidente é o de França, e o caso mais paradigmático é o da Argélia. Esta foi, durante muitos anos, o mais conservador dos territórios islâmicos. As duas primeiras décadas do século XX foram caracterizadas por uma aceitação geral da autoridade do colonizador francês, com pequenas e insignificantes manifestações de protesto dos trabalhadores agrícolas. Mas a guerra de 1914-1918 já provocou uma alteração da atitude geral de submissão. Na década que decorre de 1921 a 1930 Ferhat Abbas multiplica os seus estudos, que tanta influência tiveram na juventude indígena. Responde à primeira geração da revolta, em busca de uma velha Argélia, oposta ao comunismo e ao socialismo, crítica da acção francesa e defensora da cultura islâmica. Por esse tempo, tal geração ainda supunha possível uma integração, com autonomia, no todo francês. Notava-se que o Livro Santo nada tinha que impedisse um argelino de ser francês, desde que a dependência colonial fosse eliminada. São de 1936 as famosas palavras de Ferhat Abbas: «*se eu tivesse descoberto a nação argelina, seria nacionalista e não me envergonharia disso como de um crime. Os homens que morreram por um ideal patriótico são diariamente honrados e respeitados. A minha vida não vale mais do que a deles. E todavia eu não morreria pela pátria argelina porque esta pátria não existe. Não a descobri. Interroguei a história, interroguei os vivos e os mortos; visitei os cemitérios; ninguém me falou dela... Não se constrói sobre o vento*»[8]. Esta tomada de posição, que corresponde ao período da chamada primeira *geração da revolta* ainda não tinha aceitado o modelo do *projecto nacional*. Mas ele já aparecia, pela mesma época, nas palavras de Ben Badis, ao proclamar que «esta nação argelina não é a França, não pode ser a França e não quer ser a França[9]. A desmobilização colonial francesa teve na Argélia a sua principal dificuldade, justamente porque era um território que estava inteiramente ligado ao conceito de unidade territorial de França. Os métodos do neocolonialismo não eram aqui suficientes para dar satisfação às exigências do sentimento nacional francês. Na África negra, a categoria dos Estados teleguiados, como vieram a ser chamados, pareceu um arranjo suficiente e

---

[8] *L'Entente*, 23 de Fevereiro de 1936.
[9] *Ach-Chihab*, Abril de 1936.

conveniente. Tudo se traduzia em retirar a presença militar, mantendo e desenvolvendo a intervenção económica, financeira e cultural. Uma espécie de transferência das despesas improdutivas para orçamentos locais. Mas na Argélia o sentimento nacional francês intervinha com intensidade. Daqui resultou uma guerra que ameaçou a própria unidade metropolitana. Tocando mais fundo o francês médio do que a também esgotante e longa guerra da Indochina.

O regime que iniciou esta política de resistência à descolonização nesses territórios, que proclamou a Argélia francesa, que considerou irrenunciável a soberania, foi um regime democrático, não foi um regime autoritário, totalitário, fascista. Tudo porque o factor político é primacial e porque aqui era a linha divisória da definição nacional que intervinha. Este é de facto um dever primeiro do Estado, definir o seu elemento territorial e humano. Na defesa dessa linha divisória, o Estado pode ser vencido, mas não pode ser convencido. Acontece que a concepção nacional também pode mudar por interferência de factores vários. Mas é mais realista aceitar que, em tal domínio da integridade territorial e humana pressuposta pela definição do Estado, e como regra, a incapacidade de manter os limites é de facto uma derrota, imposta ou reconhecida. Aconteceu até, nesta dolorosa experiência francesa, que foi necessária a instauração de um regime com pendor para a autoridade, e marcadamente carismático, para enfrentar a derrota e reconciliar a Nação com uma descolonização que só a terapêutica partidária quis fazer cobrir por altos princípios. A grande acção de De Gaulle, nessa conjuntura, foi dar a França uma motivação política capaz de minimizar e fazer esquecer a derrota. Mas não foi outra coisa senão uma derrota.

De igual modo, a Inglaterra resiste no rochedo de Gibraltar, e resiste na Irlanda do Norte, sem diferença entre os governos conservador ou trabalhista. Quando Wilson anunciou em 1968 que, depois de 1970, o pavilhão britânico deixaria de flutuar para além de Suez, assentou em que os interesses nacionais britânicos não consentiam na restituição do rochedo à Espanha. O mesmo faziam os seus adversários quando no governo. E todavia é certo que a Inglaterra não tem força que lhe permita continuar a exercer um poder arbitral no Mediterrâneo, e que a estrada imperial a que o rochedo pertencia já não existe. Mas o brio nacional, o antifranquismo, não consentem a retirada. A descolonização não pode também ser levada à Irlanda do Norte não obstante o abandono de todo o império. É que nem o território está na zona geográfica da autodeterminação programada pelos grandes, como temos referido, nem a linha de definição do Estado o deixa no exterior.

A Bélgica e a Holanda não tiveram que enfrentar nenhuma destas dificuldades. No conceito nacional de qualquer desses países não ficaram compreendidos nenhum dos territórios em relação aos quais exerciam um poder colonial. A adaptação do modelo da descolonização imposta pelas grandes potências pôde fazer-se em termos pragmáticos. Tudo inspirado na velha experiência da Zona Convencional do Zaire de 1885: *liberdade de acesso a todas as potências.* A igualdade abstracta do liberalismo, que permite aos competidores melhor apetrechados vencer a concorrência que a presença de uma soberania exterior e interessada não consente.

3. O factor nacional

A evidência de que o factor político da definição nacional condiciona as respostas à conjuntura da descolonização, à margem dos regimes, não contraria o facto de que a concepção nacional pode evoluir e modificar-se. E como é sempre a geração seguinte aquela que aceita, modifica ou repudia a herança nacional, também não pode ignorar-se que a política internacional da descolonização veio a coincidir, no seu desenvolvimento, com uma das maiores crises planetárias da juventude. Sobretudo da juventude ocidental.

Muitos factos contribuíram para o peso que ela assumiu progressivamente no processo político, mas não tem sido posto em evidência o papel precursor que os regimes totalitários de todos os sinais desempenharam nessa evolução. Foram principalmente o fascismo, o nazismo e o sovietismo que, no pendor da respectiva reacção contra os valores liberais, capitalistas e cristãos, arregimentaram a juventude, submetendo-a a enquadramentos privativos e coercitivos. Divulgaram-se as organizações de jovens nem sempre obedecendo às mesmas teses, mas sendo muitas vezes difícil distinguir as hipóteses de cada país. As fardas, os hinos, a disciplina, a organização paramilitar, foram características comuns desses corpos. As carreiras políticas começaram nessa nova forma de escola, que progressivamente diminuiu a intervenção das famílias e das igrejas. A consciência de grupo que a juventude foi assumindo, começou nessa prática totalitária.

Tal grupo, organização estatal, foi doutrinado como penhor do futuro, garantia da continuidade, herdeiro dos projectos nacionais ou da revolução. Não ocorreu aos responsáveis por esta teoria autoritária, que a doutrinação vinda do exterior do grupo poderia ser posta em causa por uma crítica vinda do interior do próprio grupo, desde que as condições criassem o desafio suficiente. E foram a guerra e, na paz, a evolução das sociedades ocidentais para sociedades de consumo, que deram origem a tal revisão.

Os conflitos sucessivos, desde a Guerra de 39-45, até às guerras marginais dos trópicos, em que avultou o pântano do Vietname, levaram à conclusão generalizada de que quem tem idade para morrer, também tem idade para votar. A comparticipação no processo político foi a natural reivindicação de uma juventude crítica da doutrinação recebida e do valor das acções em que se encontrou envolvida.

As autoridades tradicionais da sociedade ocidental tinham sido postas de lado em tal processo. A família era outra, e a sua autoridade natural diminuída pela evolução das formas de viver e pela concorrência estatal. Da experiência passada, ficou apenas o sentimento da unidade do extracto social jovem, que muitos quiseram apressadamente examinar com o critério das classes. É difícil admitir que haja um qualquer conceito classista aplicável a este novo factor da vida política. Não há estrato social com maior inelutável mobilidade nem com alimentações mais pluralistas. É apenas a idade fugaz que os identifica, e a condição social contingente que os une. Mas uma condição social que os obriga, durante vários anos, e para absorver as ciências e doutrina da sociedade a que pertencem, a viverem como que isolados nos estabelecimentos de ensino, nas organizações estaduais da juventude, ou no aprendizado das oficinas. São longos anos de frustração, que as sociedades primitivas não conheceram.

As revoltas da Universidade de Berkeley, em 1962, marcam o ponto crítico da ruptura da submissão. Por todo o mundo ocidental, permissivo e pluralista, foi uma febre de revolta. E ainda aqui o facto político parece ter lugar primacial. Nas sociedades de regime monista, ou soviéticas ou tradicionais, o movimento da insubmissão ou foi inexistente, ou mais tardio e lento. Isto não obstante a forte doutrinação no sentido da identidade estrutural de todas as sociedades ocidentais, capitalistas ou soviéticas, monistas ou pluralistas.

Já em 1940, ao publicar o seu *The managerial revolution*, James Burnham sublinhou que o poder, em ambas as sociedades capitalistas e soviéticas, tendia para ser atribuído aos tecnocratas, incluindo «*os directores de produção, os superintendentes, os engenheiros administrativos, os vigilantes técnicos, os administradores, os comissários, os chefes de escritórios*». A coincidência entre a propriedade e a direcção tinha desaparecido, porque os tecnocratas não são accionistas, nem financeiros, nem donos. Mas são altamente remunerados, embora gostem mais do poder do que do lucro. Deste modo lhe parecia que a divergência entre sovietismo e o capitalismo tendia a ser superada por uma evolução convergente. Era a *revolução da direcção*, o aparecimento de uma nova classe, o estabelecimento de uma oligarquia de gestores.

Foi certamente uma análise excessiva, sobretudo porque separou a análise da evolução da direcção social, da análise da evolução da direcção política. Esta, no mundo soviético, continuou firme nas mãos dos *apparatchik*, reservando um papel mais modesto aos gestores. A importância do factor político revela-se aqui mais uma vez, sendo fácil encontrar exemplos contrários de sociedades dissemelhantes com sistemas políticos coincidentes. Por isso não foram suficientes outras análises da aproximação de ambas as sociedades, como as de Aron, Galbraith ou Marcuse, para explicar o diferente comportamento dos jovens nos dois lados da cortina de ferro.

No Ocidente, porém, onde a evolução da sociedade para os tipos de sociedade industrial, afluente e de consumo, foi acompanhada ou de uma permissividade ética ou/e de um pluralismo político, a revisão dos valores nacionais também assumiu enorme importância. As determinantes dessa revisão não foram as mesmas em toda a parte. Mas as guerras sem justificação, ou cuja justificação se perdeu, desempenharam um papel fundamental. Tudo foi posto em causa. A autocrítica nacional desenvolveu-se. O protesto violento vulgarizou-se. *A simples desobediência revelou-se uma arma sem réplica.*

4. A revisão neutralista

O condicionamento do processo de descolonização, pela definição pragmática imposta pelas grandes potências que foram a URSS e os EUA, pôde coagir a vontade das restantes soberanias ocidentais, de menor porte, traduzir-se numa política de entreposta entidade, manipular partidos e movimentos, mas não conseguiu nem prever nem dominar a espontaneidade das áreas abrangidas. Ali se foi desenvolvendo uma doutrina própria, uma experiência privativa, uma política característica. No fim, reconduzindo-se tudo à busca de uma linha política comum que exprima a unidade da área.

A plataforma política do neutralismo e a fronteira ideológica da descolonização acabaram por substituir todos os critérios ensaiados antes. Um deles, muito tributário da antropologia, foi o dos *sistemas culturais* transformados em unidades reais de estudo histórico. Este critério mostrou que ser cristão, ser católico, ser europeu, ser ocidental, ser eslavo, ser africano, são variáveis que a arte política pode utilizar para a construção de unidades integradoras. Os métodos são os clássicos, indo desde a aliança ocasional, às alianças permanentes, confederações ou fusões. Este critério cultural, ao qual se ligam as tentativas de politizar a *negritude*, foi uma derivante laica do mais antigo critério identificador pela divindade. As grandes áreas do mundo, embora plurais do ponto de vista político, definiram-se no passado pela maneira de honrar a divindade. Cristãos, maometanos, budistas, foram critérios de fronteiras não indiferentes para a política. Tais áreas confessavam-se seguidoras de certa fé, identificavam-se desse modo. A vida civil aproximou-se pelos padrões comuns de conduta dentro da área, ainda que as populações obedecessem a soberanias várias. O ocidente evoluiu no sentido de substituir o critério religioso identificador, por uma identificação ligada às formas de produzir e de consumir. O produtivismo, o tecnicismo, o cienticismo de Saint-Simon são quase religiões. As áreas ocidentais chamam-se industrializadas atendendo à urbanização, ao aumento da expectativa de vida, à produção em massa, à distribuição da população por actividades primárias, secundárias e terciárias. Quando atentam principalmente na relação entre os projectos e as disponibilidades consideram-se afluentes, ricas, com excesso de meios em relação aos projectos. Outras vezes, evidenciam a sua maneira de organizar o mercado, e chamam-se sociedades de consumo. Mas esta identificação, a que já fizemos referência, leva em si um elemento fundamental de oposição. Estas sociedades ocidentais são qualquer destas coisas, mas sempre por referência às sociedades que o não são. E estas últimas, com o dedo apontado acusadoramente para a sede do antigo governo do mundo, também promoveram um critério de identificação e, com ele, um caminho de solidariedade.

O primeiro desses critérios foi o rácico, dividindo o mundo entre *povos de cor* e *ocidentais*, sendo estes considerados os agressores. A Conferência de Bandung de 1955 pode ser considerada como o acontecimento diplomático que marca a proclamação desse critério de identificação. Sukarno chamou *povos mudos do mundo* aos que ali se encontraram representados. Mudos no sentido de que, até então, nunca tinham falado ao mundo senão por intermédio da potência colonizadora. Neste silêncio se tinham alimentado os ressentimentos que ali explodiram contra as soberanias coloniais, consideradas frágeis depois da experiência da guerra. Eles mesmos as tinham ajudado a ganhar a guerra contra os outros países ocidentais, e assim tinham aprendido que a vitória militar também pode pertencer a esse mundo colonizado. Foi este de resto o critério em breve utilizado para identificar e alargar o grupo que em Bandung tinha começado a sua grande afirmação internacional.

A Conferência do Cairo de 1957 marca a adopção desse ponto de vista. Todos os povos que tinham vivido uma situação colonial, ainda que não fossem de cor, deveriam unir-se contra as soberanias agressoras. Todos contestavam as mesmas coisas, e estas eram todas ocidentais. Finalmente, a experiência do neocolonialismo parece ter chamado a atenção para a necessidade de substituir tal critério por um critério já económico, visto que são predominantemente económicas as técnicas dessa nova forma de subordinação. Na Conferência de Havana de 1966 uniram-se os povos excluídos da sociedade afluente, industrializada e de consumo. *Simplesmente pobres*. A pobreza caracteriza uma área reivindicativa que abriga pluralismos étnicos, de cultura, de religião, de regime político. Tal área une-se pelo deserdamento. São os povos proletários do mundo. Cercam a cidade capitalista que é o ocidente rico. Levam para a cena internacional a distinção e a oposição entre o campo e a cidade. Uma cisão capaz de ameaçar a paz do mundo, perante esta revolta de um *terceiro mundo* oposto aos outros dois, americano e soviético. Uma tentativa nova de liderança apareceu então nas dissidências do campo socialista, com a China emergindo para a ambicionada chefia do mundo dos pobres. Demonstrando, pela sua experiência, que o campo pode vencer a cidade, doutrinando que as nações proletárias do mundo podem vencer as nações ricas, industrializadas e de consumo.

As manchas ideológicas foram-se assim definindo sobre o mapa. Primeiro, o *Ocidente* dividido pelos seus *desviacionismos* que foram o *americanismo* e o *sovietismo*, ambos disputando um *Resto de Europa* que foi a sede do governo do mundo e agora é apenas um centro vazio de poder, ausente de todas as grandes decisões mundiais desde o fim da última grande guerra. Sempre com a sua latente guerra civil interior, plural, incapaz até hoje de consolidar a unidade. Depois o *mundo dos pobres,* onde facilmente se distinguem os que emergiram para a vida internacional no surto do *anticolonialismo do século XIX*, e os que estão vivendo o processo do *anticolonialismo do século XX*. Nestes, desde as Colunas de Hércules até à Indonésia, estabelecendo como que um cinturão que separa o norte e o sul do mundo, avultam os muçulmanos que, para além das armas comuns do neutralismo, descobriam e definiram a utilização da arma do petróleo. A força apareceu finalmente. A política pareceu ganhar condições de autonomia. Assim como a revisão das sociedades ocidentais não é explicável sem referência à política do pleno emprego, ao Keynesismo inflacionista, à passagem do tradicional consumo diferido para o consumo por antecipação, que alteraram muitas das virtudes clássicas, também a nova relação entre o terceiro mundo e as sociedades ricas tem de ser referida à crise das matérias-primas, na qual o petróleo tem lugar destacado. O projecto político neutralista alcançou assim um peso que antes não tinha.

A definição política do neutralismo, difícil porque apenas se baseia no exame da acção conjunta dos Estados que se incluem no grupo, talvez possa encontrar um primeiro entendimento por referência ao estatuto clássico da neutralidade. Inscrevendo-se no quadro de uma competição entre grandes potências, distingue-se logo da neutralidade clássica porque se alheia do conflito, mas para servir interesses próprios. E porque nestes interesses avultam as tarefas anticolonialistas do novo nacionalismo, é traço dominante do neutralismo aquilo que pode chamar-se a regra do *duplo critério*. Tal regra significa que os neutralistas examinaram sempre com maior benevolência as acções do grupo socialista soviético do que as acções do grupo das democracias estabilizadas. É complexo encontrar uma explicação cabal para esse facto, mas uma razão importante é certamente a de que a URSS nunca exerceu o poder político nas zonas tropicais e subtropicais onde se desenvolve o anticolonialismo do século XX.

A força que o neutralismo alcançou ao usar a arma do petróleo, também teve na base, ao que supomos, a falta de entendimento entre as potências ocidentais e foi consequência directa da crise do dólar que caracterizou a administração do Presidente Nixon. O petróleo tinha o seu preço fixado em dólares, e não deve ter sido difícil para os donos dos poços, inventores dos números com que fazemos as nossas contas, reparar que a desvalorização do dólar estava a traduzir-se numa verdadeira expoliação. Até porque, ao viajarem pelo ocidente, podiam facilmente comparar os preços de venda ao público da gasolina para os seus automóveis, também adquiridos no ocidente, com os preços que recebiam pela venda do petróleo bruto. Sabendo-se que grande parte desse preço é receita fiscal dos

Estados Ocidentais, não é estranho ter ocorrido aos vendedores que podiam aumentar eles os seus rendimentos na origem com alguma justiça. Como sempre, a difícil descoberta da evidência, que é a profunda dependência das sociedades de consumo dessa fonte de energia, permitiu-lhes uma acção eficaz cujas consequências estão longe de poderem ser enumeradas. Mas vai certamente assistir-se a uma grande revisão do teor de vida privada das sociedades industrializadas e a uma nova meditação sobre os alinhamentos políticos.

5. **As sequelas colonialistas**

Mais uma vez os factos demonstraram a importância do factor político, superador da adversidade socioeconómica e até da inferioridade tecnológica. A personalidade neutralista nasceu, desenvolveu-se e afirmou-se, passando pela porta estreita da rivalidade das grandes potências que pensaram ser capazes de policiar o mundo, e ultrapassando os projectos das médias potências que procuram encontrar um acomodamento com os interesses dos grandes. A esmagadora superioridade tecnológica do ocidente, designadamente dos EUA ou de França, não impediu a sua derrota militar em face de sociedades que os condicionamentos técnico-económicos pareciam aconselhar à contemporização. O protesto nascido de uma concepção de justiça deu suporte, a esses povos revoltados, para um decisionismo político que os conduziu, mesmo destruídos, à vitória. Foi como que a transposição, para as realidades históricas contemporâneas, de *A Revolta das Salamandras,* de Karel Capek. O talento de aproveitar a simultânea competição pelo domínio mundial e a guerra civil das potências ocidentais, conferiu a pequenas forças decididas, em geral nascidas para serem usadas como entrepostas entidades pelas grandes potências, a capacidade de paralisar, esgotar e vencer a superioridade tecnológica das formações militares ocidentais. A guerra de guerrilhas mostrou-se doutrinariamente consistente e politicamente eficaz.

A radicação, sobre o terreno, dos projectos nacionais da segunda geração da revolta, a que temos feito referência, e que conduz o anticolonialismo do século XX, enquadrou formações socioeconómicas sem correspondência nas sociedades industriais ou de consumo, às quais retirou o poder político. Mas a nova organização não pôde nem quis alhear-se de algumas variáveis impostas pelo colonizador, e que permaneceram.

Em primeiro lugar, vem o problema da definição dos espaços políticos. A penetração ocidental, sobretudo em África, alterou completamente as fronteiras físicas tradicionais. Nem sequer houve a preocupação de as entender. *A descolonização, todavia, aceitou como um dado primário de facto as fronteiras traçadas pelos colonizadores.* Disse Modibo Keita que se é certo que o sistema colonial dividiu a África, também é certo que o sistema colonial permitiu nascerem nações. O que ele pretendia era mencionar os projectos nacionais das elites revolucionárias e não quaisquer outras realidades. Ainda na Conferência de Acra de 1958 foi pedida a *«abolição ou ajustamento das fronteiras traçadas pelas potências coloniais»*. Não obstante, a pretensão acabou por ser abandonada e foi o realismo do respeito pelo *statu quo* que prevaleceu na chamada Carta de Adis Abeba. O princípio democrático das nacionalidades, com os seus corolários do patriotismo e da autodeterminação nacional, não teve aplicação possível. A reivindicação de um projecto político original, baseado numa ideologia de protesto, bebendo a sua força popular na proclamada injustiça da relação colonial, é o que realmente abre caminho sob essa bandeira. Mas fica, na generalidade dos casos, com excepções muito contadas, a necessidade de substituir o poder federador da potência colonial, que foi o agente da unidade física do território, pelo poder federador dos novos grupos neutralistas e minoritários que chegam ao poder. O nacionalismo é aqui a recusa de subordinação a um poder considerado injusto e propriedade de um grupo bem identificado como dominador; por outro lado, é a reivindicação da oportunidade de organizar com independência política, sob este novo autoritarismo, os povos submetidos por igual ao poder repudiado. A existência de partidos interterritoriais foi rara. O território colonial é a unidade de base. E com tal obstinação foi querido este condicionamento, que os movimentos separatistas em regra foram liquidados: o caso do Biafra terminou em verdadeiro genocídio; na Eritreia a luta continua; oito milhões de Nagas foram fisicamente esmagados na Índia; Catanga não pôde vingar; o nacionalismo do sul do Sudão não consegue vencer. Mas o irridentismo não teve melhor sorte: Marrocos não conseguiu absorver a Mauritânia; a Somália não logrou obter de França os Afars e os Issas. Em todos estes casos, que são indicados a título exemplificativo, a herança colonial foi aceite sem revisão pelos movimentos neutralistas, e sem quererem saber das ideologias que proclamavam.

Por outro lado, o pluralismo interior dessas herdadas fronteiras não teve expressão fácil ou simplesmente não a teve. No período anterior à independência, as soberanias coloniais tinham frequentemente adoptado as técnicas da descentralização e desconcentração de poderes, renunciando ao centralismo inicial. Os motivos não foram sempre os mesmos, mas as técnicas foram equivalentes nos territórios coloniais. Depois da independência, a tendência geral foi no sentido da centralização política e administrativa.

A nomeação das autoridades locais substitui a eleição tradicional ou modernizante. Quando esta última foi consagrada, também se introduziu a regra da designação dos candidatos pelo partido, o que não se distingue muito de uma nomeação. *De facto, a evolução neutralista, sobretudo dos Estados africanos, foi no sentido de adoptar um estado unitário centralizado, servido por um partido, tudo instrumento do monopólio ideológico da pequena elite condutora da revolução.*

É de notar que a própria ajuda económica e técnica exterior, ainda quando prestada pelas democracias estabilizadas do Ocidente, ou pelos seus organismos de cooperação, encaminha no sentido de reforçar esse centralismo estatal. De facto, nesses novos Estados não existem organizações privadas com estrutura capaz de receber e administrar a ajuda externa, a qual inevitavelmente tem de encaminhar-se para as organizações que dispõem dos poucos quadros existentes, e são os serviços públicos. Com frequência, o único serviço é o exército. Embora sofrendo o processo de internacionalização crescente do nosso tempo, esta tendência para o centralismo político dentro das fronteiras herdadas do colonialismo não tem mostrado desejo de uma verdadeira articulação mais vasta. Depois da segunda guerra mundial foi frequente que se agitasse a ideia dos Estados Unidos da África. O chamado grupo de Monróvia foi favorável à integração, enquanto que o grupo de Casablanca (Gana, Guiné-Conacri, Mali, RAU, Líbia, Argélia, Marrocos) se inclinou para uma simples união política do continente. Porém na Conferência de Adis Abeba de 1963 a maioria manifestou-se contra a ideia dos Estados Unidos da África. Na carta da OUA, ficou expressa «*a igualdade soberana de todos os Estados membros*», e «*o respeito pela soberania e pela integridade territorial de cada Estado e pelo seu direito inalienável a uma existência independente*».

O pluralismo estadual neutralista é portanto expressão do pluralismo colonial anterior e não do reconhecimento de unidades institucionais semelhantes ou equivalentes ao fenómeno nacional. O processo aglutinador, que é função tradicional do poder político, desenvolve-se dentro dessas herdadas unidades territoriais, negando a autonomia histórica das comunidades tradicionais, considerando estas como um embaraço para a modernização da vida. A primeira geração da revolta, ao contrário, pretendeu muitas vezes radicar a sua legitimidade na defesa desse pluralismo antigo. Mas não é o que se passa com a segunda geração que somou a revolução à revolta. Isto não impede que as minorias actuais, condutoras do processo de descolonização, possam encontrar-se e comungar numa ideologia de traves-mestras comuns, e cobrindo a comum política neutralista a cujos componentes já fizemos referência. O neutralismo, entendido como ideologia para fins operacionais, compreende assim uma plataforma política e uma concepção ideológica propriamente dita. O núcleo central desta é a descolonização, uma palavra que parece ter sido inventada por Paul Mus no seu livro *Le destin de l'Union Française*, de 1954. O seu conteúdo é extremamente complexo e variável conforme os autores e a oportunidade. Mas poderá aceitar-se que compreende pelo menos os objectivos de alcançar a independência em relação a um poder exterior ao território, mais um processo de desenvolvimento interno. Este último aspecto corresponde, em termos gerais, uma resposta ao *neocolonialismo*, uma expressão inventada por Jean-Paul Sartre em *Les Temps Moderns*, 1956.

O neocolonialismo cobre toda uma série de procedimentos que os condutores da revolta e da revolução consideram levar à manutenção da dependência do exterior. Tais procedimentos e dependências podem ser de ordem pública ou de ordem privada, e por isso se fala em neocolonialismo público e neocolonialismo privado. Sem necessidade de entrar aqui na análise de cada um dos processos referidos, convém salientar que este problema do neocolonialismo torna extremamente difícil o acerto de uma situação estável e confiante entre as antigas colónias e as antigas metrópoles. A desconfiança entra facilmente por essa porta. A mudança de alianças e os acordos consequentes têm muitas vezes essa causa. Acontece que, sendo a revolução feita com a invocação dos conceitos e valores ocidentais da vida política, a defesa contra o neocolonialismo, não apenas económico, financeiro e técnico, mas também cultural, leva a um repúdio desses valores e contribui para a radicalização de um racismo do colonizado contra o antigo colonizador.

Para orientar a reforma interna das estruturas, a crítica marxista foi a que maior acolhimento encontrou. N'Krumah, um exemplo típico, revela na sua biografia que dedicou todas as suas forças a «*encontrar uma fórmula capaz de resolver toda a questão colonial e o problema do imperialismo. Lia Hegel, Karl Marx, Engels, Lenine, Mazzini*». Noutros casos, como no de Sékou Touré, o sindicalismo foi a via pela qual conheceu o marxismo. Escreveu ele: «*o marxismo serviu, em certos pontos da sua doutrina, para organizar sobre bases nacionais o movimento sindical africano*». Todavia, e embora todo este problema ainda esteja hoje mal investigado e sabido, parece que a influência inegável do *marxismo* não está a levar à implantação tropical de um *sovietismo* de molde europeu.

Outras influências se somaram, além da presença das tradições abrangidas pela negritude ou africanização. A mais significativa foi a cristã, não necessariamente católica. Provavelmente L. S. Senghor é dos exemplos mais representativos desse sincretismo. Na sua formação estiveram presentes Péguy, Claudel e Teilhard de Chardin. Por isso ele dizia, em Setembro de 1964, dirigindo-se à Internacional Socialista: «*o nosso socialismo é a síntese entre princípios gerais comuns a todos os socialismos e os melhores elementos da tradição africana*».

A ideologia complica-se finalmente com as utopias do pan-africanismo, com as suas primeiras doutrinações em W. E. Du Bois e no visionário Marcus Garvey. O movimento posterior à guerra está porém longe de vencer o pluralismo estadual. Na prática, *toda a ideologia neutralista se transforma, internamente, num populismo, isto é, na afirmação de que o povo é o inspirador da acção política. Uma afirmação que se mostra facilmente compatível com o partido único, o centralismo, a chefia carismática.*

CAPÍTULO III
O Neutralismo

§ 1.º
A FORMAÇÃO DO TERCEIRO MUNDO

1. Terceiro mundo e neutralismo

Embora a Carta da ONU, como vimos, se referisse a territórios e não apenas a povos, a jurisprudência da Assembleia Geral foi-se encaminhando no sentido de colocar os povos em evidência e não os territórios, ao mesmo tempo que negava qualquer necessidade de uma tutela civilizadora. De facto, esta evolução significa a total recusa do ocidentalismo como padrão geral, visto que a tutela civilizadora era a esta concepção ocidental que se referia.

Existem duas Declarações adoptadas pela Assembleia Geral da ONU que merecem, neste domínio, particular atenção. A primeira é de 14 de Dezembro de 1960 e chama-se *«Declaração sobre a outorga da independência aos territórios e aos povos coloniais»*. A segunda é de 12 de Dezembro de 1970 e chama-se *«Programa de acção para a aplicação integral da declaração sobre outorga da independência dos territórios e povos coloniais»*. Nos considerandos desta última é dos povos que se fala, afirmando *«que todos os povos têm o direito à autodeterminação e à independência e que a sujeição dos povos ao domínio estrangeiro constitui um grave obstáculo para a manutenção da paz e da segurança internacionais e para o desenvolvimento das relações pacíficas entre as nações».* É porém certo que o facto de a tónica ter sido colocada sobre os *povos,* não implicou qualquer aplicação do critério em relação aos povos habitando os territórios das grandes potências; nem em relação aos povos que ficaram abrangidos dentro dos territórios que eram colónias arbitrariamente definidas pelo acordo dos colonizadores e que com tal definição marchavam para a independência: é o caso da União Indiana que entretanto anexou mais territórios e povos; é o caso da Nigéria que impediu a divisão do território usando o genocídio.

O conjunto de novos Estados que se foram tornando independentes, adquiriram voz no Mundo num período em que este estava dominado pela competição entre os EUA por um lado, e a URSS pelo outro, cada uma destas grandes potências acompanhadas pelos seus aliados e satélites. Recorrendo à velha imagem da *balança de poderes*, que durante mais de um século serviu para explicar o equilíbrio internacional organizado pelo Ocidente, o Mundo era disputado pelo *capitalismo liberal* e pelo *sovietismo marxista*, sem que existisse um fiel da *balança*. Foi entre estes dois mundos competitivos que apareceu o *Terceiro Mundo*, uma expressão que foi usada por Alfred Sauvy, inspirado pela famosa brochura do Abade Sieyès: *Qu'est-ce que le tiers état?* Tal como o Abade concluíra que *o terceiro estado* era tudo na vida de França, sem que tivesse qualquer função política, mas aspirando a ser *«qualquer coisa»*, assim também Sauvy desenhava a situação destes novos países (G. Balandier e outros, *Le Tiers Monde*, Paris, 1956). Foi a partir desta data que escritores como Jean-Paul Sartre, Maurice Duverger, Frantz Fanon, André Malraux, Ângela Davis, Alain Geismar, De Gaulle, Gonidec, adoptaram e popularizaram a expressão e o conceito.

Isto não quer dizer que não tenham aparecido outras expressões destinadas a designar o mesmo fenómeno e orientadas por outras preocupações ideológicas. Isto é, assim como a expressão *terceiro mundo* não se entende senão por referência à divisão bipolar da época, outras expressões são influenciadas por diferentes pontos de referência. Lembre-se que Toynbee, na sua tentativa de explicar a história com base na teoria do desafio, falou nas nações *proletárias,* expressão que veio a ser adoptada pela análise sociopolítica de Pierre Moussa (*Les nations prolétaires*, Paris, 1959), e pela conceptualização maoísta: trata-se de referir a divisão do mundo entre países ricos e países pobres. Outros, olhando para o fenómeno do desenvolvimento económico, preferiram falar em *países em vias de desenvolvimento*, uma expressão inventada pela OCDE em 1957, para evitar chamar subdesenvolvidos a vários Estados. Mais tarde também adoptaria a expressão *regiões-problema*. Mas alguns radicais, como Bettelheim, preferem insistir em falar de *«países explorados, dominados e de eco-*

nomia deformada», para salientar que são explorados pelos países capitalistas e imperialistas.

De facto, esta querela não parece ser puramente semântica, mas também não corresponde a diferenças essenciais de reconhecimento do fenómeno: parecem antes várias notas identificadoras do mesmo objecto. As duas superpotências ainda hoje são o que temos chamado *Estados em movimento*, isto é, sem interesses estabilizados, incluindo a falta de fronteiras geográficas aceites como definitivas. Os Estados emergentes formaram um terceiro mundo caracterizado por vários traços: geralmente tropical, habitado por povos de cor ou colonizado pelo ocidente; pobre; subdesenvolvido; proletário; na zona das *tempestades*, como lhe chamou em 1953 o Comité Central do Partido Comunista Chinês; países dos três «A», isto é, Ásia, África e América Latina.

As suas características gerais aparecem assim definidas nos analistas, segundo os estudos dirigidos por Fourastié e Vimont (*Histoire de Demain*, Paris, 1956): demograficamente, apresentam uma natalidade forte, mortalidade elevada e fraca esperança de vida no nascimento; mentalmente, são intuicionistas e tradicionalistas; pouca iniciativa empresarial; língua avessa às abstracções; social e politicamente, apresentam estruturas arcaicas, sem classe média, mulheres submetidas, economia dualista e desarticulada, regime político autoritário; instrução de nível deficiente, com falta de quadros; desemprego, subemprego, trabalho de menores; fraco capital produtivo, fraca taxa de investimento anual, fracas infra-estruturas, fraca capacidade financeira, fraca poupança, predomínio da agricultura, produtividade baixa, autoconsumo; exportações especializadas, sobretudo agrícola e minérios; fraco rendimento nacional; estado sanitário deficiente; dependentes do estrangeiro. Outros elementos identificadores podem ser acrescentados, mas estes sobram para caracterizar a situação deste terceiro mundo, *pobre em relação aos capitalistas e aos socialistas do mundo*. Por isso não é difícil entender que se tenha partido da identificação de uma igual situação de facto para uma tentativa de formulação de uma ideologia comum. Esta foi o *neutralismo*.

De resto, só a ideologia permite identificar os membros e avaliar o peso político do grupo, visto que nem todos os que são descritos como terceiro-mundistas aderem à acção política orientada pelo neutralismo. Em 1961, a revista *Le Tiers Monde* enumerava os seguintes países como pertencentes ao grupo socioeconómico terceiro-mundistas:

1.º – *África*: Alto Volta, Benin (então Daomé) Camarões, Congo-Brazzaville, Chade, Costa do Marfim, Egipto, Etiópia, Gabão, Gana, Guiné, Libéria, Líbia, Madagáscar, Mali, Marrocos, Mauritânia, Niger, Nigéria, República Centro-Africana, Senegal, Somália, Sudão, Togo, Tunísia e Zaire.

2.º – *América*: Bolívia, Brasil, Colômbia, Costa Rica, Cuba, Equador, Guatemala, Haiti, Honduras, Nicarágua, Panamá, Paraguai, Perú, República Dominicana, Salvador, Chile, México e Venezuela.

3.º – *Ásia*: Afeganistão, Arábia Saudita, Birmânia, Cambodja, Ceilão, Coreia do Sul, Filipinas, Iémen, Índia, Indonésia, Irão, Iraque, Jordânia, Laos, Líbano, Federação da Malásia, Nepal, Paquistão, Singapura, Tailândia, Turquia e Vietname do Sul.

4.º – *Países dependentes*: territórios da África Austral (compreendendo os antigos territórios portugueses), do Pacífico e do mar das Antilhas.

Basta a enumeração para ver que não há relação necessária entre a qualificação socioeconómica, admitido que é correcta em todos os casos, e o alinhamento político, este dependente da pirâmide do poder. Por outro lado, é oportuno lembrar que a mesma análise foi empreendida em relação a países capitalistas e socialistas ocidentais, no sentido de encontrar uma comum caracterização socioeconómica, sem que implique alinhamento político. Os trabalhos, tantas vezes referidos, de Aron, Galbraith, Marcuse, insistindo nos critérios da industrialização, da riqueza e do consumo, também são visões diferentes do mesmo objecto: as sociedades divididas politicamente entre o primeiro mundo (capitalistas) e o segundo mundo (socialistas), mas obedecendo a iguais modelos que eventualmente poderão levar ao apaziguamento e, depois, à cooperação: racionalistas, substituindo o braço pela máquina e a memória pelo computador; vivendo em cidades; com meios sobrantes e sem carência de projectos; larga expectativa de vida; natalidade controlada; produção em massa; o mercado arrastando o consumo; exportando capitais, técnica e domínio político.

2. A imagem do terceiro mundo

O terceiro mundo foi um conceito adoptado e usado pelos alinhamentos intelectuais e políticos do Ocidente que por vezes se chamam «*nova esquerda*». Permitiu-lhes, entre outras coisas, estabelecer um laço entre os movimentos autonomistas das colónias e os movimentos de protesto das minorias dos países ocidentais, como os negros, os portorriquenhos, os emigrantes da bacia do Mediterrâneo e, de maneira geral, os pobres. Em 1958, quando F. Fanon publicou *Les Damnés de la terre*, já falava no objectivo de actualizar valores, métodos e um estilo específico, que caracterizaria esses povos lançados na luta política internacional. Toda a *Nova Esquerda* é tributária de Fanon. É assim que a famosa negra Ângela Davis declarava, em 1969, que a luta dos negros nos EUA é excelente como meio de «*estabelecer uma solidariedade concreta com os irmãos e irmãs que lutam no Terceiro Mundo pela sua libertação*». Em França, Marc Hatzfeld, perante o Tribunal, afirmou que «*a classe operária imigrada é a luta dos povos do Terceiro Mundo presente no próprio coração das grandes cidades industriais. É a Palestina em Baybés. É o Harlem em toda a parte*». E, finalmente, como que anunciando a vocação da chefia, o delegado da China à ONU, Kiao Kouanhoua declarou na Assembleia Geral, em 15 de Novembro de 1961: «*A China ainda é um país economicamente atrasado, um país em via de desenvolvimento; tal como a maioria esmagadora dos países da Ásia, África e América Latina, pertence ao Terceiro Mundo*». (in: *La Courant de l'histoire est irrésistible*, *Pékin*, 1961).

3. **As variáveis do conceito do terceiro mundo**

De todas as variáveis com as quais se tem procurado caracterizar o grupo, a mais compreensiva ainda parece ser a variável política: são países não alinhados, isto é, que procuram desenvolver uma política independente em relação aos blocos capitalista e soviético. De maneira geral e tomando como exemplo, entre muitos, o teor das conclusões da Conferência de Belgrado de 1961, desejam: apoiar os movimentos de libertação colonial; apoiar a coexistência pacífica; não aderir aos blocos militares. Deste modo, muitos países que económica, social e até psicologicamente se aproximam do grupo, não lhe pertencem em consequência da diversidade de alinhamento político: é o caso dos países satélites da URSS, socialistas, sem autodeterminação quer no sentido ocidental quer no sentido neutralista, pobres, mas política e militarmente alinhados. O mesmo pode dizer-se dos países europeus pobres do Mediterrâneo, com um sentido de envolvimento político, uma herança histórica actuante, e um desenvolvimento cultural que não permitem incluí-los na categoria política do neutralismo.

A obra colectiva chamada *Le tiers monde* que Alfred Sauvy prefaciou em 1956, e que foi reeditada em 1961, sob a direcção de Balandier, dedica-se ao exercício de agrupar os países segundo estes critérios. É metodologicamente útil tal exercício, mas nada substitui o critério da decisão política do terceiro mundo, que politicamente se caracteriza como neutralista: a luta pela autodeterminação, que para eles é sempre independência; os critérios da sua unidade; a atitude internacional.

§ 2.º
A INOVAÇÃO NEUTRALISTA

1. A análise marxista-leninista-maoísta

O fenómeno colonial, tal como se apresentou a Marx, não era muito diferente do que foi examinado por Adam Smith. Quando se dedica ao estudo da «*teoria moderna da colonização*», são os EUA que lhe servem de modelo: uma terra sobre a qual os imigrantes exercem uma acção de ocupação e valorização. O seu colaborador Friedrich Engels, sublinhando os mesmos aspectos, que considerou condenáveis, da exploração capitalista nas colónias, fazia uma distinção: entendia que as colónias fundadas por colonos livres, mesmo as que formariam depois os domínios britânicos, se tomariam independentes; as colónias povoadas por indígenas submetidos ao poder colonial, como a Índia, a Argélia, as colónias holandesas, portuguesas e espanholas, seriam conduzidas para a independência pelo proletariado, segundo um processo cuja estrutura não antevia exactamente, mas certamente com «*toda a espécie de destruições*» (in: Gregorio Ortega, *Lénine et le mouvement de libération nationale, Tricontinental,* 1970, n.º 2).

Foi porém Lenine quem em 1916, no seu *O Imperialismo, estádio supremo do capitalismo,* estabeleceu a doutrina soviética do terceiro mundo. Procura descrever a ocidentalização política da terra como o resultado de uma competição armada pelo domínio de territórios económicos, visando a apropriação das matérias-primas e o domínio dos novos mercados de consumo dos produtos acabados. Mais tarde, em *O Socialismo e a guerra*, define a autodeterminação dos povos submetidos como um instrumento fundamental da luta do proletariado contra os Estados Capitalistas. No seu raciocínio táctico, considera que não há desvantagem em multiplicar os Estados pequenos, nem inconveniente em apoiar os movimentos burgueses e nacionalistas de libertação das colónias. Esta independência traria sempre como resultado o enfraquecimento das burguesias metropolitanas, facilitando o avanço dos partidos socialistas, e, em territórios coloniais, implicaria o acesso ao poder de minorias burguesas débeis que facilitariam o segundo passo da revolução marxista. Mais de uma vez evidenciou a sua convicção de que, no teor geral do movimento de auto-determinação, o «*despertar da Ásia*» seria um marco novo da História Universal no século XX. Com isto apenas inscrevia na sua temática revolucionária a previsão chamada de *perigo amarelo* que Guilherme II da Alemanha apontara, com critério diferente. Durante o *III Congresso da Internacional Comunista* anotou que: «*no momento das batalhas decisivas iminentes da revolução mundial, o movimento da maioria da população terrestre... voltar-se-á contra o capitalismo e o imperialismo e desempenhará possivelmente um papel revolucionário mais importante do que pensamos*».

O desenvolvimento deste critério não podia deixar de levar a examinar o próprio fenómeno soviético, um poder político imposto pelo Império moscovita a dezenas de povos que não são russos, e que a revolução conservou sem mudança. Pertenceu a Estaline, ocupando-se do problema das nacionalidades soviéticas em 1924, dar desenvolvimento à proclamação de Lenine, de 1918, da «*igualdade e soberania dos povos da Rússia*». Definindo a autodeterminação soviética, tal como ficou recolhida na Constituição de 1933, Estaline esclarecia que todos os povos que resolvam proclamar o sovietismo podem autodeterminar-se no sentido de se unirem ao campo socialista; porém, os povos incluídos no território soviético só poderiam separar-se no caso de não estarem geograficamente ilhados entre repúblicas soviéticas, se as populações o desejassem e se isso não fosse contrário aos interesses do socialismo. Estas condições nunca se reuniram para nenhum povo submetido ao domínio soviético, e nunca qualquer deles obteve a autodeterminação.

A atracção do sovietismo em relação aos povos coloniais foi grande: a distinção entre colonizadores e colonizados era facilmente identificada com a distinção entre capitalistas e proletários. A linha da cor ajudava esta sobreposição de conceitos. Depois, a URSS nunca exercera o poder político nas zonas do mundo postas em causa pelo anticolonialismo moderno, e por isso não sofreu ali o desgaste resultante do uso do poder. Oferecia ainda o modelo aliciante de uma sociedade agrária que conseguira dar o salto em frente para a industrialização.

Em pouco tempo, todavia, tornou-se evidente que o conceito de *pátria dos trabalhadores de todo o mundo* não podia ser usado para entender a realidade soviética. Era uma pátria dos russos, que não renunciaram a qualquer objectivo nacional tradicional, não abandonaram qualquer parcela do território do Estado, não autodeterminaram nenhum dos seus povos, e distinguiam perfeitamente entre o proselitismo internacionalista exterior e o nacionalismo interno. Progressivamente, a competição mundial com outros poderes, para alcançar o predomínio planetário tornou-se a tónica dominante da sua política internacional. A ideologia foi uma componente do arsenal dessa luta, e não uma variável desinteressada e independente dos objectivos do Estado. Tal como nos países ocidentais, que fizeram parte do Directório mundial que as últimas guerras finalmente destruíram, o avanço ideológico é procurado como pressuposto da necessária consolidação da unidade desejada entre aliados, mas a sua falta não impede nem prejudica as alianças procuradas em detrimento dos poderes adversários: os interesses do Estado estão, como sempre, acima das diferenças ideológicas; a unidade ideológica é procurada porque serve melhor aos interesses do Estado.

Assim como a análise socioeconómica encontrou muitos traços de coincidência entre os países que genericamente são chamados terceiro-mundistas, assim também a conjuntura foi revelando traços comuns entre a sociedade soviética e a sociedade capitalista ou social-democrata do Ocidente. Esta aproximação, prognosticadora de um possível eventual alinhamento político, numa linha de evolução em que se inscrevem a *guerra fria*, a *competição pacífica*, o *apaziguamento ideológico*, deu especial oportunidade e relevo ao pensamento de Mao Tsé-tung no campo do terceiro mundo. A sua primeira contribuição significativa parece ter sido um estudo de 1940 chamado A NOVA DEMOCRACIA, no qual classificou os regimes políticos do mundo em três categorias: *ditaduras burguesas*, *ditaduras proletárias*, ditaduras exercidas em comum por várias classes revolucionárias ou *democracia nova*. Seria o caso da China, onde a união de todas as classes anti-imperialistas teria poupado, ao processo revolucionário, a fase da ditadura burguesa. Na fase da *democracia nova*, os operários, camponeses, pequenos burgueses, e burgueses anti-imperialistas, definem a etapa da nova democracia; segue-se a etapa da ditadura do proletariado, preliminar da instauração do comunismo.

Nesta análise, a sua principal conclusão foi que «*a revolução chinesa é, no fundo, uma revolução de camponeses*». Concluía que o campo pode vencer a cidade. Foi nesta orientação que o já citado Frantz Fanon afirmou em *Les Damnés de la terre* que «*nos países coloniais só o campesinato é revolucionário. Não tem nada a perder e tudo a ganhar*». A guerra será o instrumento de libertação. Uma guerra justa, no pensamento de Mao, desde que seja uma guerra progressista. Neste tipo de guerra todos os comunistas têm o dever de participar. De todas, afirma que a mais justa é a que se desenvolve contra o imperialismo que domina e oprime os povos da Ásia, África, América Latina. Daqui resulta a sua concepção de que há *nações capitalistas e nações proletárias*, sendo que estas, pela lei da história, vencerão as primeiras. É um corolário da superioridade do campo sobre a cidade. Todos os povos, cuja revolução tiver triunfado, têm o dever de ajudar aqueles que lutam pela sua libertação. Isto é, todos os países dos três AAA devem assegurar o triunfo da revolução mundial. A proximidade de estruturas entre os EUA e a URSS, levando esta a uma atitude social-imperialista, implica para a China o dever de assegurar a direcção da revolta dos países do terceiro mundo. Foi a conclusão de Lin Piao, sublinhando que «*é da luta revolucionária dos povos da Ásia, África e América Latina, onde vive a esmagadora maioria da população mundial, que depende a causa revolucionária mundial*».

Dando finalmente forma estatutária a esta nova atitude perante o mundo, os Estatutos do Partido Comunista Chinês, aprovados no IX Congresso de 14 de Abril de 1969, estabeleceram que se une «*resolutamente com os partidos e grupos marxistas-leninistas autênticos, com o proletariado, e os povos e nações oprimidos do mundo inteiro na luta conduzida em comum para abater o imperialismo que tem à sua cabeça os Estados Unidos*».

2. **As solidariedades ideológicas**

Foram várias as correntes ideológicas que procuraram contribuir para a unidade de acção política deste terceiro mundo. Nenhuma delas cobrindo a totalidade dos países que podem considerar-se socioeconomicamente caracterizados desse modo. Nem todas também inspiradas pela revolução, algumas apenas inspiradas pelo anti-imperialismo contra os poderes ocidentais dominantes. Mas todas com interesse para o entendimento da conjuntura.

a) *O pan-asiatismo* – Entre os antecedentes mais importantes das ideologias do Terceiro Mundo, conta-se o pan-asiatismo inspirado pelo Japão. A vitória sobre a Rússia em 1905 foi uma surpresa para o mundo e um estímulo para o nacionalismo japonês. A derrota na guerra de 1919 ficou como uma afronta a exigir reparação. Em Agosto de 1926, reuniu na predestinada Nagasaki o primeiro Congresso Pan-asiático, onde se fizeram representar a China, as Filipinas, o Império de Anão, a Índia, o Afeganistão, a Malásia, e a Coreia. São já os *povos* e não os *Estados* que se reúnem, numa afirmação de *legitimidade dos povos* contra a *ilegitimidade das soberanias exteriores*. Esta atitude não será mais abandonada e constitui uma das inovações do neutralismo. A então criada *Liga dos Povos Asiáticos* proclamou a *independência como o seu grande objectivo*. Durante o último conflito mundial de 1939-1945, o Japão, aliado das potências do Eixo Berlim-Roma, pretendeu traduzir esse movimento num grande espaço, por si dirigido, ao qual chamaria a *Esfera de Coprosperidade da Ásia*.

A derrota do Japão transferiu para a União Indiana, depois da paz, a liderança do pan-asiatismo. A primeira Conferência, convocada por Nehru, reuniu-se em 23 de Março de 1947, com a representação de 25 países, concluindo: «*o imperialismo não poderá continuar a dominar nenhuma região da Ásia*», sendo doutrinado um movimento pan-asiático dirigido contra todos os opressores. Em 20 de Janeiro de 1949 reuniu-se uma Segunda Conferência, cujo objectivo principal foi conseguir a independência da Indonésia, contestada pela Holanda até 1949. Finalmente pedia-se a formação de um grande bloco afro-asiático politicamente solidário. A *Conferência de Bandung*, que referimos, foi o grande encontro que consolidou a solidariedade afro-asiática.

b) *O pan-africanismo* – Este movimento foi originado no meio dos negros do continente americano, e a sua raiz encontra-se na *Conferência de Londres* de 1900, convocada pelo advogado das Antilhas Henry Sylvester Wiliams, com o objectivo de lutar contra a espoliação das terras africanas pelos europeus. Mas o seu primeiro grande inspirador teórico foi W.

E. Burghart Du Bois, professor da Universidade de Atlanta nos fins do século XIX. Este movimento, que Price-Mars (1876-1969) pretendeu fundamentar na passada grandeza da cultura negra, em *Ainsi parla l'oncle…*, veio a inspirar a Negritude cantada por Aimé Césaire e por L. S. Senghor. Foi este quem, na *Jeune Afrique* de Junho de 1963, escreveu: «*O que nos liga está para lá da história. Está enraizado na pré-história. Liga-se à geografia, à etnia, e portanto à cultura. É anterior a qualquer colonização. É uma comunidade cultural que chamo africanismo. Defini-la-ia como o conjunto dos valores africanos da civilização…*». Esta negritude foi eminentemente antiocidental na poesia de Claude McKay: «*Pelo distante país de onde vieram meus pais, suspira o meu espírito na prisão do corpo/Palavras jamais escutadas formam-se sobre os meus lábios/A minha alma quereria cantar os cantos esquecidos da floresta/Quereria voltar à noite, à paz/Mas o grande Ocidente fez de mim coisa sua/E eu sei que nunca serei livre/Enquanto rezar aos seus deuses estrangeiros*». A linha revolucionária não aceitou a *negritude* por a considerar aniquiladora da vontade de lutar. Fanon escreveu que «*a adesão à cultura negroafricana, à unidade cultural da África, passa primeiro por um apoio incondicional à luta de libertação dos povos*» (*Les Damnés de la Terre*). Mas não faltaram os economistas, como Mamadou Dia (*Réflexions sur l'economie de l'Afrique noire*, 1953) para entenderem que a unidade era uma exigência económica, implicando um reajustamento criterioso das fronteiras arbitrariamente estabelecidas pelo colonizador, defendendo a formação de grandes espaços territoriais (*Économie Africaine*, 1955).

A primeira expressão política do pan-africanismo deveu-se a um negro da Jamaica, Marcus Garvey que, em 1920, preconizou o regresso de todos os negros à África, criando para tal fim uma Companhia Marítima chamada *Black Star Line*. Sobre o seu movimento pronunciou-se Eldridge Cleaver (Panthère noire, Paris, 1920), nos seguintes termos: «*Marcus Garvey teria podido resolver o problema universal da terra para os negros, mas não resolveu aquele, mais particular, da América negra e da relação imediata que tem com o solo que ocupa*». Mas foi também depois da última grande guerra que o pan-africanismo se tornou politicamente mais activo. Em 1950, o mesmo L. S. Senghor pronunciou-se a favor de uma «*África independente e unida*». Depois de 1955, é N'Krumah o campeão dessa tese. O livro de Senghor, *Nation et voie africaine du socialisme*, e o livro de N'Krumah, *Africa Must Unite*, documentam essa tendência. Foi aqui que ele anotou a «*intervenção, na política mundial, da personali-*

dade africana». Esta personalidade africana manifestou-se na *Conferência de Acra* de 1958, a primeira *conferência dos povos africanos*, e não dos Estados, justamente para chamar à reunião os movimentos em luta contra os colonizadores. De conferência em conferência acabaram por fundar em 1963 a *Organização da Unidade Africana* – OUA, que veio reforçar a solidariedade dos Estados africanos e empenhar-se, com êxito, na luta contra as soberanias exteriores à África. O pan-africanismo tem hesitado entre a continentalidade e o regionalismo. A tendência dominante, mesmo no seio da OUA, é no sentido de recusar a supranacionalidade em favor de uma simples cooperação consentida. O pan-africanismo não alcançou portanto uma institucionalização.

c) *O pan-americanismo* – O *pan-americanismo* aparece frequentemente ligado ao Congresso do Panamá de 1826, reunido por iniciativa de Bolívar. Desde 1815 que ele defendia a formação de uma federação das antigas colónias espanholas do continente numa tentativa de conseguir salvar a unidade antes assegurada pela soberania comum. Era uma resposta à ameaça do Congresso de Viena, e por isso Bolívar proclamava que deveria ser uma aliança *«bem mais estreita do que a formada recentemente na Europa contra a liberdade dos povos»*. O projecto não levou a nenhuma conclusão prática, mas ficou na lembrança dos estadistas como *«o sonho de Bolívar»*.

Em 1899, os EUA procuraram por seu lado organizar a *União Pan-americana*, com o objectivo de abrir o continente à expansão do comércio americano e o desejo de assumir uma função directora nas disputas políticas. Deu origem a serviços, actuando por meio de conferências frequentes. Mas depois da última guerra mundial, em Abril de 1948, foi assinada em Bogotá a *Carta da Organização dos Estados Americanos*, que fixa o princípio da *«não-intervenção»* nos assuntos internos dos Estados-membros. São objectivos fundamentais: a paz entre os aderentes; unidade contra a agressão; cooperação no campo do desenvolvimento. Em 1967, na *Terceira Conferência Interamericana Extraordinária*, foi aprovado o chamado Protocolo de Buenos Aires, que entrou em vigor em 27 de Fevereiro de 1970. Aqui se proclama que *«a integração é um dos objectivos do sistema interamericano»*, visando criar, tão rapidamente quanto possível, um mercado latino-americano. Os problemas económicos, de acordo com o que Celso Furtado chamou *O Mito do desenvolvimento económico*, eram a tónica da época.

A este pan-americanismo desenvolvimentista, está a opor-se o novo pan-americanismo inspirado por Che Guevara e divulgado por Regis Debray (*Révolution dans la révolution?*). Sustenta esta orientação que pretende continuar a luta contra a tutela espanhola, agora substituída pela América. De novo preconiza, com filosofia proletária e socialista, a necessidade de unir todos os países para triunfar das forças reaccionárias também unidas. Para tanto, concluem que a Cordilheira dos Andes está destinada a tornar-se na Sierra Maestra da América, e defendem a criação de um segundo ou de um terceiro Vietname do Mundo. A primeira *Conferência Latino-Americana de Solidariedade*, realizada em Havana, adoptou a *Declaração Geral* de 10 de Agosto de 1967, que é o manifesto desta orientação. Preconizam a violência revolucionária, a guerra de guerrilhas, e a consideração da Revolução Cubana como a vanguarda do anti-imperialismo latino-americano.

d) *O pan-arabismo* – Esta orientação pode considerar-se tricontinental, visto que, desde as Colunas de Hércules até à Indonésia, os muçulmanos formam uma espécie de cinturão que divide o norte do sul do mundo. Embora *islamismo* e *arabismo* não sejam sinónimos, as duas raízes aparecem unidas neste movimento. O chamado *Manifesto do Comité Nacionalista da Síria*, de 1936, dá a seguinte definição do movimento: «*a nação árabe é a população que habita sobre o território árabe e que está unida pela comunidade da língua, da mentalidade, das recordações históricas, dos hábitos e costumes, dos interesses, das esperanças... A pátria árabe é formada pelas regiões que estão compreendidas nos seguintes limites: ao norte, o Monte Taurus e o Mediterrâneo; ao sul o Oceano Arábico (Índico), as montanhas da Abissínia, as Cordilheiras do Sudão e o Saara; a Oeste, o Oceano Atlântico, e sobre as costas da Síria, o Mediterrâneo; a Leste, as montanhas do Irão e o golfo de Bassorah (Golfo Pérsico)*». Aqui o acento tónico é mais posto no *arabismo* do que na religião, sendo que o primeiro interessa mais à bacia do Mediterrâneo e tem sido objecto de acções mais concretas. Na primeira metade do século XIX, Mohamed Ali e seu filho Ibrahim procuraram reagrupar os países árabes da Ásia e o Egipto, sem êxito. Durante a primeira guerra mundial a Inglaterra declarou apoiar um novo Império árabe, mas acabou por organizar a pulverização da área. Para além das tentativas esporádicas, em que avultaram os frustrados projectos de unir o Egipto e a Síria, foi Nasser (*Philosophie de la revolution*, 1954) quem proclamou que a luta pelo pan-arabismo não é separável da vontade

170   *A Comunidade Internacional em Mudança*

de unir os crentes do Islão. Deste modo, o pan-islamismo, que radica na doutrinação de Jamal El-Dine El-Afghani (1833-1897), teve já expressão importante, e frustrada, na tentativa de salvar o *Califado*, título que pertenceu ao Sultão da Turquia desde 1517. Os sucessivos Congressos, de 1920, 1931 e 1954, não levaram a qualquer organização, mas lançaram os fundamentos da solidariedade afro-asiática e do neutralismo.

§ 3.º
OS PRINCÍPIOS NEUTRALISTAS

1. Neutralidade e neutralismo

Antes de tentar enumerar os princípios do neutralismo, entendido como ideologia política do terceiro mundo, formulada para a conjuntura bipolar que se desenvolveu a partir do fim da guerra de 1939-1945, convém caracterizá-lo em relação aos conceitos tradicionais de neutralidade. Esta tem duas formas principais na tradição jurídica ocidental: traduz-se na declaração de um ou mais Estados, perante um conflito concreto, de que não participarão na disputa; ou trata-se de um Estado declarar que renuncia ao seu direito de fazer guerra, excepto defensiva, ficando alheio a qualquer conflito que venha a surgir entre terceiros. Esta última atitude, que é característica da Suíça, tem de corresponder a um interesse geral para ser respeitada pelos outros Estados. Esse interesse é, por exemplo, o de dispor de um lugar para sede das organizações internacionais que devam funcionar não obstante a guerra, o de garantir um ponto de encontro aos delegados dos beligerantes ou seus representantes, o de assegurar a existência de um Estado intermediário possível para a negociação da paz. Durante a última guerra mundial, a experiência internacional adquiriu uma nova categoria que foi chamada *neutralidade colaborante*. Este conceito destinou-se a cobrir a atitude adoptada pelo governo português que, proclamando a neutralidade, todavia concedeu aos aliados ocidentais o uso de facilidades nos Açores contra as potências do Eixo Berlim-Roma. Tal atitude era apenas um dos elementos de uma filosofia geral que dizia respeito ao conceito da Europa, ao papel do Ocidente, e à jurisdição interna. Mas, para fins do litígio, traduzia-se em envolver uma limitada parte do território nacional numa ajuda selectiva a um dos beligerantes, obtendo o reconhecimento desta atitude por ambas as partes. Difícil de conceitualizar, o facto foi esse.

O neutralismo tem raízes na prática anterior da neutralidade, mas com uma flagrante especificidade. Trata-se também de tomar posição em face de uma rivalidade, eventualmente podendo conduzir à guerra, entre duas grandes potências, a URSS e a EUA. Cada uma destas potências lidera um grupo de países, e formam portanto dois blocos. Correspondentemente, o neutralismo não é a definição da atitude de um Estado isolado, é a definição da atitude de um grupo de países que coincidem em outros interesses, objectivos e dependências. Por outro lado, este grupo não renuncia ao direito soberano de fazer a guerra, nem ofensiva nem defensiva: simplesmente não considera que possam ser seus os conflitos entre os dois blocos, mas guarda o direito de realizar os seus interesses por todos os meios ao alcance da soberania.

2. As metas negativas do neutralismo

O neutralismo, como atitude política geral, deve muito à doutrinação de Nasser, N'Krumah, Keniatta, Amílcar Cabral, Tito, e sobretudo, ao encontro e debate, no seio das Nações Unidas, dos representantes das potências interessadas. A Assembleia Geral forneceu a ocasião e deu origem ao hábito de olhar o mundo na sua totalidade, pondo em evidência as solidariedades sectoriais. O neutralismo foi assim aparecendo como um prolongamento do anticolonialismo, isto é, uma construção destinada a consolidar a independência e a garantir uma intervenção na política mundial aos novos Estados.

Pelo que toca à consolidação da independência política alcançada, o primeiro perigo em que falaram foi no *neocolonialismo*. Esta expressão corresponde ao diagnóstico, rapidamente feito, de que a autodeterminação tinha envolvido um interesse das grandes potências. Estas tinham reconhecido que não é necessária a soberania integral para tirar proveito de um território. O uso criterioso e apropriado de uma ou várias das faculdades que compõem o poder político dispensa a presença ostensiva dos exércitos e das bandeiras, símbolos tradicionais da soberania (Luchaire, *Droit d'outre-mer et de la coopération*, Paris, 1966). Acontece que o domínio não ostensivo tem muitas vezes carácter económico, mas também pode manifestar-se nos domínios político e militar. Este último aspecto foi sobretudo evidenciado pelos críticos da nova organização da África francófona. Por exemplo, na Conferência de Casablanca de 1961, foi adiantada a ideia de que a independência da Mauritânia era simples expediente francês para cercar militarmente os Estados africanos e para aumentar o número dos Estados teleguiados. Acrescenta-se que se trata de uma espécie de cumplicidade entre os governantes locais e as antigas potências colonizadoras para assegurar a estabilidade dos primeiros. De tudo resulta um frequente clima de suspeição e instabilidade internacionais, nem sempre em relação com os factos (Boutros-Ghali, *L'Organisation de l'Unité africaine*, Paris, 1969). Finalmente, o neocolonialismo implicaria uma subordinação cultural e psicológica, típica do subdesenvolvimento, pelo que é uma das principais ameaças a combater.

3. As reivindicações neutralistas

Na tábua de valores do neutralismo pode inscrever-se, em primeiro lugar, a luta contra a desigualdade social, mas é certo que muitas vezes essa atitude levou a um racismo antibranco inegável. Algumas das brutalidades desnecessárias cometidas durante o processo de descolonização, mesmo consentida, filiam-se nesse racismo.

Mas são de particular relevância as reivindicações de origem jurídica que o neutralismo sustenta: *de facto pretendem um novo direito internacional adaptado às suas necessidades*. Um dos aspectos importantes desse novo direito é o expresso na Resolução 1803 (XVII) de 14 de Dezembro de 1962, da Assembleia Geral da ONU, que afirma que «*o direito de soberania permanente dos povos e das nações sobre as suas riquezas e os seus recursos naturais deve exercer-se no interesse do desenvolvimento nacional e do bem-estar da população do Estado interessado*». Neste princípio se filia a recusa de respeito pelos bens estrangeiros existentes no território; a revogação arbitrária dos acordos feitos com empresas privadas, em regra chamadas multinacionais.

Também afirmam o «*princípio da não-intervenção*» na vida interna, mas nos termos da Resolução 2131 (XX) da Assembleia Geral da ONU, esclarecem que «*não somente a intervenção armada, mas também qualquer outra forma de ingerência ou ameaça, dirigidas contra a personalidade de um Estado ou contra os seus elementos políticos, económicos e culturais, são condenadas*». O desrespeito pela imunidade diplomática filia-se neste princípio. Também é característica a atitude que se traduz em se sentirem com direito à ajuda económica dos países ricos invocando uma espécie de direito à indemnização pela afirmada exploração do passado. Tal ajuda, que reclamam de todos os blocos, não entendem que os obrigue a qualquer lealdade política para com os fornecedores da ajuda. Por isso preferem a ajuda multilateral, única que consideram justa e apropriada.

Tal reivindicação jurídica no sentido de uma inovação no domínio do direito internacional, encontrou a sua expressão mais aguda no movimento chamado *Tricontinental,* que procura unificar a acção dos países pobres. Na primeira *Conferência de Solidariedade dos povos da Ásia, África e América Latina* reunida em Havana de 3 a 15 de Janeiro de 1966, com a presença dos representantes *dos povos revolucionários de 82 países dos três continentes,* estabeleceram os seguintes princípios: a) o imperialismo, incluindo as versões do colonialismo e do neocolonialismo, desenvolve uma acção continuada de agressão contra os países pobres, sob a direcção dos EUA; b) o imperialismo não renuncia voluntariamente ao seu programa; c) para assegurarem a sua real independência política, os movimentos de representantes e interessados devem recorrer a todas as formas de luta necessárias, incluindo a luta armada. Grande parte da instabilidade internacional actual, especialmente nos domínios da vida privada, incluindo os atentados individuais, sequestros, desvios de aeronaves, raptos, massacres, filiam-se nesta alegada legitimidade. É a afirmada legitimidade internacional de *violência revolucionária opondo-se* à chamada *violência imperialista.* A crise do direito internacional atinge aqui o seu ponto crítico. O processo de mudança torna-se puramente revolucionário e dá origem a uma solidariedade organizada.

§ 4.°
A ORGANIZAÇÃO NEUTRALISTA

1. Ásia

Não referiremos aqui as organizações que exprimem uma solidariedade com o Ocidente, tais como o Plano de Colombo (1950), a Organização do Tratado da Ásia do Sudeste (OTASE-1954), ou o Conselho da Ásia e do Pacífico (ASPA-1966). De sentido neutralista só apareceu a Associa-

174 *A Comunidade Internacional em Mudança*

ção do Sudeste da Ásia (ASA), criada em Junho de 1961 pela Malásia, Filipinas e Tailândia. Os seus objectivos foram enunciados num documento chamado Declaração de Banguecoque, de 31 de Julho de 1961. Afirma-
-se ali que o grupo não está *«de maneira alguma ligado a qualquer bloco ou a qualquer potência exterior»*, não sendo também *«dirigido contra qualquer país»*. O seu propósito é promover o progresso económico, social e cultural da região. Depois da primeira reunião dos ministros dos negócios estrangeiros dos países interessados, em Abril de 1961, tomaram algumas medidas de cooperação. Aconteceu porém que a ausência da Indonésia e da Birmânia enfraquecia muito a organização, ao mesmo tempo que a URSS e a China não esconderam a sua hostilidade. Deste modo, a organização não deu frutos apreciáveis.

2. África

I. OUA: A principal das organizações africanas é a Organização da Unidade Africana – OUA, cuja Carta Constitucional foi assinada em Adis Abeba em 25 de Maio de 1963. Tinham sido convidados todos os Estados independentes da África (32), com excepção da África do Sul. A Carta obteve a assinatura de trinta comparticipantes, ficando de fora Marrocos e o Togo por razões circunstanciais, embora aderissem mais tarde. De então em diante, os Estados que iam adquirindo a independência também aderiam à OUA. Não contando com os antigos territórios portugueses, agora em processo de independência, os seus membros já eram 41 em 1973. A Carta da OUA é assim um documento fundamental para o entendimento da política africana em geral.

Em primeiro lugar, a Carta considera que qualquer Estado africano independente e soberano pode ser membro da OUA. Mas não basta a adesão, é necessária a admissão, isto porque a OUA se reserva o direito de julgar o carácter africano do pretendente, excluindo a Rodésia e a África do Sul dessa qualificação. Por outro lado, a OUA assumiu o dever de auxiliar a independência dos territórios submetidos a um regime colonial, incluindo as ilhas próximas do continente africano.

O órgão supremo da OUA é a *Conferência dos Chefes de Estado e de governo* que reúne habitualmente uma vez por ano. Os temas que presentemente mais ocupam a Conferência são os refugiados, os movimentos de libertação, a Rodésia, a Namíbia (Sudeste Africano) e o Próximo Oriente.

O Conselho de Ministros da OUA reúne em regra duas vezes por ano. O órgão permanente é o Secretário-Geral Administrativo, que, segundo o artigo 18 da Carta, tem carácter de funcionário internacional e não pode aceitar instruções de qualquer governo ou autoridade exterior à OUA. Para fins concretos, a OUA cria Comissões, entre as quais se destacam: *Comissão de Mediação, Conciliação e Arbitragem*; *Comissão Económica e Social*; *Comissão de Educação e Cultura*; *Comissão de Saúde, de Higiene e Nutrição*; *Comissão de Defesa*; *Comissão Científica, Técnica e de Investigação*.

Nas suas relações recíprocas, a Carta estabelece: o respeito estrito pela soberania de cada Estado; a igualdade dos Estados-membros, a proibição da subversão; o respeito pela integridade territorial de cada Estado. Tudo regras que não sentem o dever de observar em relação aos Estados que consideram imperialistas ou não-africanos. Embora a OUA tenha sido até hoje um organismo mais de diálogo de que de decisão, a sua importância não pode ser ignorada.

II. OCAM: No seguimento de experiências anteriores, foi criada a *Organização Comum Africana, Malgache* e *Mauriciana* (OCAM), cuja carta constitutiva foi assinada em Tananarive em 27 de Junho de 1966. Pretende reforçar «*no quadro da OUA, a cooperação dos seus membros nos domínios económico, social, técnico e cultural*». Composta de 14 Estados, proclama a ambição de unir todo o continente africano, tal como a OUA. Simplesmente é apenas um grupo de antigas colónias francesas, cujos interesses representa no seio da OUA.

III. *Conseil de l'Entende*: Constituído em 28 de Maio de 1959, interessa apenas à África Ocidental e Central, compreendendo a Costa do Marfim, Alto Volta, Níger, Daomé e Togo. É organismo de diálogo.

IV. UDEAC. A União Aduaneira e Económica da África Central, fundada em 8 de Dezembro de 1964 em Brazzaville, pretende criar um mercado comum da África Central. Abrange: Camarões, Congo Francês, Gabão, Chade, República Central Africana.

V. UEAC. A União dos Estados da África Central, fundada em 1 de Fevereiro de 1968, abrange o Congo-Kinshasa, a República Central Africana e o Chade. A sua Carta Constitutiva foi assinada em Fort-Lamy em

1 de Abril de 1968, procurando a União dos Estados da África Central ajudar os membros na realização das suas finalidades nos domínios da economia, comércio, transportes e telecomunicações, segurança e relações culturais.

VI. CEAO. A Comunidade Económica da África Ocidental, criada em Bamaco em 2 de Junho de 1971 compreende: Costa do Marfim, Daomé, Alto Volta, Mali, Mauritânia, Níger, Senegal. Procura a instauração de uma taxa de cooperação regional e criação de um fundo comunitário de desenvolvimento, a criação de um Serviço comum de estatística, a organização de serviços regionais de desenvolvimento industrial, a promoção de trocas e de cooperação em matéria de transportes e comunicações. Tem como órgão supremo a Conferência dos Chefes de Estado, preparadas por um Conselho de Ministros, e possui um Secretário-Geral responsável pela Administração. Um Tribunal Arbitral completa o equipamento desta organização.

VII. CAO. A Comunidade da África Oriental criada pelo Tratado de Campala de 6 de Junho de 1967, compreendendo o Quénia, Uganda e Tanganica, é a herdeira da antiga Alta Comissão para a África Oriental, ainda formada pelos ingleses, e da Organização dos Serviços Comuns da África Oriental, esta fundada em 1961 e tendo levado à criação de uma companhia aérea e diversos serviços. A finalidade principal da organização é criar um mercado comum.

3. **América-Latina**

Na América Latina há que distinguir as organizações nascidas no contexto ocidental, daquelas que são inspiradas por um neutralismo que é de vocação tricontinental, como se notou. Entre as primeiras avulta a ALALC – Associação Latino-Americana de Comércio Livre, resultante do Tratado de Montevideo de 18 de Fevereiro de 1960. As disparidades existentes entre os seus membros tornaram difícil a transformação da organização num Mercado Comum, que implica uma tarifa aduaneira exterior comum e a livre circulação de capitais e de mão-de-obra. Foi assim favorecida a criação de subgrupos, em que avultam o Comité que reúne o Uruguai, Paraguai e a Bolívia, e os do Acordo de Cartagena, de 26 de Maio de

1969. Estes últimos, que são a Bolívia, a Colômbia, o Chile, o Equador e o Perú, procuram uma integração subregional andina.

Um Acordo relativo à bacia do Rio da Prata agrupa Bolívia, Paraguai, Uruguai, Argentina e Brasil, em termos semelhantes aos existentes para as grandes bacias fluviais da África e da Ásia. Em 1958, foi criado um Mercado Comum Centro-Americano (MCCA) entre a Costa Rica, Salvador, Guatemala, Honduras, e Nicarágua que procura estabelecer, gradativamente, uma tarifa exterior aduaneira comum.

Politicamente, todavia, é mais importante a Organização dos Estados Americanos – OEA, cuja Carta foi assinada em 1948 e veio a ser reformada em 1967, na Terceira Conferência Interamericana Extraordinária. Embora fosse composta de 21 membros, EUA e vinte latino-americanos, Cuba não foi admitida. O papel predominante dos EUA coloca a organização na mira constante do antiamericanismo mundial.

Foi assim que a primeira Conferência da Organização Latino-Americana de Solidariedade – OLAS – em 9 de Agosto de 1967, afirmou que «*a OEA é o instrumento de execução preferido da política intervencionista do imperialismo norte-americano, sem outros laços com os povos além dos que permitem cobrir as acções agressivas do governo dos Estados Unidos*». De acordo com os seus estatutos, a OLAS deve «*coordenar e estimular eficazmente a solidariedade que se dedicam e devem dedicar entre si os movimentos e as organizações que lutam nos seus respectivos países pela sua libertação nacional, contra o imperialismo norte-americano, as potências coloniais e as oligarquias de burgueses e de proprietários rurais, designadamente aqueles que conduzem a luta armada*». O seu órgão executivo é uma Comissão Permanente instalada em . O seu método de acção é o subversivo.

4. **Solidariedade transcontinental**

I. *Estados Árabes* – O principal texto da tentada organização dos árabes é o Pacto da Liga dos Estados Árabes, de 22 de Março de 1945, complementado pela Convenção de Defesa Comum e Cooperação Económica de 13 de Abril de 1950. Abrange os RAU, Iraque, Líbano, Síria, Arábia Saudita, Jordânia, Líbia, Sudão, Marrocos, Tunísia, Argélia, Iémen do Sul, Federação dos Emirados. Procuram cimentar a solidariedade recíproca, cooperando nos domínios económico, financeiro e intelectual, e ao mesmo tempo defender-se em comum e salvaguardar a segurança e a paz. Têm um Conselho da Liga Árabe de Alto nível, um Secretário-Geral, várias comissões permanentes e um Conselho da Defesa Comum, sendo as decisões tomadas por maioria de dois terços. Até hoje, os resultados não foram apreciáveis, salvo no apoio dado aos palestinianos e à luta contra a existência de Israel.

II. *Estados Afro-Asiáticos* – *A* Organização de Solidariedade dos Povos Afro-Asiáticos – OSPAA, fundada depois da Conferência do Cairo (1955) e de Conacri (1960) tem como objectivo fundamental a luta contra o colonialismo e o imperialismo. Os seus agentes são os Comités Nacionais de Solidariedade Afro-Asiática. O seu órgão supremo é a Conferência que se reúne cada dois anos. Tem um Comité Executivo e uma espécie de fundo para auxiliar a luta contra o imperialismo.

III. *Organização Tricontinental – OSPAAAL* – A primeira Conferência de Solidariedade dos Países da África, da Ásia e da América Latina deu origem à OSPAAAL com um secretariado instalado em 1966 em Havana. A sua missão principal era preparar a segunda conferência, prevista para o Cairo em 1968. Tem uma revista chamada *Tricontinental* que apareceu pelo menos até 1971. Foi também instituído um Comité de Assistência e Ajuda aos movimentos de libertação nacional contra o colonialismo e neo-colonialismo, que deve encorajar a luta armada. Acrescenta-se um Conselho Mundial de Apoio ao Vietname cuja função parece terminada com a retirada americana.

CAPÍTULO IV

A Nova Sociedade

§ 1.º
AS MATRIZES IDEOLÓGICAS

1. A tradição clássica

A síntese que se procurará fazer das correntes que disputam a direcção da vida internacional tem em vista as *ideologias* e não as múltiplas *doutrinas* individuais, formuladas quer com um sentido geral, quer apenas para a conjuntura. De todas as ideologias em presença, a que deve ser primeiro referida é aquela que podemos chamar *clássica*, pelo facto de que as outras a tomam como ponto de referência para a crítica a que procedem.

A ideologia aqui convencionalmente chamada clássica tem a sua origem nos séculos XVII e XVIII, como vimos ao lembrar a filosofia jurídica que presidiu à formação do Euromundo. O pensamento dos filósofos racionalistas influenciou os juristas e os historiadores, fornecendo-lhes um modelo de sociedade internacional sempre presente nos seus trabalhos.

Desaparecida a *comunidade da fé* em que assentou a concepção internacional até à constituição do *Ocidente dos Estados,* o factor básico da concepção clássica foi a teoria do *estado de natureza.* Foi Hobbes quem primeiro evidenciou o contraste entre a ordem interna do Estado e a desordem da vida internacional. Dentro dos Estados, a teoria do *pacto social* deu uma base à construção do sistema jurídico. Nas relações externas, a hipótese do pacto não pôde encontrar fundamento. O que se encontrava, nas relações entre os príncipes soberanos, era o *estado de natureza* definido por Locke: todos e cada um orientados pelos princípios da *legítima defesa* e da *própria conservação.* Na ordem interna reina o direito, na externa reina a força. Ainda hoje os chamados escritores maquiavélicos da ciência política, como Raymond Aron, não reconhecem outra imagem da vida internacional.

A teoria do *estado de natureza* é a que se encontra também em Jean--Jacques Rousseau, Kant e Hegel, assim como em todos os geopolíticos.

A solução que a ideologia clássica procurou implantar pretendeu salvaguardar os seus valores próprios, como são a *soberania*, o *direito de fazer a guerra*, a *igualdade*, a *missão nacional*, o *valor das fronteiras físicas*, a *jurisdição interna*, a *ordem pública*. Uma das hipóteses seria a de conseguir formular a réplica do pacto em que assentava o sistema jurídico interno.

Todos os chamados projectistas da paz procuravam obter esse resultado, avultando Kant que aconselhou o apelo à razão para conseguir um acordo que submetesse a vida de relação dos Estados a uma regra jurídica. É coerente com esta visão clássica o facto de se ter chamado Pacto da Sociedade das Nações, o tratado que procurou institucionalizar a paz depois da guerra de 1914-1918. Nada foi porém estabelecido ou aceite que contrariasse os valores acima indicados e que são parte essencial da ideologia clássica. Por isso o tratado é, nessa orientação, o espelho de uma relação de forças, mais do que a revelação de princípios jurídicos que os signatários aceitem. E também por isso os tratados foram tantas vezes considerados como simples pedaços de papel. O doutrinador mais influente do pacto social que foi Jean-Jacques Rousseau, criticando o Projecto de Paz Perpétua de Saint-Pierre, não deixou de sublinhar ser impossível supor que «*mesmo com a boa vontade que o príncipe e os seus ministros nunca virão a ter, seria fácil de encontrar uma ocasião favorável à execução deste sistema; porque para tanto seria necessário que a soma dos interesses particulares não primasse sobre o interesse comum, e que cada um acreditasse ver no bem de todos o maior bem que pode esperar para si próprio*». Por isso, a solução clássica para a manutenção e obediência das regras sem sanção do convívio internacional foi o *princípio do equilíbrio*, isto é, um tal alinhamento de forças que impeça as iniciativas guerreiras. Observa por isso Voltaire, no seu célebre *Século de Luís XIV*, que as nações europeias «*estão sobretudo de acordo na sábia política de manter entre si, tanto quanto lhes é possível, uma balança igual de poder*». Tudo se reconduz a outra das observações de Rousseau: «*as potências cristãs... não conhecem outros laços além dos seus interesses; quando os satisfizerem cumprindo os seus compromissos, honrarão os compromissos; quando os satisfizerem rompendo os compromissos, assim farão; o mesmo valeria não os tomar».* Esta visão de um equilíbrio precário teve o seu reflexo no *equilíbrio de impotência* da era atómica.

Tal visão não é tão catastrófica como pode parecer, visto que a solidariedade dos interesses assegura um normal acatamento dos mesmos. O direito internacional foi objecto de um respeito vasto. É este o ensinamento básico de Georges Scelle, ao evidenciar, exemplificativamente, a acção do Concerto Europeu ao longo de todo o século XIX. Havia como que um governo efectivo do mundo, rudimentar embora, mas demonstrativo da existência de uma ordem internacional. Por isso, e muito realisticamente, ensinara Clausewitz que a guerra *«é um conflito de grandes interesses resolvido pelo sangue e só nisso difere dos outros conflitos. Seria melhor compará-la, mais do que a qualquer outra arte, ao comércio que é um conflito de interesses e de actividades humanas; e parece--se ainda mais com a política, que por seu lado pode ser comparada, pelo menos em parte, com uma espécie de comércio em grande escala»* (*De la guerre*, Paris, 1955).

No conceito de interesse se baseou toda a ideologia da segurança colectiva que veio a ter expressão na SDN e na Carta da ONU. Nesta, a noção exacta de que uma grande potência não aceitaria a decisão das outras, grandes ou pequenas, contra os seus interesses essenciais, levou à criação do aristocrático *Conselho de Segurança* onde é necessário o acordo dos chamados *Cinco Grandes* para que as decisões sejam tomadas. A elíptica forma legal encontrada foi a de dizer que as decisões são tomadas por maioria, mas que nessa maioria têm de encontrar-se os votos dos Cinco Grandes. Daqui resulta o famoso *direito de veto* que pertence a cada uma dessas aristocráticas potências que são os EUA, URSS, Inglaterra, França, China.

A frequente indecisão do Conselho de Segurança, justamente pelo veto de uma das grandes potências, continua a dar relevo aos métodos que são corolários do princípio do equilíbrio. Mas acontece que tal princípio obrigou a grandes modificações da cena internacional, a começar pela alteração do conceito de *soberania*, que é a pedra fundamental da ideologia clássica. No entendimento que vem desde Bodin, *a soberania é um poder originário e indivisível, que não tem igual na ordem interna nem superior na ordem externa*. A sua mais evidente expressão está nas forças armadas, também segundo o entendimento de Maquiavel, outro dos fundadores da ciência política. Tudo isto porque a soberania, como poder, não é mais do que um conjunto de meios capazes de imporem irresistivelmente a vontade de quem manda. Por isso as forças armadas foram sempre um elemento dominante, quase absorvente, da imagem da soberania.

Ocorre porém que a crescente interdependência dos interesses mundiais, facto básico da ideologia clássica, alterou completamente a importância relativa dos meios de intervenção em que se analisa o poder soberano, e deu relevo separado a outros aspectos, designadamente o *poder tecnológico*, o *poder financeiro*, o *poder da comunicação*. A soberania já não impede um poder diferente, também soberano ou apenas rebelde, de comunicar com o seu povo, mesmo de além fronteiras, pela palavra escrita, pela palavra falada, ou pela imagem, conseguindo abalar ou destruir as fidelidades básicas do Estado. O domínio dos procedimentos técnicos, das indústrias básicas, das comunicações, permite a um Estado, por intermédio das suas empresas públicas ou privadas, exercer uma larga influência nas decisões de outro. Novas técnicas de luta, como a guerrilha urbana, o terrorismo, o santuário, o foquismo, imobilizam exércitos inteiros e esgotam os orçamentos e a vontade do Estado atacado. De tudo resulta que a soberania, se não alcançou uma nova definição, também já não corresponde ao conceito clássico. Está em nítido processo de mudança. Neste processo parecem visíveis alguns factos que podem ser provisoriamente definidos, tais como: a) *diminui o número de problemas considerados de jurisdição interna, em proveito dos problemas internacionalmente relevantes e internacionais*; b) *existe uma nova série de problemas internacionais resultantes do aceleramento das relações ou de novos tipos de interesses, designadamente nos domínios da cooperação financeira e técnica, da poluição, da utilização das novas formas de energia, da arte da guerra, da segurança da circulação internacional*; c) *o aumento quantitativo e qualitativo do poder militar das grandes potências, também aumentou a sua vulnerabilidade em face das pequenas potências que assim adquiriram uma nova autonomia correspondente*. Isto explica audácias de países como Argélia, Chipre, Marrocos, Cuba, certos de que a gravidade do recurso às armas termonucleares obriga as grandes potências a suportar desafios que antes puniriam imediatamente.

Deste modo, e na falta de uma efectiva autoridade internacional, *os Estados tendem para organizar-se em grandes espaços* que permitam suprir a debilidade do esquema clássico, que fazia do Estado soberano a unidade básica da vida internacional.

A expressão *grande espaço* não é talvez muito expressiva, mas é a melhor que se conhece para significar que o Estado clássico já não é uma unidade suficiente. Para realização dos tradicionais fins de segurança, desenvolvimento e cultura, precisa de promover espaços maiores onde as soberanias se limitam. Os grandes espaços podem ser *formais* quando têm expressão num tratado, e *informais* quando os interesses ainda não encontraram essa definição. Tais espaços não exigem a contiguidade geográfica, e o mais flexível de todos os que apareceram é o *grande espaço ideológico* que coloca, dentro de uma *fronteira ideológica,* todos os poderes políticos que lutam em favor de uma certa concepção do mundo e da vida. Tendencialmente, podemos dizer que o *sovietismo,* o *neutralismo,* a *democracia--cristã* ou a *social-democracia* e o *capitalismo,* correspondem aos tipos dominantes.

A concepção clássica das relações internacionais tem maior adesão do capitalismo e da social-democracia, do que do sovietismo e do neutralismo.

A teoria do *estado de natureza,* que levou à ideia de um sistema de relações apenas entre Estados soberanos, e à rígida distinção entre política interna e política externa, é o objecto da contestação das outras ideologias.

2. **A ideologia marxista**

Provavelmente é errado falar de uma ideologia marxista de relações internacionais. Isto porque não há uma teoria elaborada por Marx para esse domínio e, depois, porque as versões ideológicas dos movimentos que se reclamam de Marx não correspondem necessariamente à sua doutrina. O sovietismo designa melhor a ideologia da URSS do que o marxismo. Mas a diversidade das ideologias que afirmam a sua filiação marxista torna cómodo o uso da expressão.

A noção básica do marxismo que dá forma à ideologia marxista das relações internacionais é a que nega ao Estado a função arbitral. As instituições estaduais não seriam a sede e o instrumento de um poder acima dos conflitos, para resolver as confrontações. São antes entendidas como aparelhos ao serviço de uma classe dominante, aquela que comanda os meios de produção. Que o Estado seja monarquia ou república, é irrelevante. O que importa, afirmam, é saber ao serviço de que classe se encontra.

184 *A Comunidade Internacional em Mudança*

Logicamente, a sociedade internacional burguesa não pode ser considerada senão como um quadro de rivalidades entre burguesias chamadas nacionais, que usam os governos como seus instrumentos e os Estados como ponto de referência. Os conflitos das várias burguesias são vistos como um motor de destruição das fronteiras pela racionalização do comércio, do mercado mundial, da uniformidade da produção industrial e das condições que daqui resultam. A tendência natural do capitalismo seria estender-se progressivamente a todo o mundo, exportando os conflitos internos que suscita. O domínio da totalidade do espaço habitado e a mobilização de todos os recursos disponíveis marcarão também o fim do sistema. Foi por isso que Marx tomou posição em favor do livre-cambismo, escrevendo: «*em geral, nos nossos dias, o sistema proteccionista é conservador, enquanto que o sistema do livre cambismo é destruidor. Este dissolve as antigas nacionalidades e leva ao extremo o antagonismo entre a burguesia e o proletariado. Numa palavra, o sistema da liberdade comercial acelera a revolução social*». (*Discurso sobre o livre-cambismo*, 1848). Deste modo, não pode deixar de considerar a expansão colonial como uma fase necessária do processo que levaria à Revolução. Pela colonização, a burguesia realizaria a missão histórica de destruir as *sociedades paradas*, lançando as bases da civilização material que conduz à revolução. Tudo isto serve apenas para evidenciar que a *revolução*, no seu conceito, não era paroquial ou regional, seria necessariamente internacional.

Daqui resulta a lógica do apelo básico do Manifesto Comunista: «*proletários de todo o mundo, uni-vos*». Foi por esse motivo que a doutrina jurídica soviética formulou o conceito de um «*direito intermediário*» destinado a lançar uma ponte entre o mundo soviético e o mundo capitalista. Porém, a partir de 1930, o estalinismo acabou com as subtilezas, e integrou o *Estado soviético* na doutrina tradicional para melhor assegurar a defesa da *Pátria*, entrando para a SDN em 1934, concluindo um pacto com os nazis em 1939 pelo qual ocupou parte da Polónia, entrando em 1942 na guerra ao lado dos ocidentais, assumindo um dos lugares aristocráticos no Conselho de Segurança da ONU. Mas, por outro lado, Estaline afirmou que «*internacionalista é aquele que incondicionalmente, sem hesitação, sem receios, está pronto a proteger a URSS, porque é a URSS que está na base do movimento revolucionário mundial*» e que «*proteger a marcha em frente deste movimento revolucionário não é possível sem proteger a URSS*». (*Oeuvres*, X, p. 51). Por isso, a acção internacionalista destinada a obter e afirmar a solidariedade internacional do prole-

A Nova Sociedade

tariado no exterior foi confiada a órgãos próprios, a solidariedade dos partidos comunistas dogmatizada à margem do Estado, e proclamada a legitimidade da competição ideológica no sentido mais vasto. Os *conceitos da coexistência pacífica, guerra fria, détente,* que caracterizam a conjuntura das relações internacionais soviéticas desde a morte de Estaline, cobrem, entre outras realidades, a afirmação da legitimidade internacional desta dupla atitude.

Finalmente, a implantação de regimes socialistas soviéticos noutros países obrigou a nova definição pragmática. De acordo com o lembrado conceito de Marx das relações internacionais, os conflitos internacionais deveriam desaparecer entre os Estados que deixam de ser burgueses. O primitivo conceito do Estado soviético como *Federação dos Sovietes,* deveria mesmo levar à extinção imediata do Estado burguês e ao alargamento da Federação. Mas não foi isso o que aconteceu: os problemas territoriais, linguísticos, históricos, continuaram a dar carácter ao novo Estado soviético instalado no lugar de cada antigo Estado burguês. Tal apelo é um desafio frontal à concepção clássica, visto que procura subtrair os proletários à obediência à soberania do seu Estado. A luta interna a que o proletariado também é chamado destina-se a instituir *Estados- -nacionais-proletários*, de sentido completamente diferente do Estado clássico, e dando à luta internacional o benefício imediato de quebrar, ao tomar cada Estado, um dos elos do sistema burguês mundial. Foi a esta visão que Raymond Aron chamou *o optimismo catastrófico.*

A tomada do poder na URSS confrontou a doutrina com as realidades do Estado e levou a uma sensível modificação do conceito ideológico. Ao contrário do previsto, a ruptura de um elo não implicou a deslocação da cadeia capitalista. Este facto levou Rosa Luxemburgo (*Oeuvres*, Tome II, *Écrits politiques,* p. 43, Paris, 1969) a insistir em que «*a política de classe do proletariado não pode ser realizada senão no plano internacional*» e que «*se ela se limita a um só país enquanto que os trabalhadores de outros países praticam uma política burguesa, a acção da vanguarda revolucionária é desviada nas suas consequências posteriores*». Mas esta não foi a orientação dominante. O que vingou foi a aliança com todos os movimentos emancipadores burgueses das colónias e dos países subdesenvolvidos. Pelo que respeita às relações da nova chamada «*pátria dos trabalhadores de todo o mundo*» com os Estados capitalistas, a revolução também foi pragmática. Na primeira aproximação do problema, a URSS não foi definida como um Estado no sentido tradicional, mas sim como uma *federa-*

ção de conselhos (sovietes), isto é, como a organização dos proletários que deveria, em cadeia, estender-se a todo o mundo. Por isso, a Constituição de 1918 conferia a nacionalidade soviética aos trabalhadores estrangeiros residentes no território da República da Rússia, desde que pertençam à classe operária e camponesa. Deste modo desapareceriam os critérios tradicionais do *jus soli* e do *jus sanguini*. Em 1948, a Jugoslávia rompeu com o *Kominform*, órgão de controlo da URSS para o exterior; em 1960, a Albânia saiu do Pacto de Varsóvia e do COMECON; em 1956 as tropas soviéticas invadiram a Hungria; em 1968 invadiriam a Checoslováquia para eliminar a chamada *Primavera de Praga* de Dubček; a partir de 1960, as relações com a China deterioraram-se continuadamente. Deste rodo, o sistema soviético, que enfrentou pragmaticamente as circunstâncias do Estado, desenvolveu uma atitude que pode talvez resumir-se do seguinte modo: 1) regressou ao conceito clássico, em tudo o que respeita à defesa dos interesses em expansão da Pátria soviética; 2) submeteu a competição ideológica com o campo capitalista, democrata-cristão, e social-democrata ao conceito da *coexistência pacífica*, ao abrigo da qual considera legítimo o apoio que dá aos partidos comunistas estrangeiras, e ilegítimos os apoios externos à reacção interior na Rússia; 3) procurou impor no campo socialista a doutrina da *soberania limitada* de Brejnev, que se traduz em reclamar para a URSS o papel de *Estado Director* da área, com legitimidade para usar a força sempre que algum regime socialista se aparte da linha imposta.

Esta atitude autonomizou a linha chinesa que julga a *coexistência pacífica* como um conceito que atraiçoa a luta socialista, considerando inevitável o recurso à força para obter a liquidação do chamado campo imperialista, e por isso a crítica chinesa é constante contra o que chama o social-imperialismo da URSS. Deste modo, o conceito inicial de Marx não encontrou demonstração nos factos, sendo evidente que até hoje os interesses do Estado, como instituição e seja qual for o regime interno, desfrutam de primazia nas relações internacionais. Os factos demonstraram que Marx se enganou ao considerar o Estado como a simples superestrutura de uma classe, em vez de ser a expressão institucional de um povo; que não pode considerar-se a nação como um conceito da burguesia, mas sim deve entender-se que a burguesia é um fenómeno dentro da nação; finalmente, o factor político continuou a ter a primazia sobre os outros factores. Por isso se assiste a um intenso revisionismo das teses marxistas, tendo sobretudo em vista a importância que a técnica assumiu no desenvolvimento dos países, incluindo os regimes políticos, independentemente do seu proclamado carácter capitalista ou socialista. É esta a proposição de Henri Lefebvre (*Le Manifeste Différentialiste,* Paris, 1970) e a fonte das inquietações do excomungado Garaudy (*Le grand Tournant du Socialisme,* Paris, 1970).

3. **O terceiro mundismo**

Por seu lado, o terceiro mundo, com a sua doutrina neutralista, vai também definindo uma atitude específica no domínio das relações internacionais. Em primeiro lugar, o factor tecnológico desempenha um papel fundamental no relacionamento do terceiro mundo com os países desenvolvidos, capitalistas, democrata-cristãos, social-democratas ou soviéticos: são dependentes no domínio do armamento que compram, da industrialização que desejam, da saúde que necessitam defender, da produção agrícola que deve ser escoada, dos excedentes de mão-de-obra que emigram. Encontraram porém na arma do petróleo um meio sem precedentes de agir contra os países ricos. Pela primeira vez na história, o *poder financeiro* tende para não coincidir com o *poder tecnológico,* visto que os muito atrasados, exportadores de petróleo, são detentores de créditos sem medida sobre os chamados ricos. Em 1960, ano áureo do neutralismo porque marcou o seu domínio da Assembleia Geral da ONU, reuniu-se em Bagdade uma Conferência de Estados Produtores, por iniciativa da Venezuela. Foi ali decidido criar a OPEP que em Janeiro de 1971 se colocou no centro da crise mundial ao decidir manipular o preço do petróleo. Os acordos de Teerão, de Fevereiro de 1971, de Trípoli, de Março de 1971, e de Genebra de Janeiro de 1971, marcam a nova definição neutralista da conjuntura. A OPEP tem cinco membros fundadores que são Venezuela, Irão, Iraque, Koweit e Arábia Saudita. Depois, aderiram o Qatar (1961), a Líbia (1962), a Indonésia (1962), Abu Dhabi (1967), Argélia (1969), Nigéria (1971). Neste ano, sem contar com a Nigéria, estes países possuíam 66% das reservas mundiais, extraíam 45% da produção global e cobriam 85% das exportações. O poder executivo pertence a um *Conselho de Governadores* que são auxiliados por um *Secretário-Geral,* havendo um *Tribunal* que decide as questões entre os Membros. Esta situação original coloca solidários no terceiro mundo alguns dos países submetidos aos mais opressivos e reaccionários dos regimes, como a Arábia Saudita ou a maior parte dos Emirados, e alguns dos mais revolucionários como a Líbia e a Argélia. Isto significa que, no *plano* geral, muitos deles estão certamente na iminência de serem objecto de revoluções internas para conseguirem um alinhamento maior das ideologias internas do grupo. De qualquer modo, a liderança ideológica está sendo disputada pela China, cujo Partido Comunista, no IX Congresso, em 14 de Abril de 1969, declarou unir-se «*resolutamente com os partidos e grupos marxistas-leninistas autênticos, com o proletariado e povos e nações oprimidas do mundo inteiro na luta conduzida em comum para abater o imperialismo, tendo à sua frente os Estados Unidos, o revisionismo moderno tendo por centro a clique dos renegados comunistas soviéticos, assim como toda a reacção, e chegar à abolição sobre o globo do sistema da exploração do homem pelo homem, que levará à emancipação de toda a Humanidade*». Neste caminho, acusa frontalmente a URSS de, usando o COMECON, proceder à «*pilhagem selvagem e à exploração cruel dos povos*» membros da organização, obrigados a transformarem-se em fornecedores de matérias-primas, oficinas de simples acabamentos, e mercado de produtos acabados. Por outro lado, o Pacto de Varsóvia é acusado de ser um instrumento da política fascista praticada pela URSS. Serviria de apoio à doutrina de Brejnev da soberania limitada, elaborada para justificar actos como o da invasão da Checoslováquia. Na orientação chinesa, o neutralismo transforma-se num *internacionalismo proletário*, que deverá desenvolver-se num apoio *político* e *económico* aos países do terceiro mundo.

Foi assim que, em 1950, a China enviou os seus voluntários para a Coreia, para «*resistir aos agressores americanos*». Em 1955, tomaram parte activa na Conferência de Bandung. Acelerou, na década de 60, o estabelecimento das relações diplomáticas com os países africanos, e reconheceu Cuba. Tudo isto orientado pela doutrina da chamada *Carta dos 25 Pontos* publicada em 14 de Junho de 1963. Os objectivos proclamados são: «*união de todos os proletários do mundo, união de todos os proletários e de todos os povos e nações oprimidas do mundo para combater o imperialismo e a reacção dos diferentes países, assegurar a paz mundial, fazer triunfar a libertação nacional, a democracia popular e o socialismo, consolidar o campo socialista e aumentar o seu poderio, conduzir a revolução mundial do proletariado etapa por etapa à vitória total e construir um novo mundo sem imperialismo, sem capitalismo e sem exploração do homem pelo homem*». A Ásia, a África e a América Latina constituem os pontos essenciais da acção. Deste modo, os conceitos clássicos de jurisdi-

A Nova Sociedade

ção interna são completamente abandonados; sempre que os governos são considerados imperialistas, *são os povos* ou os *movimentos revolucionários falando em seu nome*, que são reconhecidos como interlocutores; a violência é legítima para os fins da revolução.

§ 2.º
OS CARACTERES DA CONJUNTURA

1. O sistema é planetário

Já vimos que uma das características da conjuntura é a formação de grandes espaços destinados a suprir a insuficiência do Estado para a realização dos seus fins clássicos. Poder-se-ia dizer que o fenómeno sempre existiu e que muitas civilizações se desenvolveram em espaços fechados com pluralidade de poderes políticos coordenados dentro da área. Foi o caso da América antes da descoberta, da China antes dos *Tratados desiguais*, do Império Romano antes das invasões dos bárbaros. Mas o caso aqui é diferente: não há espaços isolados, nem sistemas que não comuniquem. O domínio do mundo pelo Ocidente representou a primeira coordenação geral do globo pela imposição de um conjunto de poderes ligados por uma certa concepção de vida. Agora, se não há fenómeno equivalente em vista da descolonização antiocidental, acontece porém que as circunstâncias socializaram o convívio mundial. Os aperfeiçoamentos da balística transformaram o globo, para as potências mais sofisticadas, num campo estratégico unificado; o desenvolvimento da tecnologia faz com que o mercado seja mundial, servido por comunicações e transportes planetários.

Os acontecimentos políticos alcançam repercussão mundial, e não é fácil encontrar hoje um governo que não atribua a factores internacionais as dificuldades internas que é obrigado a enfrentar. Não há zonas marginais, e todo o globo é um só espaço de confluência de poderes. Passou definitivamente a época em que os Estados europeus tomavam nota, com simples curiosidade antropológica, dos conflitos na China ou na África. A interdependência é a regra. Nenhum Estado pode proclamar-se independente no sentido clássico. Por isso, o cimento das organizações internacionais alastra. São as *organizações intergovernamentais* a procurar regular as relações entre os Estados; as *organizações supra-estaduais* a

190   *A Comunidade Internacional em Mudança*

procurar impor uma ordem às soberanias relutantes; são as *sociedades multinacionais* a demonstrar que o mercado é transnacional; são as *igrejas separadas* a tentarem a reconciliação, a fusão, ou a coordenação; são as *internacionais sindicalistas* a tentar unificar as forças do trabalho; são as *internacionais ideológicas* a procurarem transformar o mundo plural num monismo.

As tensões interiores do sistema são também importantes, e o resultado é que todo o conflito violento tende a ser mundial. Em primeiro lugar o Estado, excedido, ainda é a unidade básica do sistema, embora a soberania que o caracteriza tenha evoluído. A liberdade da iniciativa de cada um deles é porém suficiente para ameaçar o desempenho pacífico do sistema internacional. Depois, a divisão do mundo entre países ricos e países pobres é causa da mais perigosa das clivagens existentes no sistema mundial unificado. Os ricos tendem para ser cada vez mais ricos, e os pobres tendem para ter cada vez mais gente. Somam-se os conflitos ideológicos, agudos não obstante o optimismo dos pregadores do apaziguamento ideológico. Os factos estão a demonstrar que o fenómeno é antes o da morte das velhas ideologias por ter desaparecido o quadro de problemas a que correspondiam, faltando respostas coerentes para enfrentar os novos tempos. Somam-se os regionalismos europeus, africanos, asiáticos, americanos. Tudo isto mostra que a unidade planetária do sistema ainda está longe de uma integração.

2. Política de blocos

A ineficiência do Estado e a falta de um controlo planetário encontrou um patamar de perigoso equilíbrio na política dos blocos. A primeira forma que revestiu, depois da guerra de 1939-1945, foi o *bipolarismo*. Foi um sistema em que os EUA e a URSS lideraram respectivamente grupos que mutuamente se ameaçavam. Os grupos tiveram expressão militar principal respectivamente na NATO e no Tratado de Varsóvia. A detenção das armas nucleares foi a variável determinante, e porque qualquer dos contendores tinha a capacidade de destruir o outro e, com ele, a própria humanidade, foram conduzidos, por um cálculo estratégico, ao que se chamou o *equilíbrio do terror*. Deste modo, a partir de 1945 não se conhece nenhum caso de enfrentamento directo entre forças americanas e forças russas. A crise de Cuba em 1962 permitiu pôr à prova a responsabilidade da *estratégia de dissuasão*, e desde então os dois Estados Directores procuram o acordo directo, à margem dos seus aliados ou subordinados. Nesta linha se inscreveram o Tratado de Moscovo de 1963 sobre interdição dos ensaios nucleares na atmosfera; os acordos SALT de 1972; a Conferência de Helsínquia de 1975. *Tendem para um comportamento recíproco de inimigos íntimos.*

A esmagadora capacidade estratégica dos EUA e da URSS levou muitos Estados a alinharem em grupos dando origem aos Blocos: ocidental, soviético, neutralista. Dentro de cada bloco, a potência dominante ou directora procura exercer um controlo sobre os associados ou satélites; nas relações entre os blocos, procuraram respeitar *o statu quo* territorial e resolver sem guerra os atritos surgidos nas zonas de contacto, como é o caso de Berlim; nas zonas de descolonização, a competição política foi a regra. Esta situação, cuja análise se deveu primeiro a Raymond Aron (*Paix et guerre entre les nations,* 1962), tende a ser ultrapassada pelo aparecimento de uma *multipolaridade.*

Por um lado, o clube atómico enriqueceu-se de membros, de modo que todos os *cinco grandes* do Conselho de Segurança lhe pertencem. Os analistas acrescentam que até ao fim do século, a posse da bomba será comum. Mas o facto fundamental é que, não obstante a larga margem de superioridade dos EUA e da URSS, a China é uma grande potência que não pode presumir-se que se subordine às regras de *dissuasão* a que as outras duas se habituaram. Acrescente-se, finalmente, que a previsão da gravidade dos resultados da guerra termonuclear é tão catastrófica, que os países médios e pequenos começam a desconfiar da utilidade da protecção de uma grande potência, visto não ser razoável entender que esta use o argumento supremo quando não sejam os seus interesses vitais aquilo que está em causa. Daqui resulta a evidente agitação dentro dos blocos. Do lado dos EUA, perderam o conteúdo os *Pacto do Pacífica* (ANZUS), *Pacto do Sudeste* (OTASE) e *Pacto do Médio Oriente* (CENTO); a NATO enfraqueceu notavelmente com a deserção de França, a saída da Grécia, a instabilidade de Portugal; a OEA não aceita o directório tradicional. Do lado soviético, a China seguiu uma política independente; a Albânia revoltou-se saindo do COMECON e do *Pacto de Varsóvia*; a Roménia e a Polónia acentuam o nacionalismo.

Por tudo se fala num *emergente policentrismo,* mais próximo talvez das *zonas de influência* do que dos blocos, e no qual parecem desenvolver--se lideranças como as do Japão, da Índia, da China, da França-Alemanha,

192   *A Comunidade Internacional em Mudança*

e assim por diante. Mas a realidade ainda existente, do ponto de vista estratégico, parece ser o bipolarismo.

3. Novas técnicas

Já assinalámos que a soberania deixou de ser considerada um poder com expressão sobretudo militar. Entre outras consequências, avulta o facto de as *competições comerciais* e a *guerra monetária* serem os principais domínios da competição internacional. O problema do petróleo é o mais significativo da conjuntura. Deste modo, o factor militar cede em importância diante da *estratégia indirecta*. Esta, pelo que respeita aos países pobres, é dominada pela *mística do desenvolvimento*; pelo que toca aos países ricos é orientada pela *mística do crescimento*. Tudo vem a traduzir--se numa competição pelo domínio dos recursos da natureza que vão escasseando. Os Estados esmeram-se em sofisticar uma estratégia que lhes permita controlar os movimentos de capitais e as trocas comerciais, incluindo portanto um regime de câmbios, medidas tarifárias, contingentes, manipulações monetárias. A guerra contra Israel tem servido de paradigma. Os países árabes não se limitaram à acção armada, também principalmente recorreram ao embargo do petróleo e ao manejamento das tarifas. em função das ajudas recebidas ou negadas. Outro exemplo histórico foi a decisão tomada pelo Presidente Nixon, em 15 de Agosto de 1971, de suspender a convertibilidade do dólar, impor uma taxa de 10% sobre todas as importações, e acabar com as paridades fixas. Deste modo, abriu uma implacável guerra comercial, especialmente com a Alemanha, o Japão e França. A partir de então, o sistema monetário internacional teve de enfrentar os movimentos especulativos dos eurodólares, com o cortejo de desemprego e inflação que está a atingir todo o Ocidente.

As armas económicas e financeiras não podem todavia esconder a influência crescente da arma psicológica. Por isso os poderes públicos, em toda a parte, tomam posição dominante em relação aos meios de comunicação, ou para os dominar, ou para tentarem assegurar a sua neutralidade. Mas isto não consegue impedir que um Estado influencie a população de outros Estados. Não são porém apenas os Estados que utilizam esta arma: também o fazem os grupos de pressão, profissionais, políticos, ideológicos, religiosos. O mundo inteiro transformou-se numa só aldeia, como observou McLuhan (*Paix et guerre dans le village planétaire*, Paris,

1970), ao escrever: «*sociedades inteiras comunicam entre si por uma espécie de "gesticulação macroscópica" que não é de modo algum o discurso tal como o entendemos ordinariamente*». Tão fundamental é este novo processo de relacionar as comunidades – (UNESCO, *La radiodifusion par Satellites, Études et documents d'information,* n.º 60, 1971) que a própria UNESCO alterou a sua linha de orientação de «*Prosseguir e intensificar os seus esforços em vista de eliminar os obstáculos que entravam actualmente a circulação das ideias pela palavra e pela imagem*», firmada em 1948. Em 15 de Novembro de 1972, sentia-se obrigada a adoptar uma *declaração de princípio* assegurando a cada Estado o Direito «*de fixar o conteúdo dos programas de ensino transmitidos por satélites aos seus nacionais*», proibindo ainda o uso de satélites para fins políticos.

4. Novos temas

Também a conjuntura se caracteriza pelo aparecimento de novos temas das relações internacionais. Entre eles avulta o das relações entre o homem e a natureza, que foi uma das preocupações de Malthus. A competição atingiu todos os recantos do globo, desde o fundo dos mares aos pólos, e estendeu-se ao *outer space*.

As ambições dos Estados têm como limite a capacidade sempre renovada das técnicas de exploração, e isso implica a crise das seculares regras do direito internacional. Para reservarem o monopólio das pescas, os Estados ribeirinhos desejam águas territoriais que, geralmente, não têm poder para fazer respeitar. Para monopolizarem o acesso às riquezas do subsolo marítimo, proclamam os direitos exclusivos sobre a plataforma continental. Por outro lado, a exploração ambiciosa dos recursos da natureza obriga a encarar uma acção colectiva contra a sua deterioração irrecuperável.

Tal acção colectiva é especialmente determinada pelo que se vai genericamente chamando a poluição, definida como uma ameaça contra o equilíbrio do qual depende a vida em geral e a sobrevivência do homem em particular. As radiações atómicas, os insecticidas, os detergentes, a poluição atmosférica, o envenenamento dos rios, tudo levou ao alarme que se definiu na Conferência de Estocolmo de 1972 sobre o ambiente. Tal situação ainda se agrava pelo facto de se tornar cada vez mais acentuada a diferença entre os países ricos e os países pobres, de modo que os primeiros tendem para ser mais ricos e os segundos tendem para ter mais gente.

194 *A Comunidade Internacional em Mudança*

Daqui resulta que o desequilíbrio demográfico é também um dos temas fundamentais da conjuntura. O crescimento do rebanho humano ameaça dobrar a população do mundo no espaço de uma geração: à taxa actual, a população mundial será, no ano 2000 de 7400 milhões de habitantes. Não há qualquer estrutura que possa resistir a este aumento de procura de todos os serviços que foram previstos para situação bem diversa.

5. A lei da complexidade crescente

Tudo isto encaminha no sentido de considerar já longe de uma utopia as previsões e os conselhos dos que recomendam considerar todos os homens como um só rebanho ao redor da terra. Não se trata já apenas da regra de São Paulo que manda aceitar que não há diferença entre grego e estrangeiro. Agora é necessário começar a pensar que não há grego nem estrangeiro, para efeitos de administração da terra que é só uma para todos. Quando o famoso Toynbee, de resto na linha de muitos outros, sustentou que as civilizações nascem, crescem e morrem, também tornou evidente que o género humano é a única realidade que permanece. O que tudo dá a maior actualidade ao esquecido pensamento dos *projectistas da paz*, tais como Pierre Dubois, Georges Podiebrad, Émeric Crucé, Sully, William Penn, Leibniz, Kant, Saint-Simon. Tudo à margem da proliferação ideológica do nosso tempo, onde podemos pelo menos enumerar as seguintes condicionantes: capitalismo, liberalismo, socialismo, fascismo, nacionalismo, colonialismo, racismo, pan-africanismo, pan-americanismo, pan-asiatismo, pacifismo, anarquismo e assim por diante. Para além destas versões e projectos, acontece que o número de sujeitos das relações internacionais, dotados de poder político, mais do que duplicou desde os fins da guerra de 1939-1945. Este crescimento corresponde a um princípio de *dispersão* na vida internacional. Em consequência, a quantidade das relações internacionais cresceu em função do número crescente de intervenientes. Já não são os 25 Estados de 1818 a ter relações recíprocas, são os 150 de 1974. Paralelamente, os *centros privados* de decisão, que entraram em relações internacionais, acompanharam as tendências que ficaram assinaladas. O aumento da quantidade das relações internacionais públicas e privadas levou até a uma alteração da qualidade e a uma transferência de categorias: o movimento de capitais, de técnicas e de pessoas, entrou nas

A Nova Sociedade 195

preocupações normais dos governos. Por isso, a dispersão obrigou, em face da complexidade crescente quantitativa e qualitativa das relações internacionais públicas e privadas, ao aparecimento de uma *linha de convergência* marcada pelo aumento em flecha do número de organizações interestaduais, de diálogo, de coordenação, de decisão. Por tudo parece que a comunidade internacional também vai obedecendo a uma tendencial *lei de complexidade crescente* inspirada em Chardin. Ao mesmo tempo que se multiplicam os centros de decisão públicos e privados (*princípio de dispersão*), o aumento quantitativo e qualitativo das relações entre eles conduz à institucionalização da coordenação (*princípio de convergência*). Pelo menos parece o único caminho capaz de evitar que o sistema entre em perda definitiva.

BIBLIOGRAFIA

ARON, Raymond, *Dix-huit leçons sur la société industrielle*, Paris, 1964. República Imperial, Rio de Janeiro, 1975.

    – *La lutte de classes*, Paris, 1964.

BAECHLER, Jean, *Los fenómenos revolucionarios*, Barcelona, 1974.

BALANDIER, Georges, *Le tiers monde*, Paris, 1961.

BALIBAR, Étienne, *Sur la dictadure du proletariat*, Paris, 1974.

BORCH, Herbert von, *A sociedade inacabada*, Rio de Janeiro, 1964.

BOUTROS-GHALI, Boutros, *L'Organisation de l'Unité Africaine*, Paris, 1969.

BRANDT, Willy, *La paix en Europe*, Paris, 1969.

BURDEAU, Georges, *Traité de science politique*, Paris, 1949-1956.

BURNHAM, James, *The managerial revolution*, Nova Iorque, 1940.

CATLIN, George, *The Atlantic community*, Londres, 1959.

CAVALCANTI, Themístocles Brandão (e outros), *As Nações Unidas e os problemas internacionais*, Rio de Janeiro, 1974.

CHAMPEAUX, Georges, *La croisade des démocraties*, Paris, 1941-1943.

CHARDIN, Pierre Teilhard de, *L'Avenir de l'Homme*, Paris, 1969.

    – *La Messe sur le Monde*, Paris, 1965.

CHURCHILL, Winston, *History of the Second World War*, Londres, 1948-1953.

CONSTANTINE, Learie, *Colour Bar*, Essex, 1954.

DEAKIN, F. W., *The brutal friendship*: *Mussolini, Hitler and the fall of Italian fascism*, Nova Iorque, 1962.

DEAN, Vera Micheles, *The Nature of the Non-Western World*, Nova Iorque, 1957.

DELMAR, Claude, *Le monde atlantique*, Paris, 1958.

DESCHAMPS, Hubert, *Méthodes et doctrines coloniales de la France*, Paris, 1953.

DIA, Mamadou, *Réflexions sur l'économie de l'Afrique Noire*, Paris, 1955.

DIOP, Cheikh Anta, *L'unité culturelle de L'Afrique Noire*, Paris, 1958.

DUCLOS, Pierre, *Le Conseil de l'Europe*, Paris, 1964.

DUROSELLE, Jean-Baptiste, *Histoire diplomatique de 1919 à nos jours*, Paris, 1971.

DUVERGER, Maurice, *Ciência Política*, Rio de Janeiro, 1976.

DVORIN, Eugene Paul, *Racial separation in South Africa: an analysis of apartheid theory*, Chicago, 1956.

ESTALINE, José, *Les questions du léninisme*, Moscovo, 1949.

FANON, Frantz, *Les Damnés de la Terre*, Paris, 1958.

FERNAU, F. W., *Le revéil du monde musulman*, Paris, 1954.

FOURASTIÉ, Jean e LALEUF, André, *Revolução no ocidente*, Lisboa, 1961.

FRANQUEVILLE, *Le gouvernement et le parlement britanniques*, Paris, 1887.

FREUD, Julien, *Sociologia de Max Weber*, Rio de Janeiro, 1960.

GALBRAITH, John Kenneth, *The New Industrial State*, Nova Iorque, 1964.

GARAUDY, Roger, *Le grand tournant du socialisme*, Paris, 1970.

GOLDWIN, Robert A., *Readings in Russian foreign policy*, Oxford, 1959.

GRIMES, Alan P. e HORWITZ, Robert H., *Modern Political Ideologies*, Nova Iorque, 1959.

GUTTENBERG, A. CH. de, *L'occident en formation*, Paris, 1933.

JOUVENEL, Bertrand de, *La civilisation de puissance*, Paris, 1976.

LEFEBVRE, Henri, *Le manifeste différentialiste*, Paris, 1970.

LINNEMANN, Hans, PRONK, J. P. e TINBERGEN, J., *Convergence of Economic Systems in East and West*, Nova Iorque, 1967.

LOCKE, John, *A Letter Concerning Toleration*, Londres, 1952 (BGB).

– *Concerning Civil Government*, Londres, 1952 (BGB).

– *An Essay Concerning Human Understanding*, Londres, 1952 (BGB).

LUCHAIRE, François, *Droit d'outre-mer et de la coopération*, Paris, 1966.

MANNONI, Octave, *Psychologie de la colonisation*, Paris, 1950.

MARX, Karl, *O Capital*, Rio de Janeiro, 1974.

MAYER, Pierre, *Le monde rompu*, Paris, 1976.

McLUHAN, Herbert Marshall, *Guerre et Paix dans le village planétaire*, Paris, 1970.

MENDE, Tibor, *Conversazione con Nehru*, Turin, 1956.

MONTESQUIEU, Charles Louis de Secondat, Baron de, *The Spirit of Laws*, Londres, 1952 (BGB).

MOREIRA, Adriano, *Política Ultramarina*, Lisboa, 1961.

MORELLY, Étienne-Gabriel, *Le code de la nature*, Paris, 1755.

MOSCA, Gaetano, *História das doutrinas políticas*, Rio de Janeiro, 1975.

MOUSSA, Pierre, *Les nations prolétaires*, Paris, 1959.

MUS, Paul, *Le destin de l'Union française*, Paris, 1954.

ORTEGA Y GASSET, José, *La rebelión de las masas*, Madrid, 1962.

PÉRILLIER, Louis, *La patrie planétaire*, Paris, 1976.

REVEL, Jean-François, *La tentation totalitaire*, Paris, 1976.

ROUSSEAU, Jean-Jacques, *The Social Contract,* Londres, 1952 (BGB).

– *A Discourse on the Origin of Inequality*, Londres, 1952 (BGB).

SMUTS, Jan Christian, *A practical suggestion*, Londres, 1918.

UNESCO, *Le concept de Race. Résultats d'une enquête.* Paris, 1953.

VALÉRY, Paul, *Regards sur le monde actuel*, Paris, 1941.

ÍNDICE ASSUNTOS

11 de Setembro de 1789, 99
14 Pontos do Presidente Wilson, 105

A

Abolição da propriedade privada, 99
Aborígenes, 78, 79
Absolutismo, 67, 87
Abu Dhabi, 187
Acção armada, 192
Acção colonizadora, 62, 78, 125
Acção convergente, 58
Acção dos poderes erráticos, 50
Acção internacionalista, 184
Acção política internacional, 59
Acções intergovernamentais, 111
Acordo de Cartagena (26 de Maio de 1969), 176
Acordos de Genebra (Janeiro de 1971), 187
Acordos de Teerão (Fevereiro de 1971), 187
Acordos de Trípoli (Março de 1971), 187
Açores, 48, 59,
Afars, 153
Afeganistão, 160, 166
África, 38, 42, 45, 46, 60, 61, 66, 69, 75, 110, 115, 133, 136, 137, 144, 153, 154, 159, 161, 165, 167, 168, 173, 174, 177, 178, 188, 189
África Austral, 160
África Central, 175, 176
África do Sul, 112, 140, 174
África francófona, 172
África Ocidental, 175, 176

Africanismo, 167
Agostinianismo, 74
Ajuda económica, 154, 173
Ajuda externa, 154
Ajuda multilateral, 173
Alasca, 132
Albânia 186, 191
Aldeia, 192
Alemanha, 68, 75, 95, 101, 108, 139, 163, 191, 192
Alianças, 149, 155, 164
Alinhamento(s) político(s), 152, 160, 161, 164
Alliance Française, 38
Alta Comissão para a África Oriental, 176
Altas Potências Contratantes, 41
Alto Volta, 175, 176
Amazonas, 60
Ambiente colonial, 140
Ambiente político, 140
América, 160
América do Norte, 39
América do Sul, 45
América Latina, 38, 159, 161, 165, 173, 176, 178, 188
Americanismo, 71, 95, 96, 116, 124, 150
Americano(s), 47, 60, 139, 188, 190
Anarquismo, 119, 194
Ancien Régime, 65, 81, 93, 98, 101, 103
Anglo-Saxónico, 77
Angola, 110
Antártida, 61
Antiamericanismo, 177

Antibranco, 172
Anticapitalismo, 131
Anticlericais, 103
Anticolonialismo, 46, 49, 66, 67, 70, 94, 95, 97, 102, 104, 107, 109, 114, 115, 116, 124, 125, 134, 141, 143, 150, 151, 152, 164, 171
Anticristão, 82
Antiesclavagista, 137
Antifranquismo, 145
Antigas colónias, 155
Antigas colónias espanholas, 168
Antigas colónias francesas, 175
Antigas metrópoles, 155
Antigas potências colonizadoras, 172
Antigo regime, 65, 66
Antigos territórios portugueses, 160, 174
Anti-imperialismo, 169
Anti-imperialistas, 164, 165, 166
Antilhas, 160, 166
Antiliberal, 115
Antiocidental, 70, 78, 167, 189
Apaziguamento, 117, 118, 160
Apaziguamento ideológico, 111, 117, 164, 190
Apelo, 103, 114, 180, 185
Apparatchik, 148
Árabes, 60, 74, 137, 169, 177, 192
Arábia Saudita, 137, 160, 177, 187
Arabismo, 169
Arbitragem, 119, 175
Arco de santuários, 47
Argélia, 114, 140, 144, 145, 153, 164, 177, 182, 187, 188
Argentina, 177
Aristocracia, 63
Arma(s), 142, 148, 151, 192
Arma do petróleo, 151, 187
Arma psicológica, 192
Armamento, 187
Armamento alfandegário, 94
Armamentos estratégicos, 44
Armas atómicas, 46
Armas económicas, 192

Armas estratégicas, 43
Armas financeiras, 192
Armas nucleares, 190
Armas supremas, 43
Armas termonucleares, 182
Arménios, 143
Arquipélagos, 47, 48, 49
Arte da guerra, 47, 182
Ásia, 42, 45, 70, 73, 75, 89, 107, 159, 160, 161, 163, 165, 166, 169, 173, 177, 178, 189
Ásia Central, 75, 143
Assembleia Geral da ONU, 109, 111, 113, 114, 141, 157, 161, 171, 172, 187
Associação do Sudeste da Ásia (ASA), 174
Associação dos Franceses no Estrangeiro, 48
Associação dos Japoneses no Estrangeiro, 38
Associação Internacional de Advogados, 37
Associação Latino-Americana de Comércio Livre (ALALC), 176
Associações corporativas, 64
Associações multilaterais, 37
Ateísmo, 86
Atlântico Norte, 46, 47, 48
Atlântico Sul, 46, 47, 48
Austrália, 79, 105
Áustria, 63, 66, 67, 69
Autodeterminação, 48, 95, 106, 110, 113, 117, 125, 126, 127, 128, 129, 130, 131, 133, 140, 143, 153, 157, 161, 162, 163, 171
Avanço ideológico, 164
Azerbeijão, 143

B

Bacia Convencional do Zaire, 94, 106, 114
Bacia do Mediterrâneo, 161, 169
Bacia do Rio da Prata, 177
Balança de poder(es), 93, 158, 180
Bamaco, 176
Bárbaros, 74, 189
Barcelona, 132

Índice Assuntos

201

Batalha de Valmy, 125
Bélgica, 58, 69, 127, 130, 140, 146
Beligerantes, 170
Benin, 160
Biafra, 153
Bíblia, 74, 76
Bicameralismo, 82
Bielorrússia, 111
Bipolarismo, 190, 192
Birmânia, 160, 174
BIT, 78, 79
Bizantinos, 74
Black Star Line, 167
Blanquismo, 120
Bloco Afro-Asiático, 166
Bolívia, 160, 176, 177
Brasil, 45, 160, 177
Brazzaville, 160, 175
Bremen, 66
Brigadas Vermelhas, 52
British Council, 38
Budistas, 149
Burguesia(s), 64, 65, 66, 67, 87, 91, 103, 129, 184, 186
Burguesia(s) Metropolitana(s), 107, 163

C

Cabo da Boa Esperança, 60
Cabo das Tormentas, 60
Cabo-verdianos, 48
Cairo, 75, 150, 178
Califado, 170
Câmara Alta, 103
Câmara Baixa, 103
Câmara Internacional de Comércio, 37
Camarões, 160, 175
Cambodja, 161
Campanhas napoleónicas, 57, 65
Camp David, 141
Campos de concentração, 135
Capitalismo, 64, 96, 120, 129, 130, 148, 158, 162, 163, 183, 184, 188, 194

Capitalistas, 116, 121, 129, 146, 147, 159, 160, 163, 165, 185, 187
Carisma, 37, 137
Carta da ONU, 95, 108, 109, 110, 111, 112, 113, 140, 143, 157, 181
Carta da Organização dos Estados Americanos, 168
Carta de Adis Abeba, 153
Carta dos 25 Pontos (14/6/1963), 189
Catanga, 153
Ceilão, 160
Centralismo, 154, 156
Centros de poder, 66
Centros privados de decisão, 194
Cesarismo, 100
Chade, 160, 175
Checoslovacos, 122
Checoslováquia, 132, 186, 188
Chefe carismático, 103
Chefia carismática, 100, 156
Chile, 160, 177
China, 42, 57, 68, 76, 106, 111, 150, 161, 164, 165, 166, 175, 181, 186, 188, 189, 191
Chipre, 43, 140, 182
Cidadania, 82
Cidadania activa, 81, 82, 100, 102, 115
Cidadania passiva, 81, 82, 100, 102, 115
Cidadania romana, 134
Cidade de Deus, 74
Cidades livres, 65, 66
Ciência política, 87, 180, 181
Ciências normativas, 38
Ciências sociais, 38, 54
Civilização ocidental, 78
Civilizações, 39, 189, 194
Clube atómico, 191
Códigos, 64, 76
Coexistência pacífica, 43, 161, 185, 186
Colecções Canónicas, 74
Coligação das democracias, 79, 95
Colômbia, 160, 177
Colónia(s), 42, 69, 78, 95, 96, 97, 104, 105, 107, 108, 113

Colonialismo, 124, 130, 154, 173, 178, 194

Colonização, 63, 65, 68, 76, 77, 123, 162, 167, 184

Colonizador(es), 58, 76, 78, 79, 80, 94, 110, 116, 136, 137, 138, 144, 152, 153, 155, 158, 163, 167, 168

Colonizados, 63, 77, 79, 116, 163

Colunas de Hércules, 151, 169

COMECON, 186, 188, 191

Comércio, 64, 66, 72, 89, 92, 106, 168, 176, 181, 184

Comité Central do Partido Comunista Chinês, 159

Competência, 142

Competição, 49, 52, 61, 73, 93, 115, 117, 129, 138, 139, 141, 142, 143, 151, 152, 158, 162, 164, 185, 186, 191, 192, 193

Competição armada, 162

Competição ideológica, 117, 185, 186

Competição internacional, 192

Competição mundial, 164

Competição pacífica, 141, 164

Competição política, 191

Competições comerciais, 192

Compromisso histórico, 96

Computarização, 50

Comunicações, 35, 50, 139, 176, 182, 189

Comunidade da África Oriental (CAO), 176

Comunidade da fé, 179

Comunidade de sonhos, 126

Comunidade Económica da África Ocidental (CEAO), 176

Comunidade internacional, 61, 94, 105, 195

Comunismo, 99, 100, 114, 144, 165

Conceito nacional, 128, 146

Concerto das nações, 108

Concerto Europeu, 93, 181

Concerto ocidental, 94, 95, 105

Concílio de Toledo, 74

Condição humana, 85

Confederação Internacional das *Trade Unions* Livres, 37

Conferência da Organização Latino-Americana de Solidariedade (OLAS), 177

Conferência de Acra (1958), 153, 168

Conferência de Adis Abeba (1963), 154

Conferência de Bandung (1955), 149, 166, 188

Conferência de Belgrado (1961), 161

Conferência de Berlim (1884-1885), 62

Conferência de Berlim (1885), 57, 69, 75, 94, 106, 121

Conferência de Berlim (1895), 59

Conferência de Casablanca (1961), 172

Conferência de Conacri (1960), 178

Conferência de Estados Produtores, 187

Conferência de Estocolmo (1972), 193

Conferência de Genebra (1957), 137

Conferência de Havana (1966), 150

Conferência de Helsínquia (1975), 191

Conferência de Londres (1900), 166

Conferência de Praga (1938), 38

Conferência de Solidariedade dos povos da Ásia, África e América Latina, 173

Conferência de Yalta, 124

Conferência do Cairo (1955), 178

Conferência do Cairo (1957), 150

Conferência Latino-Americana de Solidariedade, 169

Conflito das gerações, 108

Conflitos armados, 113

Conflitos de interesses, 96, 106, 181

Conflitos ideológicos, 190

Conflitos internacionais, 118, 185

Conflitos internos, 49, 118, 184

Conflitos nacionais, 118, 185

Congo, 60, 110

Congo Francês, 175

Congo-Brazzaville, 160

Congo-Kinshasa, 175

Congresso da Internacional Comunista, 163

Congresso de Viena (1815), 80, 93,168

Congresso do Panamá (1826), 168

Congresso do Partido Comunista, 188

Congresso Extraordinário dos Sovietes, 143

Índice Assuntos

Congresso Pan-Asiático, 166
Conjuntura bipolar, 170
Conjuntura colonial, 120, 122, 142
Conjuntura económica, 96
Conseil de l'Entende, 175
Conselho da Ásia e do Pacífico (ASPA), 73
Conselho de Segurança da ONU, 42, 72, 109, 110, 111, 123, 141, 181, 184, 191
Conselho de Tutela, 110, 112
Conselho Económico e Social da ONU, 109
Conspiração dos Iguais, 114, 119
Constituição (1933), 113, 163
Constituição da URSS, 133
Constituição Girondina, 90, 91, 99
Construção do sistema jurídico, 179
Contencioso internacional, 36, 37
Continentalidade, 168
Continente americano, 77, 78, 79, 96, 105, 111, 115, 134, 135, 166, 168
Contrato Social, 35, 98
Convenção da Filadélfia, 67
Convertibilidade do dólar, 192
Cooperação financeira e técnica, 182
Cordilheira dos Andes, 169
Cordilheiras do Sudão, 169
Coreia do Sul, 160
Coreia, 122, 141, 166, 188
Coreias, 108
Corrente democrática, 100
Corrente tradicionalista, 131
Correntes ideológicas, 165
Correntes socialistas, 104, 129
Cortina de Ferro, 63, 148
Costa do Marfim, 160, 175, 176
Costa Rica, 160, 177
Crime de genocídio, 78
Crimes contra a Humanidade, 79
Crioulos, 78
Crise da Universidade, 53
Crise das matérias-primas, 151
Crise de Cuba, 190
Crise de valores, 57
Crise do Direito Internacional, 173, 193

Crise do dólar, 151
Crise mundial, 187
Crise no Canal do Suez, 137
Cristandade, 43, 67
Cristãos, 67, 72, 73, 121, 122, 137, 146, 149
Critério de criminalidade, 51
Critérios de fronteiras, 149
Critérios de superioridade racial, 135
Critérios de unidade das potências, 97
Critérios do legitimismo, 80
Critérios étnicos, 122
Critérios geográficos ou ideológicos, 113
Cuba, 43, 48, 160, 177, 182, 188, 190
Cultura islâmica, 144

D

Daomé, 160, 175, 176
Decisão política, 36,120, 123, 162
Decisionismo político,142, 152
Declaração de Banguecoque, 174
Declaração de Direitos (1793), 91
Declaração dos Direitos do Homem (1789), 57
Declaração dos Direitos e Deveres (1795), 91
Declaração sobre outorga de independência aos territórios e povos coloniais, 157
Democracia(s), 59, 65, 66, 79, 89, 91, 95, 97, 99, 100, 102, 103, 104, 118, 120, 142, 143, 154, 164, 165, 188
Democracia despótica, 104
Democracia legalista, 103, 104
Democracia Nova, 164
Democracia(s) popular(es), 118, 188
Democracia-cristã, 185
Democracias formais, 142
Democracias ocidentais, 59
Democracias populares, 118
Democracias reais, 142
Democrata-cristãos, 187
Democratização, 92, 100, 102, 115
Dependência colonial, 143, 144
Descentralização, 68, 78, 104, 118, 124, 156

204   *A Comunidade Internacional em Mudança*

Descoberta de Pompeia e Herculano, 61
Descoberta do caminho marítimo para a
    Índia, 57, 60
Descobertas, 58, 59, 136
Descolonização, 112, 124, 144, 145, 146,
    148, 149, 153, 155, 172, 189, 191
Descolonização portuguesa, 48
Desemprego, 159, 192
Desenvolvimento, 38, 47, 48, 64, 65, 109,
    116, 117, 123, 146, 155, 157, 158, 161,
    162, 163, 168, 172, 176, 183, 186, 187,
    189, 192
Desenvolvimento da tecnologia, 189
Desenvolvimento económico, 158, 168
Desequilíbrio demográfico, 194
Desigualdade de estatutos dos povos em
    contacto, 78
Desigualdade social, 172
Desmobilização colonial, 142, 144
Desordem da vida internacional, 179
Despotismo, 65, 66, 67, 87, 88, 104, 120
Despotismo esclarecido, 65, 66, 67, 104, 120
Desviacionismo(s), 71, 72, 95, 96, 97, 104,
    124, 150
Desvios de aeronaves, 173
Détente, 185
Determinação da vontade popular, 100
Determinismo socioeconómico, 120
Dever militar, 104, 108
Dialéctica socrática, 80
Diáspora, 37
Diferença étnica, 134
Diplomacia, 38, 68
Diplomacia da canhoneira, 43
Directório, 106, 111, 112, 164, 191
Direito à assistência, 91
Direito à instrução, 91
Direito à insurreição, 68, 91
Direito à rebelião, 67, 87
Direito absoluto de veto, 99
Direito ao emprego efectivo, 102
Direito ao trabalho, 91
Direito civil, 55, 63
Direito comparado, 35, 39

Direito constitucional, 55
Direito criminal, 38
Direito da empresa, 38
Direito da família, 38
Direito de classe, 112
Direito de fazer a guerra, 111, 180
Direito de insurreição, 96
Direito de propriedade, 83, 85, 86
Direito de veto no Conselho de Segurança,
    42, 109
Direito inato, 86
Direito intermediário, 184
Direito internacional, 38, 44, 45, 62, 72, 75,
    94, 111, 112, 172, 173, 181, 193
Direito natural, 72, 85, 92
Direito positivo, 54
Direito privado, 55, 56, 83
Direito público, 56, 98
Direito romano, 55, 74
Direitos, 57, 63, 72, 75, 81, 82, 83, 86, 89,
    90, 91, 94, 96, 98, 99, 101, 104, 106,
    118, 143, 193
Direitos (1789), 63, 99
Direitos à igualdade, 99
Direitos individuais, 96, 104
Direitos sagrados, 86
Discriminação, 78, 86, 135, 137, 138, 139,
    140
Dissuasão, 191
Ditaduras burguesas, 164
Ditaduras proletárias, 164
Divergência religiosa, étnica ou cultural,
    134
Divisão bipolar, 158
Divisão dos poderes, 79, 86, 98
Domínio nazista, 79
Domínio ocidental, 57, 62, 66, 109, 122
Domínios britânicos, 105, 162
Doutrina cristã, 134
Doutrina de Monroe, 96
Doutrina do equilíbrio de poderes, 44
Doutrina liberal, 89
Doutrinas individuais, 179

E

Economia internacional, 38
Economia monetária, 64, 65
Egipto, 140, 160, 169
Eixo Berlim-Roma, 166, 170
Eleitorado, 81, 82, 103, 115
Elitismo nacionalista, 97
Embargo do petróleo, 192
Emergente policentrismo, 191
Emigração, 37
Emigração ideológica, 37
Emigrantes da Bacia do Mediterrâneo, 161
Emirados, 177, 188
Empresas públicas ou privadas, 182
Energia(s), 43, 45, 50, 63, 121, 130, 155, 182
Envenenamento dos rios, 193
Equador, 160, 177
Equilíbrio do terror, 51, 52, 190
Era atómica, 43, 181
Era gâmica, 39, 60
Escala de valores, 56
Escravidão, 78, 94, 105, 114, 136, 137, 138
Esfera de Co-prosperidade da Ásia, 166
Espaço de confluência de poderes, 189
Espanha, 58, 66, 69, 132, 145
Estado clássico, 51, 52, 183, 185
Estado de natureza, 85, 92, 93, 98, 179, 180, 183
Estado director, 95, 96, 186
Estado igualitário, 133
Estado industrial, 118
Estado liberal, 82, 86
Estado nacional, 52
Estado soberano, 41, 111, 182
Estado social, 85
Estado soviético, 184, 185
Estado teocrático, 68
Estado universal, 133, 143
Estados afro-asiáticos, 178
Estados árabes, 177
Estados capitalistas, 163, 185
Estados coloniais, 66

Estados da Igreja Católica, 68
Estados em movimento, 107, 132, 159
Estados emergentes, 159
Estados Gerais de 1789, 90
Estados inimigos, 109, 110
Estados ocidentais, 75, 152
Estados teleguiados, 144, 172
Estados Unidos da África, 154
Estados Unidos da América (EUA), 42, 43, 61, 67, 72, 90, 96, 106, 107, 109, 110, 111, 114, 123, 125, 128, 132, 140, 141, 143, 148, 152, 158, 161, 162, 165, 168, 171, 173, 177, 181, 190, 191
Estados vencedores, 110
Estados-nacionais-proletários, 185
Estatutos do Partido Comunista Chinês, 165
Estónia, 127
Estratégia de dissuasão, 191
Estratégia indirecta, 192
Estrato social, 101, 103, 147
Ética, 44, 50, 51, 55, 64, 73, 74, 75, 79, 80, 94, 148
Etiópia, 105, 106, 137, 160
Etnia branca, 78, 95, 105
Etnia negra, 133
Eurocomunista, 43
Euromundista, 45
Euromundo, 44, 45, 46, 62, 64, 69, 70, 71, 72, 73, 76, 78, 79, 80, 84, 89, 91, 92, 93, 105, 111, 114, 121, 122, 123, 124, 179
Europa, 38, 39, 41, 45, 46, 59, 60, 61, 62, 63, 64, 65, 67, 68, 69, 70, 71, 74, 75, 76, 77, 88, 95, 96, 104, 107, 123, 124, 126, 133, 139, 150, 168, 170
Europa do Leste, 67
Europa Ocidental, 38
Europeização, 71, 77, 78, 122
Europeu, 48, 49, 60, 62, 63, 79, 93, 113, 115, 138, 140, 149, 156, 161, 166, 181, 189, 190
Evolução da conjuntura colonial, 122
Evolução económica, 123

206   *A Comunidade Internacional em Mudança*

Excedentes de mão-de-obra, 187
Exclusão do trabalho forçado, 63
Exército de Portugal , 41
Exércitos nacionais, 50
Expansão, 45, 48, 58, 60, 61, 65, 68, 69, 72,
    73, 74, 75, 76, 79, 80, 91, 92, 96, 97,
    106, 107, 122, 141, 142, 168, 184, 186
Expansão colonial, 69, 122, 184
Expansão do conhecimento, 61
Expansão do Estado, 72
Expansão europeizante, 74
Expansão japonesa, 106
Expansão marítima, 61, 65
Expansão ocidental, 72, 92
Expansionismo americano e o soviético, 97
Extensão das águas territoriais, 61

F

Factores, 117, 126, 136, 139, 142, 145,
    186
Factores de expansão, 79
Factores de unificação, 59
Factores económicos, 74
Factores internacionais, 189
Fardo do homem branco, 92
Fascismo, 143, 194
Fascistas ocidentais, 129
Federação da Malásia, 160
Federação de Conselhos (sovietes), 185,
    186
Federação dos Emirados, 177
Federação Internacional dos Jornalistas, 37
Federalismo, 95
Feminismo, 102, 115
Feudalismo, 65, 66
Fidelidades, 182
Filipinas, 132, 160, 166, 174
Filosofia das Luzes, 67
Filosofia Política, 81
Finalidades do Estado, 50
Flanco Sul da Aliança, 46
Fontes de abastecimento de energia, 45

Força, 37, 41, 42, 43, 45, 48, 49, 67, 70, 73,
    74, 89, 90, 92, 93, 94, 101, 103, 107,
    119, 122, 125, 129, 130, 139, 141, 142,
    145, 151, 152, 153, 155, 169, 180, 181,
    186, 190
Força armada, 93, 130, 182
Fornecimento da energia, 50
Fort-Lamy, 175
Fórum, 108, 111
França, 42, 66, 68, 69, 75, 76, 107, 111,
    114, 125, 132, 144, 145, 152, 153, 158,
    161, 181, 191, 192
Frente, 99, 164, 184, 188
Frente marítima, 60, 64, 96
Fronteira(s) ideológica(s), 47, 149, 183
Fronteiras físicas, 47, 58, 153, 180
Função do território, 49

G

Gabão, 160, 175
Gana, 154, 160
Garantias, 82, 83
Génio de liberdade, 88
Genocídio, 78, 79, 105, 108, 153, 158
Génova, 68
Georgianos, 143
Gestão, 50, 82
Gesticulação macroscópica, 193
Golfo de Bassorah (Golfo Pérsico), 169
Governo autoritário, 103
Governo colegial, 100
Governo português, 59, 113, 170
Governos, 36, 37, 38, 41, 43, 47, 49, 52, 58,
    71, 77, 78, 95, 107, 117, 125, 143, 145,
    184, 189, 195
Governos centrais, 49
Governos regionais, 49
Grã-Ducados, 68
Grande coligação democrática, 45, 107,
    125, 140
Grande espaço, 166, 183
Grande espaço ideológico, 183

Grande Guerra de 1939-1945, 70
Grandes espaços formais e informais, 183
Grandes potências, 41, 42, 43, 44, 45, 46,
    50, 66, 69, 75, 95, 109, 110, 113, 114,
    124, 125, 140, 141, 142, 143, 146, 148,
    151, 152, 157, 158, 171, 181, 182
Grécia, 191
Grupo de Casablanca, 154
Grupo de Monróvia, 154
Grupo neutralista, 114
Grupo soviético, 114
Grupos de pressão, 141, 192
Guatemala, 160, 177
Guerra civil da cristandade, 67
Guerra civil espanhola, 42
Guerra civil ocidental, 105
Guerra comercial, 192
Guerra de guerrilhas, 152, 169
Guerra dos Sete Anos, 68
Guerra fria, 43, 185
Guerra justa, 165
Guerra monetária, 192
Guerra mundial, 38, 51, 52, 59, 66, 79, 95,
    109, 110, 117, 154, 168, 169, 170
Guerra mundial (1939-1945), 35, 43, 59,
    68, 70, 95, 106, 107, 116, 170, 190, 194
Guerra termonuclear, 191
Guerras da religião, 61
Guerras de África e da Ásia, 42
Guerrilha urbana, 182
Guiding principles, 112
Guiné, 160
Guiné-Conacri, 154

H

Habsburgos, 63
Haiti, 160
Hamburgo, 66
Harlem, 161
Havana, 150, 169, 173, 178
Hawai, 107, 132, 133
Hegemonia, 69, 96

Herança maquiavélica, 119
Herança personalista, 119
Hierarquia étnica dos povos, 107
Hispana, 74
História da Diplomacia, 38
Holanda, 59, 130, 140, 146, 166
Homens brancos, 75, 121
Honduras, 160, 177
Hungria, 186

I

Ibos, 108
Idade Média, 75, 92
Ideia contratual, 81
Ideologia democrática, 80, 97
Ideologia liberal, 80, 84
Ideologia marxista, 183
Ideologias, 58, 111, 117, 118, 153, 166,
    179, 183, 188, 190
Iémen, 160
Iémen do Sul, 48, 177
Igreja Católica, 68, 74
Igrejas separadas, 190
Igualdade, 76, 83, 89, 90, 94, 98, 99, 102,
    104, 106, 114, 115, 117, 134, 146, 154,
    163, 175, 180
Igualdade jurídica, 102
Igualdade social, 102
Ilegitimidade das soberanias exteriores,
    166
Ilhas desertas no Atlântico, 136
Ilhas estratégicas, 47, 48
Imagem, 58, 59, 88, 93, 117, 121, 138, 158,
    160, 180, 182, 193
Imigrantes, 162
Imperativo católico, 73
Imperialismo, 155, 162, 163, 165, 166,
    169, 173, 177, 178, 186, 188
Império alemão, 66
Império árabe, 169
Império austro-húngaro, 65, 75
Império carolíngio, 58

208 *A Comunidade Internacional em Mudança*

Império colonial, 112
Império de Anão, 166
Império espanhol, 59
Império moscovita, 163
Império português, 59
Império romano, 74, 104, 189
Império turco, 69
Impérios coloniais, 129
Impérios ultramarinos, 107
Importações, 192
Imunidade diplomática, 172
Independência, 41, 47, 49, 51, 69, 76, 77, 78, 90, 94, 95, 96, 100, 105, 108, 109, 111, 112, 113, 114, 116, 122, 123, 124, 128, 129, 143, 153, 154, 157, 158, 162, 163, 166, 171, 172, 173, 174
Independência política, 116, 153, 171, 173
Índia, 57, 60, 66, 75, 122, 153, 160, 162, 166, 191
Indianos, 134
Indígenas, 78, 134, 162
Índios, 94
Indochina, 76, 108, 114, 122, 145
Indonésia, 58, 151, 160, 166, 169, 174, 187
Indústria(s), 63
Industrialização, 50, 160, 164, 187
Inferioridade tecnológica, 152
Inflação, 192
Inflacionista, 151
Ingerência, 172
Inglaterra, 42, 59, 64, 66, 68, 75, 76, 88, 101, 107, 111, 130, 132, 145, 169, 181
Inimigo, 36, 103, 109, 117, 191
Insecticidas, 193
Instituto de Relações Internacionais e de Direito Comparado – IRICO, 35, 39
Instrumento supranacional, 111
Interdependência, 39, 44, 50, 52, 55, 111, 140, 182, 189
Interdependentes, 44, 74
Interesse comum, 94, 111, 180
Interesse dos poderes, 73

Interesse político, 59
Interesses das populações nativas, 106
Interesses ocidentais, 104, 106
Interesses privados, 67
Internacionais ideológicas, 190
Internacionais sindicalistas, 190
Internacional Socialista, 156
Internacionalismo, 49, 92, 101, 188
Internacionalismo proletário, 188
Internacionalização, 35, 36, 37, 38, 44, 61, 74, 75, 94, 106, 109, 120, 140, 154
Intervenção armada, 172
Intervenção do desviacionismo soviético, 95
Intervenção na Coreia, 141
Intervencionismo, 142
Irão, 43, 48, 160, 169, 187
Iraque, 160, 177, 187
Irlanda do Norte, 48, 145
Irridentismo, 153
Islamismo, 169, 170
Islão, 170
Isolacionismo, 106
Israel, 178, 192
Issas, 153
Itália, 58, 66, 68, 75, 106, 126, 132, 139

J

Jacobinismo, 99
Japão, 46, 57, 65, 166, 191, 192
Jordânia, 160, 177
Jornalismo revolucionário, 97
Judeus europeus, 79
Jugoslávia, 126, 132, 186
Juízos éticos, 51
Jurisdição interna, 35, 48, 113, 170, 180, 182, 188, 189
Jus sanguini, 186
Jus soli, 186
Justiça, 38, 41, 73, 74, 85, 93, 122, 152

Índice Assuntos 209

K

Keynesismo, 151
Kominform, 186
Koweit, 187

L

Länder, 66
Laos, 160
Leaders dos territórios tropicais e subtropicais, 127
Lealdade(s) política(s), 37, 173
Legalidade objectiva, 51
Legislação sul-africana, 78
Legítima defesa, 92, 179
Legitimidade, 41, 42, 51, 65, 72, 93, 100, 125, 155, 166, 173, 185, 186
Legitimidade dos povos, 166
Legitimidade internacional, 173, 185
Legitimidade política, 51
Legitimismo, 80, 126
Lei Afonso Arinos, 79
Lei de complexidade crescente, 195
Lei natural, 85
Leis da vida civil, 77
Leis do trabalho, 77
Leis naturais, 84, 92
Leis naturais da própria conservação, 92
Leninismo, 119, 120, 123, 129
Letónia, 127
Líbano, 160, 177
Liberais, 37, 81, 89, 93, 97, 99, 103, 104, 115, 121, 146
Liberalismo, 80, 81, 82, 83, 84, 87, 89, 91, 97, 100, 101, 102, 103, 104, 105, 115, 146, 194
Liberdade, 43, 44, 50, 63, 81, 82, 83, 85, 86, 88, 89, 90, 91, 94, 95, 99, 100, 102, 103, 114, 137, 140, 146, 168, 184, 190
Liberdade da razão, 82
Liberdade da terra, 81, 83
Liberdade de discussão, 82

Liberdade de imprensa, 82, 103
Liberdade de publicação, 82
Liberdade de reunião, 82
Liberdade de trabalho, 83, 102
Liberdade física, 81, 82, 94
Liberdade política, 88
Liberdades públicas, 82
Libéria, 160
Libertação nacional, 177, 178, 188
Líbia, 105, 154, 160, 177, 187, 188
Liechtenstein, 66
Liga dos Povos Asiáticos, 166
Liga Internacional da Cruz Vermelha, 37
Limites territoriais, 133, 143
Linha de convergência, 195
Lituânia, 127
Livre circulação, 176
Livre concorrência, 83, 84, 94, 100
Livre-cambismo, 184
Livro Santo, 144
Luta armada, 80, 141, 172, 177, 178
Luta contra a existência de Israel, 178
Luta contra as culturas obrigatórias, 63
Lutas de guerrilhas, 51
Luxemburgo, 126, 185

M

Madagáscar, 160
Madeira, 48
Madrid, 58
Maioria dos votos, 115
Maioria política, 115
Malásia, 160, 166, 174
Mali, 154, 160, 176
Malta, 48
Manchúria, 106
Mandatos, 94, 100, 105, 106, 110, 115
Manifesto Comunista, 184
Manifesto de Marechal, 114
Manifesto do Comité Nacionalista da Síria (1936), 169
Maoísta, 76, 158, 162

Maometanos, 149
Maquiavélica, 73, 93, 110, 111 ,119, 121, 127, 131
Maquiavelismo, 62, 108
Mar das Antilhas, 160
Marginalidade, 51
Marinhas Portuguesas, 42
Marítima, 60, 61, 64, 65, 66, 96, 167
Marranos, 78
Marrocos, 58, 66, 76, 105, 116, 153, 154, 160, 174, 177, 182
Marxismo, 43, 96, 100, 103, 122, 156, 183
Marxizante, 128
Massacres, 173
Massificação, 36, 37, 121
Mature corporation, 118
Mauritânia, 153, 160, 172, 176
Médias potências, 43, 44, 140, 152
Médio Oriente, 137, 191
Mediterrâneo, 145, 161, 169
Meios de comunicação, 36, 192
Mensagem evangélica, 43
Mercado comum, 175, 176, 177
Mercado Comum Centro-Americano (MCCA), 177
Mercado do trabalho, 37, 136
Mercantilismo, 64, 66
Mestiçagem, 77
Método(s), 60, 80, 96, 125, 141, 143, 144, 149, 161, 177, 181
Metrópole originária, 131
Metrópoles, 78, 79, 96, 104, 129, 130, 155
México, 135, 160
Micado, 65
Migrações de trabalhadores, 38
Ministro(s), 174, 175, 176, 180
Minorias transcaucasianas, 143
Missão nacional, 180
Missionária, 80
Mística do crescimento, 192
Mística do desenvolvimento, 192
Mito da vontade geral, 99
Mito do negro, 78
Mito do(s) ariano(s), 78, 136

Mito do(s) judeu(s), 78, 136
Mito do(s) mestiço(s), 78, 136, 138
Mitos raciais, 56, 77, 78, 136
Moçambique, 110
Modelo dos satélites, 114
Modelos capitalistas do desenvolvimento, 116
Mónaco, 66, 126
Monarquia, 61, 65, 66, 67, 68, 81, 82, 87, 88, 100, 115, 183
Monarquia absoluta, 65, 66, 81
Monarquia britânica, 67
Monarquia capetiana, 65
Monarquia constitucional, 100
Montanhas da Abissínia, 169
Montanhas do Irão, 169
Monte Taurus, 169
Morte(s), 39, 51, 62, 73, 86, 87, 98, 100, 117, 118, 138, 142, 185, 190
Moscovo, 44, 48, 57, 191
Movimento de autodeterminação dos territórios, 130
Movimento de capitais, de técnicas e de pessoas, 194
Movimento(s) de independência(s), 69, 77
Movimento expansionista peninsular, 75
Movimento sindical africano, 156
Movimentos anticolonialistas, 77
Movimentos coloniais burgueses, 107
Movimentos de autodeterminação, 127
Movimentos de libertação, 161, 174, 178
Movimentos de separação dos territórios coloniais, 129
Movimentos emancipadores, 185
Movimentos especulativos dos eurodólares, 192
Movimentos reaccionários conservadores, 129
Movimentos revolucionários, 189
Movimentos separatistas, 153
Muçulmanos, 107, 143, 151, 169
Mudanças(s), 54, 56, 68, 83, 108, 114, 118, 119, 123, 140, 155, 163, 173, 182

Índice Assuntos

Mudança social acelerada, 54
Mulheres nativas, 138
Multipolaridade, 191
Mundo Cristocêntrico, 62
Mundo dos pobres, 150
Mundo Novo, 59

N

Nação, 69, 81, 87, 90, 91, 96, 99, 100, 104, 125, 126, 127, 128, 129, 131, 144, 145, 169, 186, 189
Nacionalidade portuguesa, 131
Nacionalismo, 66, 76, 96, 118, 125, 126, 127, 129, 131, 135, 140, 151, 153, 164, 166, 191, 194
Nacionalismo de orientação objectiva, 131
Nacionalismo de orientação subjectiva, 131
Nacionalismo subjectivo, 126, 140
Nacionalistas, 125, 129, 163
Nações europeias, 180
Nações proletárias, 124, 150, 158, 165
Nações ricas, 112, 150
Nagas, 108, 153
Namíbia (Sudeste Africano), 174
Nápoles, 69
Nasserismo, 67
Nativos, 78
NATO, 46, 47, 48, 190, 191
Natureza contratual da sociedade, 68
Navegação intermitente, 60
Nazistas, 79
Negritude, 149, 156, 167
Negros, 77, 136, 137, 139, 161, 166, 167
Neocolonialismo, 108, 130, 131, 144, 150, 155, 171, 172, 173, 178
Nepal, 160
Neutralidade, 36, 45, 46, 47, 56, 59, 151, 170, 171, 192
Neutralidade colaborante, 45, 46, 59, 170

Neutralismo, 47, 48, 114, 139, 149, 151, 155, 157, 159, 162, 170, 171, 172, 176, 183, 187, 188
Neutralistas, 47, 131, 151, 153, 170, 172
Nicarágua, 160, 177
Níger, 60, 175, 176
Nigéria, 158, 160, 187
Nilo, 60
Norma(s), 38, 39, 74
Normativismo, 38
Norte da África, 75
Nova autonomia correspondente, 182
Nova democracia, 164, 165
Novas ordens nobilitantes, 83
Novo autoritarismo, 153
Novos alinhamentos, 118
Novos estratos sociais, 91, 102, 123
Novos grupos étnicos, 133

O

Objectivos, 37, 50, 51, 52, 118, 157, 166, 168, 171, 174, 188
OCDE, 158
Oceânia, 45
Oceano Arábico (Índico), 169
Oceano Atlântico, 169
Oceano Moreno, 47
Ocidentalização, 77, 162
Ocidente, 62, 63, 64, 65, 66, 67, 68, 70, 71, 74, 75, 76, 78, 87, 91, 92, 95, 97, 104, 105, 106, 110, 115, 121, 122, 124, 125, 127, 128, 129, 131, 136, 139, 148, 149, 150, 151, 152, 154, 158, 159, 160, 164, 167, 170, 173, 179, 189, 192
OEA, 177, 191
Oligarquia de gestores, 148
Oligarquias urbanas, 68
OLP, 52
OPEP, 187
Operação, 54
Operários, 64, 65, 164

Opinião, 82, 119
Optimismo catastrófico, 185
Oranges, 66
Orangistas, 69
Orçamento, 36, 51, 145, 182
Ordem, 55, 64, 87, 91, 93, 130, 155, 190
Ordem externa, 35, 75, 181,
Ordem interna, 35, 47, 75, 92, 179, 181
Ordem internacional, 47, 181
Ordem jurídica, 81
Ordem liberal, 101
Ordem pública, 155, 180
Ordem religiosa, 85, 136
Ordenações do Reino, 132
Ordens, 64, 82, 83, 88, 90
Ordens militares, 64
Ordens religiosas, 64
Organização Comum Africana, Malgache e Mauriciana (OCAM), 175
Organização da Unidade Africana (OUA), 154, 168, 174, 175
Organização das Nações Unidas (ONU), 37, 42, 46, 48, 49, 72, 79, 94, 95, 108, 110, 111, 112, 113, 114, 117, 123, 140, 141, 143, 157, 161, 172, 181, 184, 187
Organização de Solidariedade dos Povos Afro-Asiáticos (OSPAA), 178
Organização do Tratado da Ásia do Sudeste (OTASE), 173, 191
Organização dos Estados Americanos (OEA), 168, 177, 191
Organização dos Serviços Comuns da África Oriental, 176
Organização Latino-Americana de Solidariedade (OLAS), 177
Organização Tricontinental (OSPAAAL), 178
Organizações interestaduais, 195
Organizações intergovernamentais, 189
Organizações supra-estaduais, 189
Oriente, 38, 59, 115, 137, 174, 191

OUA, 154, 168, 174, 175
Outer space, 193

P

Pacífico, 61, 160, 173, 190
Pacifismo, 35, 53, 194
Pacto da Liga dos Estados Árabes, 177
Pacto da Sociedade das Nações, 94, 180
Pacto de Varsóvia, 186, 188, 191
Pacto do Médio Oriente (CENTO), 191
Pacto do Pacífico (ANZUS), 191
Pacto do Sudeste (OTASE), 191
Pacto Social, 85, 92, 93, 179, 180
Pagãos, 78
País legal, 82
País real, 82
Países árabes, 169, 192
Países de religião protestante, 130
Países desenvolvidos, 124
Países dos três 'A' (Ásia, África e América Latina), 159, 161, 165, 173, 178
Países em vias de desenvolvimento, 123, 158
Países explorados, 158
Países ocidentais, 62, 96, 128, 150, 161, 164
Países pobres, 37, 158, 173, 190, 192, 193
Países ricos, 37, 158, 173, 187, 190, 192, 193
Países satélites da URSS, 161
Palestina, 161
Palestinianos, 178
Pan-africanismo, 156, 166, 167, 168, 194
Panamá, 160, 168
Pan-americanismo, 168, 169, 194
Pan-arabismo, 169
Pan-asiatismo, 166, 194
Papado, 67
Paquistão, 58, 160
Paraguai, 160, 176, 177
Paridades fixas, 192
Paris, 57, 68, 158, 159, 167, 171, 172, 181, 185, 187, 192

Parlamentarismo, 80, 103
Parlamento, 67, 88, 99
Partido, 96, 99, 154, 156
Partido(s) comunista(s), 96, 159, 165, 185, 186, 188
Pátria, 68, 108, 144, 164, 169, 184, 186
Patria chica, 58
Pátria dos trabalhadores de todo o mundo, 96, 164, 185
Patriciado, 66
Patrícios, 69
Património comum da Humanidade, 135
Património ocidentalista, 73
Patriotismo, 127, 153
Patronato, 102
Paz, 36, 37, 44, 45, 46, 47, 51, 55, 59, 73, 85, 86, 87, 90, 93, 104, 105, 118, 119, 123, 126, 139, 141, 147, 150, 157, 166, 167, 168, 170, 178, 180, 188, 194
Paz dos cemitérios, 87
Peculiar institution, 105, 114
Pele vermelha, 134
Peninsular, 47, 48, 60, 62, 72, 75, 76, 77, 92
Pequenas potências, 43, 50, 52, 182
Perigo amarelo, 163
Personalismo, 62, 11, 127
Perú, 160, 177
Pirâmide do poder, 59, 65, 89, 102, 160
Piratas de Espronceda, 36
Plano de Colombo (1950), 173
Plataforma carolíngea, 76
Plataforma continental, 61, 193
Plataforma ideológica comum, 95
Pluralismo, 62, 118, 119, 125, 132, 133, 134, 148, 150, 153, 154, 155, 156
Pobres, 37, 84, 98, 101, 119, 150, 158, 161, 173, 190, 192, 193
Poder cultural, 108, 130
Poder da comunicação, 182
Poder dominante, 76
Poder económico, 121, 130
Poder(es) errático(s), 50, 51, 52
Poder federador, 153

Poder federativo, 86
Poder financeiro, 108, 130, 182, 187
Poder funcional, 44, 45, 46, 47, 49, 50, 52
Poder industrial, 108
Poder legislativo, 86, 88, 89
Poder legítimo era francês, 125
Poder militar, 130, 182
Poder moderador, 81, 82
Poder político, 38, 50, 58, 59, 60, 77, 81, 86, 90, 91, 96, 116, 121, 122, 130, 131, 132, 151, 152, 154, 163, 164, 171, 194
Poder político liberal, 91
Poder popular, 52
Poder real, 74
Poder revolucionário, 120
Poder soberano, 182
Poder tecnológico, 182, 187
Poderes europeizantes, 71
Poderes ocidentais, 61, 62, 94, 121, 166
Poderes públicos, 192
Política colonial internacional, 62
Política de contactos raciais, 105
Política de expansão ultramarina, 107
Política de integração das populações, 79
Política de intervenção planetária, 123
Política do cordão sanitário, 48
Política expansionista, 108
Política externa, 183
Política interna, 143, 183
Política internacional, 36, 59, 105, 142, 143, 146, 161, 164
Política mundial, 70, 167, 171
Políticas energéticas, 43
Pólo Norte, 61
Pólo Sul, 61
Polónia, 65, 69, 184, 191
Poluição, 61, 182, 193
Pontifícia Universidade Católica do Rio de Janeiro, 35
Porto Rico, 107, 132, 133
Portorriquenhos, 161

Portugal, 40, 41, 45, 46, 59, 67, 69, 112, 113, 114, 140, 191
Posição weberiana, 39
Pós-industrial, 50
Posse da bomba, 191
Potência(s), 41, 42, 43, 44, 45, 46, 50, 52, 57, 66, 68, 69, 75, 93, 94, 95, 97, 105, 105, 106, 107, 109, 110, 111, 112, 113, 114, 123, 124, 125, 139, 140, 141, 142, 143, 144, 146, 148, 150, 151, 152, 153, 157, 158, 166, 170, 171, 172, 174, 177, 180, 181, 182, 189, 191
Potências europeias em expansão, 68
Potências industrializadas, 106
Potências ocidentais, 75, 93, 95, 107, 113, 151, 152
Povo(s), 35, 36, 45, 57, 58, 60, 61, 64, 66, 68, 70, 72, 75, 76, 78, 79, 86, 87, 88, 90, 91, 92, 94, 95, 98, 99, 100, 102, 105, 106, 107, 108, 109, 110, 115, 116, 119, 120, 121, 122, 123, 124, 125, 126, 131, 133, 134, 137, 143, 149, 150, 152, 153, 156, 157, 158, 159, 161, 163, 164, 165, 166, 167, 168, 172, 173, 177, 178, 182, 186, 188, 189
Povo soberano, 86, 98
Povoamento, 48,
Povoamento feminino, 139
Povos de cor, 78, 137, 149, 159
Povos mudos do mundo, 58, 68, 70, 95, 105, 107, 109, 115, 123, 149
Povos ocidentais, 57, 60, 69
Povos peninsulares, 72, 92
Pragmatismo dos compromissos, 127
Pregar o Evangelho, 73
Presença, 76, 78, 111, 139, 145, 146, 156, 171, 173, 179
Primado da razão, 80
Primado do factor político, 58, 121, 122
Primavera de Praga, 186
Primeira Conferência dos Povos africanos, 168
Primeira Geração da revolta, 122, 131, 144, 155

Primeira Guerra Mundial, 38, 169
Primeiro mundo (capitalistas), 160
Principados, 68
Príncipes soberanos, 179
Princípio associacionista, 95
Princípio da autonomia política das nacionalidades, 127
Princípio da efectividade, 51
Princípio da não-intervenção, 172
Princípio da unidade política, 113
Princípio da viabilidade, 131
Princípio das nacionalidades, 126, 127, 131
Princípio de convergência, 195
Princípio de dispersão, 194, 195
Princípio dinástico, 69
Princípio do directório, 111
Princípio do equilíbrio, 180, 181
Princípio federal, 68
Princípio nacionalista, 127
Princípio valorativo, 110
Prisioneiro das guerras tribais, 138
Problema demográfico, 61
Problema do petróleo, 43, 192
Problema do pluralismo político, 134
Problema ideológico, 133
Problema racial, 134
Produção agrícola, 187
Produção em massa, 97, 149, 160
Produção global, 187
Produção industrial, 184
Produtivismo, 149
Proibição do tráfego dos escravos, 63
Projectistas da paz, 93, 180, 194
Projecto de Paz Perpétua, 180
Projecto nacional, 128, 129, 131, 144
Projecto nazi, 107
Proletariado, 84, 96, 100, 101, 102, 103, 104, 162, 163, 165, 184, 185, 188
Proliferação ideológica, 194
Propagação da fé, 72
Propriedade, 62, 83, 85, 86, 91, 94, 98, 99, 100, 102, 122, 148, 153
Protecção social, 91

Índice Assuntos 215

Protectorados, 76, 105
Protestantismo, 130
Províncias Unidas, 66, 69
Próximo Oriente, 18, 174
Prússia, 63, 67, 68, 125
Psicologia das Relações Internacionais, 38

Q

Qatar, 187
Quénia, 176
Questão, 38, 43, 90, 99, 108, 113, 135, 137, 138, 155

R

Racionalismo, 65, 84
Racionalista(s), 64, 80, 100
Racismo, 78, 102, 134, 135, 139, 140, 155, 172, 194
Radiações atómicas, 193
Raptos, 173
RAU, 154, 177
Razoabilidade, 44, 49
Razões exógenas, 49
Realismo maquiavélico, 127
Rebelados coloniais, 78
Rebelião norte-americana, 77
Reconversão, 137
Rector errantium, 74
Recursos da natureza, 192, 193
Recursos do mar alto, 61
Reformismo, 67
Regime autoritário, 145
Regime bicameral, 81
Regime britânico, 66
Regime colonial, 105, 112, 174
Regime constitucional liberal, 115
Regime de colonização, 77
Regime do trabalho forçado, 79
Regime dos rios internacionais, 61

Regime internacional de tutela, 109
Regime penal, 83
Regimes liberais, 81
Regimes políticos, 87, 164, 187
Regiões do globo, 73
Regiões tropicais e subtropicais, 120, 126, 129, 141
Regiões-problema, 158
Regionalismo(s), 49, 168, 190
Regra jurídica, 180
Regresso, 35, 167
Reino das Duas Sicílias, 68
Reino do Piemonte, 68
Relações externas, 67, 179
Relações internacionais públicas e privadas, 194, 195
Relações internas, 68, 92
Religião, 43, 61, 86, 90, 91, 130, 135, 150, 169
República, 66, 68, 87, 88, 90, 91, 100, 111, 183, 186
República Central Africana, 175
República Centro-Africana, 160
República Cristã, 75
República democrática, 87
República Dominicana, 160
Republicanismo, 68, 95, 115
Requisito da viabilidade, 126
Resolução 1803 (XVII) da Assembleia Geral da ONU, 172
Resolução 2131 (XX) da Assembleia Geral da ONU, 172
Resolução "Unidos para a Paz", 141
Resto de Europa, 150
Restrições, 82, 103
Revisão colonial, 142
Revisionismo, 106, 141, 186, 188
Revolta, 68, 87, 97, 120, 121, 122, 123, 131, 139, 142, 144, 147, 150, 152, 155, 165
Revolta africana, 90
Revolta americana, 68
Revolta dos húngaros, 122

216   *A Comunidade Internacional em Mudança*

Revoltas da Universidade de Berkeley, 147
Revolução, 48, 57, 68, 69, 90, 102, 116, 119, 122, 141, 146, 154, 155, 163, 165, 166, 169, 184, 185, 188, 189
Revolução (1917), 114
Revolução (25 de Abril de 1974), 45
Revolução americana, 57
Revolução chinesa, 165
Revolução cubana, 169
Revolução da direcção, 148
Revolução dos Andes, 48
Revolução Francesa, 57, 65, 66, 114, 125
Revolução Industrial, 102
Revolução mundial do proletariado, 188
Revolução ocidental ou atlântica, 69
Revolução soviética, 43, 120
Revoluções, 62, 64, 67, 69, 74, 188
Revoluções liberais, 89
Riquezas do subsolo marítimo, 193
Rochedo de Gibraltar, 145
Rodésia, 110, 112, 174
Romanos, 134
Ruptura, 101, 147, 185
Rússia, 60, 63, 65, 66, 67, 69, 75, 114, 120, 127, 132, 133, 163, 166, 186
Russos, 47, 133, 163, 164

S

Saara, 169
Sacramento laico, 77
Sagrado poder dos pontífices, 74
SALT I, 43, 44, 191
SALT II, 43, 44
Salvador, 160, 177
Santo Império, 65, 68
Santuário, 47, 182
São Petersburgo, 58
Saúde, 85, 175, 187
Secretariado, 111, 178
Secretário-Geral, 113, 175, 176, 178, 187
Século das Luzes, 61, 97
Sede de poder, 91

Segunda geração da revolta, 121, 122, 152, 155
Segunda Guerra Mundial, 51, 79, 109, 110, 154
Segundo mundo (socialistas), 160
Segurança, 35, 38, 42, 45, 46, 47, 72, 81, 85, 105, 109, 110, 111, 123, 141, 157, 176, 178, 181, 182, 183, 184, 191
Segurança da circulação internacional, 182
Segurança jurídica, 50
Senegal, 160, 176
Separação de poderes, 89, 100
Sequestros, 173
Serviços, 35, 43, 84, 154, 168, 176, 194
Servidão, 63, 67, 88, 114
Shogunato, 65
Sicília, 132
Sierra Maestra da América, 169
Sindicalismo, 83, 115, 116, 156
Singapura, 160
Síria, 169, 177
Sistema colonial, 77, 153
Sistema de segurança colectiva contra a agressão, 105
Sistema dos fideicomissos, 94
Sistema feudal, 65
Sistema internacional, 93, 190
Sistema(s) jurídico(s), 54, 55, 179, 180
Sistema jurídico interno, 180
Sistema monetário internacional, 192
Sistema mundial unificado, 190
Sistemas culturais, 149
Sistemas monistas, 115
Situação colonial, 78, 80, 133, 150
Soberania(s), 35, 36, 43, 45, 46, 47, 48, 49, 59, 62, 68, 69, 75, 76, 81, 87, 90, 94, 95, 96, 98, 106, 108, 110, 114, 118, 121, 124, 125, 129, 130, 134, 140, 145, 146, 148, 149, 150, 154, 163, 166, 168, 171, 172, 175, 180, 181, 182, 183, 185, 190, 192
Soberania colonial, 130
Soberania limitada, 96, 186, 188
Soberania nacional, 100, 102

Índice Assuntos

Soberania popular, 100, 102
Social-democracia, 104, 183
Social-democrata, 96, 164, 186, 187
Social-imperialismo da URSS, 186
Socialismo, 144, 156, 163, 188, 194
Socializante, 128
Sociedade, 35, 50, 55, 63, 68, 81, 82, 83, 85, 88, 90, 101, 119, 121, 124, 147, 148
Sociedade afluente, 97, 150
Sociedade agrária, 63, 164
Sociedade Antiesclavagista de Londres, 137
Sociedade civil, 50, 52, 77, 98
Sociedade das Nações (SDN), 38, 93, 94, 104, 109, 180
Sociedade de consumo, 97
Sociedade global, 50
Sociedade industrial, 124, 148
Sociedade internacional, 36, 53, 92, 93, 97, 114, 179, 184
Sociedade laica, 51, 86
Sociedade liberal, 83
Sociedade liberalizada, 125
Sociedade política, 81, 85
Sociedade urbana, 65
Sociedades de consumo, 147, 149, 152
Sociedades de regime monista, 147
Sociedades industrializadas, 66, 152
Sociedades multinacionais, 190
Sociedades multirraciais integradas, 140
Sociedades paradas, 184
Sociedades primitivas, 147
Sociedades rurais, 65
Sociológico, 39
Solidariedade(s), 46, 50, 95, 96, 106, 127, 136, 149, 161, 165, 168, 170, 171, 173, 177, 178, 181, 184, 185
Solidariedade afro-asiática, 166, 170, 178
Solidariedade organizada, 173
Solução Final, 76, 135
Somália, 153, 160
Something of value, 90
Sonho de Bolívar, 168
Soviéticos, 47, 48, 185, 187, 188

Sovietismo, 71, 95, 96, 116, 123, 124, 146, 148, 150, 156, 163, 183
Sovietismo marxista, 158
Subdesenvolvimento, 172
Subordinação política, 123
Subversão colonial, 51
Sudão, 153, 160, 169, 177
Sudoeste Africano, 105
Suécia, 69
Sufrágio censitário, 82, 91
Sufrágio universal, 81, 102, 103
Suíça, 66, 170
Superioridade tecnológica do ocidente, 152
Superpotências, 97, 107, 110, 159
Supranacionalidade, 168
Supremacia, 96, 126
Supremacia inglesa, 69
Supremacia ocidental, 69
Suserania, 65
Suserano, 65

T

Tailândia, 160, 174
Tananarive, 175
Tanganica, 176
Teatro de guerra, 44
Teatro de operações, 45, 46
Técnica(s), 45, 46, 51, 54, 55, 57, 58, 59, 60, 61, 68, 76, 79, 89, 94, 102, 105, 108, 120, 130, 139, 141, 142, 144, 152, 154, 160, 175, 182, 186, 192, 193, 194
Tecnicismo, 149
Tecnocracia, 117
Tempo do mundo finito, 61
Teocracia, 74
Teologia, 55, 67
Teoria da monarquia universal, 61
Teoria da separação dos poderes, 89
Teoria da soberania, 96
Teoria das relações internacionais, 38, 55
Teoria de conflitos, 51

218   *A Comunidade Internacional em Mudança*

Teoria do direito natural, 92
Teoria do estado de natureza, 92, 93, 179, 180, 183
Teoria do Pacto Social, 179
Teoria dos mitos raciais, 78
Teoria económica, 55
Teoria internacional da neutralidade, 59
Teoria racista da superioridade ariana, 107
Terceira Conferência Interamericana Extraordinária, 168, 177
Terceira Guerra Mundial, 51, 52
Terceiro Mundo, 122, 150, 151, 157, 158, 159, 160, 161, 162, 164, 165, 166, 170, 187, 188
Terceiro-mundistas, 48, 159
Termidorianos, 91
Território(s), 36, 45, 47, 48, 49, 51, 52, 58, 59, 62, 63, 72, 74, 75, 76, 77, 78, 79, 94, 96, 105, 106, 107, 108, 109, 110, 112, 113, 125, 126, 127, 128, 129, 130, 131, 132, 133, 135, 136, 139, 143, 144, 145, 146, 153, 155, 157, 158, 160, 162, 163, 164, 169, 170, 171, 172, 174, 186
Território árabe, 169
Territórios coloniais, 79, 107, 110, 129, 154, 163
Territórios colonizados, 63, 79
Territórios islâmicos, 144
Territórios ultramarinos, 59, 113, 129
Terrorismo, 182
Togo, 160, 174, 175
Tolerância dos sábios, 80
Tomada de Ceuta, 45
Totalitarismo, 99, 118
Trabalhismo, 102
Tradição imperial romana, 74
Tradição jacobina, 100
Tradição portuguesa, 80
Tradição teocrática, 74
Tradições democráticas do ocidente, 97
Tráfego de escravos, 70, 114, 137
Transportes, 35, 50, 57, 117, 176, 189
Tratado de Aliança com a Inglaterra, 59
Tratado de Campala, 176

Tratado de Campo-Formio, 66
Tratado de Montevideo, 176
Tratado de Moscovo, 44, 191
Tratado de Não Proliferação das Armas Nucleares, 44
Tratado de Paris, 68
Tratado de Tordesilhas, 72, 73, 75, 92, 94
Tratado de Varsóvia, 190
Tratado de Viena (1815), 66
Tribunal de Nuremberga, 78, 79
Tricontinental, 162, 169, 173, 176, 178
Trocas, 63, 176, 192
Tunísia, 160, 177
Turin, 69
Turquia, 160, 170
Tutela civilizadora, 157
Tutela espanhola, 169

U

Ucrânia, 111
Uganda, 176
Ultimatum, 42
UNESCO, 56, 135, 136, 193
União Aduaneira e Económica da África Central (UDEAC), 175
União Católica Internacional de Serviço Social, 37
União das esquerdas, 96
União dos Estados da África Central (UEAC), 175, 176
União federal, 132
União Indiana, 58, 108, 132, 158, 166
União Pan-Americana, 168
Unidade da terra, 61
Unidade do género humano, 61
Unidade nacional, 132
Unidade planetária do sistema, 190
Unidade política, 57, 59, 61, 69, 72, 113, 133
Unificação do mundo, 58, 60, 61
Unificação política, 65, 71, 74
Universalidade do voto, 102, 103

Índice Assuntos

Universidades americanas, 38
Universidades do ocidente, 122
Universidades estaduais, 100
Universidades europeias, 116
Universidades ocidentais, 127
URSS, 42, 48, 96, 107, 109, 110, 111, 113, 114, 116, 123, 125, 133, 141, 143, 148, 151, 158, 161, 163, 165, 171, 174, 181, 183, 184, 185, 186, 188, 190, 191
Uruguai, 176, 177
Uso da força, 119
Utilização das novas formas de energia, 182
Utopia comunista, 99

V

Valor da razoabilidade, 44
Valor das fronteiras físicas, 180
Valor intemporal, 124
Valores, 37, 38, 56, 62, 66, 88, 96, 142, 161, 180
Valores africanos, 167
Valores do neutralismo, 172
Valores económicos, 64
Valores históricos, 131
Valores liberais, 115, 146
Valores nacionais, 148
Valores ocidentais, 155
Valores rurais, 63
Valores sociais, 117, 142
Vaticano, 126
Velho Testamento, 74
Veneza, 66, 68, 87
Venezuela, 160, 187
Verdade, 73
Verdadeiro povo, 91, 100
Versalhes, 58
Veto absoluto, 99
Veto suspensivo, 99
Vida, 36, 38, 39, 50, 52, 56, 57, 63, 64, 66, 70, 77, 81, 83, 84, 85, 86, 87, 89, 90, 93,

96, 97, 101, 106, 117, 120, 122, 123, 124, 126, 130, 140, 143, 144, 147, 149, 150, 152, 155, 158, 159, 160, 172, 173, 179, 180, 182, 183, 189, 193, 194
Viena, 66, 75, 80, 73, 168
Vietname, 48, 147, 169, 178
Vietname do Sul, 160
Violência imperialista, 173
Violência revolucionária, 169, 173
Visão, 55, 61, 180, 181, 185
Vocação de um Estado Universal, 133
Vocação nacional Basca, 48
Voluntarismo político, 120, 122
Vontade colectiva, 121
Vontade do(s) povo(s), 99, 106, 110, 125
Vontade geral, 98, 99, 121
Vontade nacional, 99, 115, 126
Vontade popular, 100, 115, 121, 126
Vontade proletária, 99
Vontade racional, 81

W

Washington, 48

Z

Zaire, 160
Zambeze, 60
Zona Convencional do Zaire, 146
Zona das tempestades, 159
Zona de confluências, 62, 121
Zona geográfica, 125, 133, 145
Zona ocidental, 65
Zonas de confluências, 45, 73, 141
Zonas de descolonização, 191
Zonas de influência, 73, 191
Zonas estratégicas, 110
Zonas marginais, 35, 73, 189
Zonas marginais de expansão, 45, 73

ÍNDICE ONOMÁSTICO

A

Abbas, Ferhat, 144
Abbé de Saint-Pierre, 93, 180
Alexandre da Macedónia, 59
Aristóteles, 74, 87
Arnot, Page, 101
Aron, Raymond, 93, 97, 121, 124, 148, 160, 180, 185, 191

B

Babeuf, François-Nöel [Gracchus], 114, 119
Balandier, Georges, 158,162
Barros, João de, 73
Ben Badis, Abd al Hamid, 144
Benida, Julien, 72
Bento XIV, 94
Bernanos, Georges, 72
Bettelheim, Bruno, 158
Blanqui, Augusto, 101, 119, 120
Block, Maurice, 41
Bodin, Jean, 75, 87, 88, 90, 181
Bolívar, Simón, 168
Boutros-Ghali, Boutros, 172
Brazza, Pierre Savorognan, conde de, 60
Brejnev, Leonid, 96,186, 188
Brissot, Jacques Pierre, 99
Burdeau, Georges, 55
Burnham, James, 120, 147

C

Cabral, Amílcar, 171
Calvez, Jean-Yves, 123
Camões, Luís Vaz de, 61
Capek, Karel, 152
Capelo, Hermenegildo de Brito 60
Cardoso, António Maria, 60
Carlos Magno, 74
Carlos XII, 69
Casas, Fr. Bartolomé de las, 73, 94
Catarina II da Rússia, 67
Césaire, Aimé, 167
Chardin, Pierre Teilhard de 118, 119, 135, 156, 195
Che Guevara, Ernesto, 120, 169
Claudel, Paul, 156
Clausewitz, Karl von, 181
Cleaver, Eldridge, 167
Condorcet, Marie-Jean Antoine Nicolas Caritat, Marquês de, 90, 99
Constant, Benjamin, 91
Cook, James, 60
Crucé, Émeric, 194

D

D'Angglas, Boissy, 91
Dante, Alighieri, 68
Davis, Ângela, 158, 161
Dawson, Christopher, 74
De Gaulle, General Charles, 145, 152
Debray, Regis, 169

Dia, Mamadou, 167
Dias, Bartolomeu, 60
Dickens, Charles, 101
Diderot, Denis, 90
Dolivier, Pierre, 91
Du Bois, William Edwards Burghart, 156, 167
Dubček, Alexandre, 186
Dubois, Pierre, 194
Duverger, Maurice, 158

E

El-Afghani, Jamal El-Dine, 170
Engels, Friedrich, 101, 155, 162
Estaline, José, 143, 163, 184, 185

F

Fanon, Frantz, 158, 161, 165, 167
Fichte, Johann Gottlieb, 126
Flora, Francesco, 72
Fourastié, Jean, 159
Frederico II da Prússia, 67
Furtado, Celso, 168

G

Galbraith, John Kenneth, 97, 118, 148, 160
Gama, Vasco da 57, 122
Gandhi, Mahatma, 97, 116, 122
Garaudy, Roger, 187
Garvey, Marcus, 156, 167
Geismar, Alain, 158
General Haig, 46
Giap, Vo Nguyen, 120
Godwin, William, 84
Gonidec, Jean-François Le, 158
Guéhenno, Jean, 72
Guizot, François Pierre Guillame, 82

H

Hatzfeld, Marc, 161
Hegel, Georg Wilhelm Friedrich, 155, 180
Hobbes, Thomas, 85, 92, 179

I

Ibrahim, 169
Ivens, Roberto, 60

J

Janet, Pierre, 84
Jaspers, Karl, 72
José I de Portugal, 67
José II da Áustria, 67

K

Kant, Immanuel, 93, 180, 194
Keita, Modibo, 153
Keniatta, Jomo, 171
Khadafi, Muammar al, 48
Khomeini, Ayatollah, 44
Kipling, Rudyard, 92
Kissinger, Henry, 46
Kouanhoua, Kiao, 161

L

Laclos, Pierre-Ambroise Choderlos de, 99
Lamennais, Hugue Félicité Robert de, 102
Lefebvre, Henri, 187
Leibniz, Gottfried Wilhelm, 93, 194
Lenine, Vladimir Ilitch, 129, 155, 162, 163

Índice Onomástico

Linneman, Hans, 118
Livingstone, David, 60
Locke, John, 84, 85, 86, 87, 88, 92, 179
Luchaire, François, 171
Luís XIV, 87, 93, 180
Lukács, György, 72
Luxemburgo, Rosa, 185

M

Mably, Gabriel Bonnot de, 99, 100
Malraux, André, 126, 158
Malthus, Thomas Robert, 84, 193
Mestre Alcuino, 74
Mao Tsé-tung [Mao Zedong], 120, 164, 165
Maquiavel, Nicolau, 35, 75, 87, 104, 181
Marcuse, Herbert, 97, 148
Marechal Smuts, 105
Marechal, Sylon, 120
Marx, Karl, 100, 155, 162, 183, 184, 185, 186
Mazade, Louis-Charles-Jean-Robert de, 41
Mazzini, Giuseppe, 155
McKay, Claude, 167
McLuhan, Herbert Marshall, 192
Meslier, Cura Jean, 104, 114, 119
Michelet, Jules, 102
Michels, Roberto, 120
Mohamed V de Marrocos, 97, 116
Mohamed Ali, 169
Montesquieu, Charles Louis de Secondat, barão de la Brède e de, 84, 87, 89, 100
Mora, Gonzalo Fernández de la, 118
Morelly, Étienne-Gabriel, 99
Mosca, Gaetano, 120
Moussa, Pierre, 158
Mus, Paul, 155

N

Napoleão III, 126
Nasser, Gamal Abdel, 169, 171
Nehru, Shri Jawaharlal, 166
Nemours, Dupont de, 91
N'Krumah, Kwane, 155, 167, 171

O

Ortega, Gregorio, 162

P

Pannikar, Raimon, 121
Pareto, Vilfredo, 120
Paulo II, 94
Péguy, Charles, 156
Penn, William, 194
Piao, Lin, 165
Pio V, 94
Podiebrad, Georges, 194
Presidente Nixon, 151, 192
Presidente Roosevelt, 111
Presidente Wilson, 105, 106, 145
Price-Mars, Jean, 167

R

Rainha de Sabá, 105
Rainha Vitória, 67
Rei Salomão, 105
Renan, Joseph Ernest, 125
Robespierre, Maximilien François Marie Isidore de, 91, 99, 100
Rougemont, Denis de, 72
Rousseau, Jean-Jacques, 89, 90, 91, 97, 99, 180
Roux, Jacques, 91, 100
Russel, Lord John, 37

S

Saint-Just, Louis Antoine Léon, 99
Saint-Simon, Claude Henri de Rouvroy, Conde de, 194
Salis, Jean-Rodolphe de, 72
Salomão, 37
Santo Agostinho, 74
Santo António, 74
Santo Isidoro, 74
São Paulo, 37, 134, 136, 194
São Tomás de Aquino, 74
Sartre, Jean-Paul, 155,158
Sauvy, Alfred, 162
Scelle, Georges, 181
Schweitzer, Albert, 37
Senghor, Léopold Sédar, 156, 167
Serpa Pinto, Alberto da Rocha de, 60
Sieyès, Emmanuel Joseph, 90, 91, 100, 158
Smith, Adam, 77, 84, 162
Soljenitsine, Alexandre Issaievitch, 37
Sorel, Georges, 121
Spender, Stephen Harold, 72
Spengler, Oswald, 123
Stanley, Sir Henry Morton [John Rowland], 60
Sukarno, Ahmed, 70, 149

Sully, Maximilien de Béthune, barão de Rosny, duque de, 194
Sultão da Turquia, 170

T

Tito, Josip Broz, 171
Tocqueville, Alexis de, 97
Touré, Sékou, 156
Toynbee, Arnold, 39, 121, 158, 194

V

Valéry, Paul, 60, 61, 72
Victoria, Francisco de, 72, 94
Vieira, Padre António, 73, 94
Voltaire, 89, 90, 93, 180

W

Wilkie, Sir David, 59
Williams, Henry Sylvester, 166

Z

Zimmern, Alfred, 38

ÍNDICE

A Teoria Internacional de Adriano Moreira: uma Apresentação 7

Prefácio para a 1.ª edição 35

Prefácio para a 2.ª edição 41

Introdução 53

CAPÍTULO I
O Euromundo

§ 1.º – A FORMAÇÃO 71

    1. A plataforma ocidental 71
    2. A formação do Euromundo 72
    3. A unificação e as consequências 77

§ 2.º – A FILOSOFIA JURÍDICA DO EUROMUNDO 80

    1. As componentes 80
    2. Os regimes liberais 81
    3. As ordens jurídica e social 82
    4. As fontes doutrinais da ideologia 84
    5. A sede do poder 89

§ 3.º – A DEMOCRATIZAÇÃO DA VIDA INTERNACIONAL 92

    1. O internacionalismo da expansão 92
    2. A cisão ideológica 95
    3. A evolução liberalismo-democracia 97
    4. Os novos estratos sociais 102

226   *A Comunidade Internacional em Mudança*

§ 4.º – O PROCESSO DE RECUO 104

   1. A Sociedade das Nações 104
   2. O anticolonialismo da guerra de 1939-1945 107
   3. A ONU: quadro e meios de acção 108
      a) *A Carta das Nações Unidas* 108
      b) *O anticolonialismo actuante* 109
      c) *A alternativa da ONU* 110

CAPÍTULO II
A Teoria da Autodeterminação

§ 1.º – O PRIMADO DOS FACTORES POLÍTICOS 117

   1. Competição ideológica 117
   2. A segunda geração da revolta 121

§ 2.º – PLURALISMO DOS PROJECTOS 125

   1. O relativismo da autodeterminação 125
   2. A variável nacionalista 127
   3. A variável étnica 131

§ 3.º – O NOVO AMBIENTE COLONIAL 140

   1. O pragmatismo 140
   2. A variedade das soluções 142
   3. O factor nacional 146
   4. A revisão neutralista 148
   5. As sequelas colonialistas 152

CAPÍTULO III
O Neutralismo

§ 1.º – A FORMAÇÃO DO TERCEIRO MUNDO 157

   1. Terceiro mundo e neutralismo 157
   2. A imagem do terceiro mundo 160
   3. As variáveis do conceito do terceiro mundo 161

§ 2.º – A INOVAÇÃO NEUTRALISTA 162

   1. A análise marxista-leninista-maoísta 162
   2. As solidariedades ideológicas 165
      a) *O pan-asiatismo* 166

Índice

b) *O pan-africanismo* 166
c) *O pan-americanismo* 168
d) *O pan-arabismo* 169

§ 3.º – OS PRINCÍPIOS NEUTRALISTAS 170

1. Neutralidade e neutralismo 170
2. As metas negativas do neutralismo 171
3. As reivindicações neutralistas 172

§ 4.º – A ORGANIZAÇÃO NEUTRALISTA 173

1. Ásia 173
2. África 174
3. América-Latina 176
4. Solidariedade transcontinental 177

CAPÍTULO IV
A Nova Sociedade

§ 1.º – AS MATRIZES IDEOLÓGICAS 179

1. A tradição clássica 179
2. A ideologia marxista 183
3. O terceiro mundismo 187

§ 2.º – OS CARACTERES DA CONJUNTURA 189

1. O sistema é planetário 189
2. Política de blocos 190
3. Novas técnicas 192
4. Novos temas 193
5. A lei da complexidade crescente 194

Bibliografia 197

Índice de Assuntos 199

Índice Onomástico 221

Índice 225